Unter Mitarbeit von:
Klaus Oltmanns (Manuskriptüberarbeitung)

Unter Mithilfe und Beratung von:
Fred Eberle
Klaus Hermann
Prof. Arturo Hotz
Dieter Massin
Eckart Meyners
DLV-Arbeitsgruppe Kinderleichtathletik (Fred Eberle, Dr. Frank Lehmann, Dr. Wolfgang Lohmann, Mike Medler, Rudi Pirrung, Siegfried Schenke)

Koordination mit dem DLV-Bundesausschuss „Aus- und Fortbildung, Wissenschaft, Trainerschule":
Prof. Dr. Wolf-Dietrich Heß (Vorsitzender)
Helmar Hommel (Referatsleiter)

Ein besonderer Dank gilt der
3./4. Klasse der Volksschule Kranzberg; Schuljahr 2000/2001 (Foto- und Videoaufnahmen)

Die Deutsche Bibliothek – CIP-Einheitsaufnahme
Katzenbogner, Hans:
Kinderleichtathletik: spielerisch und motivierend üben in Schule und Verein /
von Hans Katzenbogner. Hrsg. vom Deutschen Leichtathletik-Verband. -
Münster: Philippka-Sportverlag, 2002
(Mediathek Leichtathletik)

ISBN 3-89417-116-2

Lektorat: Frank Müller, Werner Böwing

Herstellung: Silke Büchter, Werner Böwing

Illustration: Frauke Hehn

Graphische Gestaltung: Silke Büchter, Thorsten Krybus

Titelfoto: Ludwig Stuffer

Fotos: Ludwig Stuffer

Bildreihen: Peter Salzer (Videoaufnahmen); Helmar Hommel (Herstellung)

Gesamtherstellung: Graphische Betriebe E. Holterdorf, 59302 Oelde

KINDER-leichtathletik

Spielerisch und motivierend üben in Schule und Verein

von
Hans Katzenbogner

Herausgegeben vom Deutschen Leichtathletik-Verband

philippka
SPORTVERLAG

KAPITEL 1

Kinderleichtathletik gestern und heute

KAPITEL 2

Koordinative und konditionelle Fähigkeiten

Laufen

KAPITEL 3

Springen

KAPITEL 4

KAPITEL 5

Werfen

KAPITEL 6

Überfachliche Inhalte

KAPITEL 7

Wettkämpfe für Kinder

Didaktisch-methodische Empfehlungen

KAPITEL 8

Der Übungsleiter – ein Pädagoge

KAPITEL 9

Literatur

LITERATUR

Vorwort des Herausgebers

Wolf-Dietrich Heß

Deutscher Leichtathletik Verband

Innerhalb der neuen Publikationsreihe „Mediathek Leichtathletik" legen der Deutsche Leichtathletik-Verband (DLV) und der Philippka-Sportverlag nunmehr ihren ersten Band vor. Mit der „Kinderleichtathletik" von HANS KATZENBOGNER wird ein sehr perspektivträchtiges Thema angesprochen; dass zuerst die Leichtathletik der Kinder thematisiert wird, kann durchaus symbolhaft betrachtet werden, verfolgt doch der Deutsche Leichtathletik-Verband in seiner jetzigen Arbeitsperiode bewusst eine Ausbildungsoffensive mit dem Ziel, noch mehr Kinder für die natürlichen Bewegungsformen des Laufens, Gehens, Springens und Werfens zu gewinnen und als Voraussetzung dafür fachlich kompetente und hoch motivierte Übungsleiter auszubilden.

Aktuelle Trends in Sport und Gesellschaft beinhalten zwar ein durchaus beachtliches Sportangebot durch Vereine, kommerzielle Sportanbieter u.a., konnten aber die Zunahme der Bewegungsarmut und den Rückgang der körperlichen Leistungsfähigkeit bis heute nicht aufhalten. Für Verbände, Vereine und den Schulsport ergeben sich dadurch neue, anspruchsvolle Aufgaben, die sowohl in ihrem Eigeninteresse liegen als auch gesamtgesellschaftlicher Verantwortung entsprechen. Durch attraktivere und vor allem altersgerechte Sportangebote müssen die Kinder wieder an den aktiven Sport und den Spaß an der Bewegung herangeführt werden. Ein derartiges Fundament ist dann die Voraussetzung für ein stabiles lebenslanges breiten-/freizeitsportliches Engagement oder auch für eine spätere leistungssportliche Karriere.

Mit der Orientierung am Kind und an seinen veränderten sozialen Rahmenbedingungen wird in den letzten Jahren ein fähigkeitsorientierter Ansatz verfolgt. Danach besteht die wichtigste Aufgabe der Kinderleichtathletik in der Ausbildung der koordinativen und konditionellen Fähigkeiten, also der Fähigkeiten, die im Rahmen der Freizeitaktivitäten – und leider oft auch im Schulsport – gegenwärtig nur noch unzureichend entwickelt werden. Spielerisches und motivierendes Üben und Wetteifern als attraktives Freizeitangebot machen dann auch den kindgerechten pädagogischen Ansatz aus, den HANS KATZENBOGNER seiner Kinderleichtathletik zugrunde legt. Der DLV als Herausgeber und der Autor sehen sich damit in logischer und konsequenter Fortsetzung und Weiterentwicklung eigener und auch anderer nationaler Traditionen (WISCHMANN, KIRSCH, LOHMANN, ZEUNER, MEDLER, EBERLE, MASSIN u.a.).

Für den praxisorientierten Übungsleiter sowie den Lehrer in der Schule (Grundschule und Orientierungsstufe) stellt „Kinderleichtathletik" eine ergiebige fachliche Fundgrube und gezielte Anleitung zum pädagogischen Handeln dar. Dies betrifft die altersgerechte Darstellung der koordinativen und konditionellen Fähigkeiten, Zielvorgaben zum Laufen, Springen und Werfen einschließlich methodischer und organisatorischer Hinweise und auch praktischer Planungshilfen.

Das neue Buch „Kinderleichtathletik" ist in einem sehr engen Zusammenhang zu den anderen Leichtathletikangeboten des Deutschen Leichtathletik-Verbandes zu sehen („FUN ATHLETICS", „KIDS' ATHLETICS", „LEICHTATHLETIK IN AKTION"). In diesem untrennbaren Kontext stellt es dann auch einen weiteren Baustein für diese Ausbildungsetappe dar und ist als offizielles Angebot des Verbandes zur Lehreraus- und -fortbildung zu betrachten. In diesem Sinne ist diesem Gesamtpaket eine weite Verbreitung zu wünschen.

KATZENBOGNER versteht die Kinderleichtathletik als Basis, als eine Form der Grundausbildung für die langfristige Entwicklung eines jungen Leichtathleten. Naturgemäß berührt er dabei dann auch die Frage eines sich anschließenden gezielten systematischen Leistungsaufbaus. Wieweit „Kinderleichtathletik" darin eine natürliche Schnittstelle zum Grundlagentraining darstellt oder vielleicht als (Vor-)Stufe dieser Trainingsetappe angesehen werden kann oder gar unabhängig davon einen eigenständigen übergreifenden Querschnittsbereich ausmacht, soll den Ausführungen der folgenden Bände zum Grundlagen- und Aufbautraining vorbehalten bleiben, ebenso die Frage der Grundausbildung von späteren Quereinsteigern. Auf jeden Fall liegt mit „Kinderleichtathletik" eine geschlossene Darstellung zu Inhalt, Didaktik/Methodik und Organisation der kindesgemäßen Leichtathletik vor, die in hervorragender Weise geeignet ist, die Aus- und Fortbildung von Übungsleitern und Trainern zu beleben und zu befruchten. Dabei sind Übertragungen auf den Schulsport und der Einbezug in die erste und zweite Phase der Lehrerbildung sehr gut möglich – und sicherlich auch sehr notwendig.

Prof. Dr. Wolf-Dietrich Heß

Vorsitzender des DLV-Bundesausschusses
„Aus- und Fortbildung, Wissenschaft, Trainerschule"

Vorwort des Autors

Hans Katzenbogner

Die moderne Kinderleichtathletik orientiert sich mit seinen Bewegungsaufgaben an der kindlichen Bedürfnislage, am Entwicklungszustand, an der Gefühlswelt und der Phantasie junger Menschen. Dabei sollen neue Bewegungsformen, Geräte und Wettkampfformen Kinder im Alter von 7 bis 11 Jahren motivieren, sich mit der Sportart Leichtathletik zu beschäftigen. Vielfältiges Laufen, Springen und Werfen stehen dabei genauso im Vordergrund wie Inhalte aus den Bereichen Gerätturnen, Spiel und Rhythmik. Funorientierte Angebote bereichern die Übungsvielfalt und beziehen die neuen Auffassungen sportlicher Aktivität mit ein.
Spielerisch werden die Kinder an die Leichtathletik herangeführt, wobei das Ausprobieren und Lernen in immer wieder neu gestalteten Situationen großen Raum einnehmen. Klar definierte Ziele jedoch, die bis zum elften Lebensjahr erreicht werden sollen, dargestellt durch verschiedene fachspezifische und überfachliche Zielsetzungen, erfordern eine systematische Planung der Arbeit des Übungsleiters und eine ständiges Nachdenken über die zurückgelegten Schritte.
Eine wichtige Rolle spielt dabei die Entwicklung der koordinativen Fähigkeiten, die aufgrund der Bewegungsdefizite unserer Kinder zum Teil mangelhaft entwickelt sind und einer besonderen Förderung bedürfen. Wir erreichen dies, indem wir bereits gelernte Bewegungsabläufe in immer wieder neuen Situationen anwenden lassen. Uns kommt dabei die hervorragende Lernfähigkeit der Kinder in diesem Alter, gebündelt mit dem kindlichen, spontanen und hoch frequenten Aktionsmuster, ebenso entgegen wie die ausgeprägte Lernfreude. Wichtige Denkanstöße erhielt ich dabei von meinem Freund Mike Medler, der mit einer Fülle von Ideen die Kinderleichtathletik belebt und mit dem Begriff „Fähigkeitsorientierter Ansatz" eine neue Diskussion in der Grundausbildung entfachte.
Das vorliegende Buch versteht sich als Lehrbuch, denn es informiert den Übungsleiter, aber auch die Sportlehrer, über die wichtigsten theoretischen Grundlagen ihrer Arbeit. Im Praxisteil zeigt es ihnen methodische Wege und vielfältigen Übungsstoff zum Erreichen der Handlungskompetenzen auf, erklärt ihnen, wie sie in den verschiedenen Bereichen ihre Schwerpunkte setzen sollen und gibt einen Einblick in die verschiedenen Wettkampfmöglichkeiten als Bühne zur Darstellung und zum Erproben für das erlernte Bewegungsrepertoire. Jegliches Handeln in der Kinderleichtathletik orientiert sich an der Verantwortung für die Persönlichkeitsentwicklung des jungen Menschen und rückt die pädagogische Dimension stärker in den Vordergrund als je zuvor.
Abschließend möchte ich noch meinem Freund Dieter Massin danken, der mich immer wieder ermunterte, an meiner Konzeption festzuhalten und dieses Buch trotz einiger Schwierigkeiten fertig zu stellen.
Besondere Hochachtung gilt den Schülern der 3. und 4. Klassen meiner Grundschule im Schuljahr 2000/2001, die keinem Leichtathletikverein angehören, aber doch, wie das Fotomaterial beweist, die Intentionen ihres Lehrers mustergültig und beispielgebend umgesetzt haben.

Hans Katzenbogner

1 Kinderleichtathletik gestern und heute

Situationsanalyse
Kinderleichtathletik trifft heute auf veränderte Rahmenbedingungen. Muss sich unser Angebot auch verändern, wenn es attraktiv bleiben soll?

1.1. Situationsanalyse

Mehr denn je stehen die traditionellen Sportarten angesichts des sinkenden Beliebtheitsgrads im Mittelpunkt der Überlegungen von Fachleuten in den jeweiligen Bereichen: Verfügen die bisher praktizierten Inhalte und Methoden noch über genügend Anziehungskraft oder bedarf es einer zeitangepassten Neuorientierung? Nur eine Gegenüberstellung der früheren und der jetzigen Kindheit kann zu den notwendigen Konsequenzen für die Zukunft führen.

1.1.1 Kindheit früher

Viele der derzeitig tätigen Übungsleiter, Trainer und Funktionäre können sich gut an ihre Kindheit und Jugend erinnern. Eine Kindheit, die geprägt war von einer intakten Bewegungswelt: Zahlreiche Bolzplätze, Wälder und Flussauen, Wiesen und Sandgruben boten Raum für eine Fülle von Spiel- und Bewegungsmöglichkeiten und förderten Koordination und Kondition. Kaum hemmten Terminkalender oder Einflüsse der Medienwelt die Aktivitäten der Kinder und Jugendlichen. Die verschiedenen sozialen Gruppierungen wie Familie, Jugendgruppe und Sportverein, in denen es noch verbindliche Werte gab, waren Ankerplatz für die Gefühle, Probleme und Interessen junger Menschen.

Kindheit früher

1.1.2 Kindheit heute

Im Laufe der letzten Jahrzehnte wurden durch die steigende Bebauung die Bewegungsräume zunehmend eingeengt und auf dürftig ausgestattete Kinderspielplätze reduziert. Die „Verstädterung" hat in rasantem Tempo zugenommen und den Weg zu den sonstigen Tummelplätzen erschwert und verlängert. Verbotsschilder zieren die Höfe von Wohnanlagen und mit hohen Drahtzäunen umgebene Sportanlagen dürfen nur nach vorgegebenem Plan benutzt werden.

Die Zunahme des Verkehrs trägt ein Übriges dazu bei, dass bei vielen Kindern die „vier Wände" bevorzugter Spielplatz werden oder sein müssen. „Straßenkindheit" verändert sich zur „Verhäuslichung" oder auch zu einer „Verinselung" der Lebenswelt. Schulische Aufgaben, musikalische Unterweisung, Computerspiele und Internetsurfen schränken die Bewegungszeit erheblich ein. Untersuchungen über das Freizeitverhalten der Jüngsten sagen z. B. aus, dass manche Kinder bis zu 30 Stunden pro Woche vor dem Fernseher sitzen.

An Stelle ganzheitlicher, aktiver Primärerfahrungen tritt zunehmend eine passive, konsumorientierte Aneignung der Dinge und der Welt. Bewegungsmangel und daraus resultierende Defizite an Bewegungsformen werden noch verstärkt durch die Tatsache, dass Kinder selbst bei kurzen Entfernungen mit irgendwelchen Transportmitteln befördert

Beachte

Die Folgen von Bewegungsmangel wie Dysbalancen, koordinative Störungen, geringe Belastungsfähigkeit infolge eines geschwächten Bewegungsapparates und unterentwickelter organischer Kapazitäten werden zunehmend Realität.

Kindheit heute

werden. Auch ein immer mehr reduzierter Sportunterricht an den Schulen trägt dazu bei, dass die Bewegungszeit ständig abnimmt. Natürlich können diese Tatsachen nicht verallgemeinert werden. Außerhalb der Städte finden wir sehr wohl die notwendigen Bewegungsräume und es gibt auch viele Kinder, die weit weniger vor dem Fernseher sitzen.

Die Familie, als Institution selbst in der Krise, hat oftmals nicht mehr den Einfluss, den sie bräuchte, um für die jungen Menschen Wegweiser zu sein. Einflüsse von außen bestimmen zunehmend deren Handeln und wirken sich auch auf die psychische Stabilität der Kinder aus. Der Wandel der Zeit hat auch die bisherigen Wertmaßstäbe kräftig ins Wanken gebracht. Längst haben materielle Werte die Oberhand gewonnen.

Welche Auswirkungen hat das auf den Sport?

- Eine Vielzahl der jungen Menschen ist nicht mehr willens und in der Lage, ein Ziel systematisch zu verfolgen und sich mit Mühe zu erarbeiten. Schnell werden die Tätigkeiten gewechselt, wenn Anstrengung gefordert wird
- Sportarten und Aktivitäten sind gefragt, die keine Verpflichtung mit sich bringen und die man nach Lust und Laune wechseln kann.
- Junge Menschen lassen sich bei ihren sportlichen Tätigkeiten sehr von Äußerlichkeiten leiten (moderne Musik, Kleidung, Sprache, Sensation usw.) Finanzielle Dinge spielen dabei keine Rolle. Man betreibt, was gefällt.

Beachte

Die Einstellung der jungen Menschen zum Sport hat sich vielfach geändert.
Unverbindlichkeit und „Outfit" sportlicher Betätigungen bestimmen die Handlungsmotivation.

Die so genannten Funsportarten wie das Inlineskaten sind nicht nur Konkurrenz für die Leichtathletik, sie können auch in eine attraktive Kinderleichtathletik integriert werden

1.2. Neuorientierung in der Kinderleichtathletik

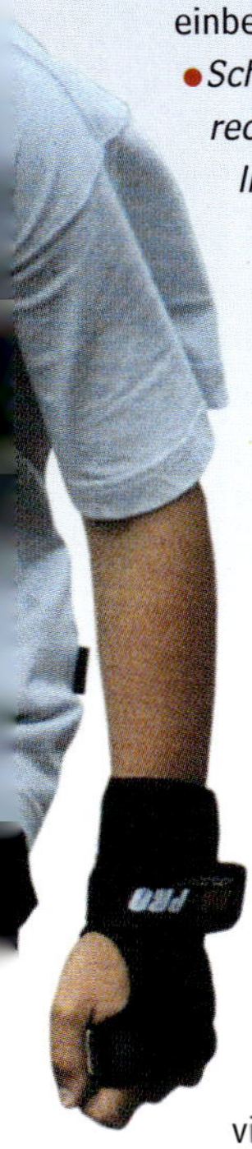

1.2.1 Aufgaben einer modernen Kinderleichtathletik

Eine moderne Kinderleichtathletik muss die geänderten gesellschaftlichen Verhältnisse und das geänderte Kindsein in ihre Überlegungen einbeziehen. Daraus entstehen für einen Neuansatz folgende Aufgaben:

- *Schaffung einer Fitnessbasis, die den Belastungen der Sportart gerecht wird und mit zunehmendem Alter höhere Leistungen ermöglicht.*
- *Kinder müssen über koordinativ vielseitige Bewegungserfahrungen verfügen, die es ihnen ermöglichen, sportliche Fertigkeiten leichter und qualitativ besser zu erlernen.*
- *Kinder sollen einen sinnvollen Beitrag zu ihrer Freizeitbewältigung erhalten.*
- *Kinder sollen sich sozial geborgen fühlen.*
- *Kinder sollen durch die Beschäftigung mit der Leichtathletik und einer pädagogisch sinnvollen Leistungsorientierung eine Hilfe in ihrer Persönlichkeitsentwicklung erhalten.*

1.2.2 Kinderleichtathletik – eine attraktive Freizeitbeschäftigung für die Kinder von heute

Die Kinderleichtathletik kann diese Aufgaben nur erfüllen, wenn sie von den Kindern als interessante Freizeitbeschäftigung angenommen wird. Die traditionellen Sportarten, auch die Leichtathletik, befinden sich in Konkurrenz zu einer Vielzahl von Freizeitaktivitäten, die durch attraktive Inhalte und durch ansprechende Präsentation die jungen Menschen an sich ziehen. Meist sind es Äußerlichkeiten, wie spektakuläre Sportgeräte, moderne Musik oder auffälliges Outfit, die ihren besonderen Gefallen finden. Ausgeklügelte Werbestrategien der Sportindustrie sowie die Medien tragen dazu bei, diesen sportlichen Tätigkeiten zu besonderem Aufschwung zu verhelfen.

Wie soll also eine Kinderleichtathletik aussehen, die den Bedürfnissen junger Menschen entgegenkommt? Wenn Kinderleichtathletik eine attraktive Freizeitbeschäftigung für die Kinder von heute sein soll, müssen Vereine, Trainer und Übungsleiter darüber nachdenken, mit welchen Inhalten und Methoden dieser Anspruch zu erfüllen ist.

Neue Wege werden durch drei Ansprüche bestimmt, die an eine Kindersportart mit modernem Gesicht zu stellen sind:

- *Sie besitzt einen hohen Motivationsgrad.*
- *Sie baut Grundlagen auf.*
- *Sie orientiert sich an der Situation des Kindes.*

Freizeitaktivitäten

Kinder sind heutzutage einer immensen Reizsetzung durch die Umwelt ausgesetzt. Sie lieben das permanent Abwechselnde, das Spektakuläre und das Schnelllebige.

KAPITEL 1 **1.2**

Soziale Bedürfnisse

Kinder kommen in den Verein, um Gleichaltrige zu treffen und Gemeinschaftserlebnisse zu haben. Daneben brauchen sie die individuelle Anerkennung durch die Gruppe und die vertrauensvolle Hilfestellung durch den Übungsleiter.

Beachte

Sie müssen die Inhalte der Kinderleichtathletik attraktiv und kindgemäß aufbereiten und in die Praxis umsetzen. Berücksichtigen Sie die Wünsche der Kinder, lassen Sie sie an der Planung und Realisierung teilhaben. Formulieren Sie die Aufgaben eindeutig und begründen Sie Ihre Maßnahmen. Es ist zudem hilfreich, Trainingsziele und -inhalte vorab bekanntzugeben. Kinder, die sich ernst genommen fühlen, sind motivierter!

Hoher Motivationsgrad

Kinder sind heute einer immensen Reizsetzung durch die Umwelt ausgesetzt. Sie lieben das permanent Abwechselnde, das Spektakuläre und das Schnelllebige.

Personenbezogene Motivationsmöglichkeiten:

Primär soziale Bedürfnisse führen heute Kinder in die Sportgruppen der Vereine. Angesichts vieler schwieriger familiärer Situationen kann der Übungsleiter für junge Menschen zum Bezugspunkt werden. Das Vorbild, das Engagement und das pädagogische Geschick des Gruppenführers treten stark in den Vordergrund. Das verstärkende Anerkennen kindlichen Tuns, das ermunternde Gespräch und die Hilfestellung bei neuen und ungewohnten Situationen erzeugen eine Atmosphäre des Vertrauens. Das Kind soll dabei in eine Gruppe vorwiegend Gleichaltriger eingebettet sein. Das Miteinanderplanen, -ausführen, -erleben und -feiern, die Anerkennung und Bestätigung durch die Gruppenmitglieder, aber auch das gemeinsame Ertragen negativer Erlebnisse wie Niederlagen in sportlichen Wettbewerben kommen bei Kindern dem Bedürfnis nach sozialer Geborgenheit entgegen. Gemeinschaftserlebnisse wie Fahrten, Feiern, Gruppenabende und Wettkämpfe verstärken das Zusammengehörigkeitsgefühl der Gruppe.

Sachbezogene Motivationsmöglichkeiten:

Eine zum Teil stark in der Tradition verankerte Angebotsform der Leichtathletik für Kinder mit ihrem Haften an einer zum Teil übertriebenen Leistungsorientierung, ihrem auf genormte Disziplinen eingeschränkten Bewegungsrepertoire und ihrer Tendenz zur frühen Spezialisierung muss

sich wieder auf die vielen sachbezogenen Motivationsmöglichkeiten der Sportart besinnen und sich mehr an den Bedürfnissen der Kinder orientieren. Sie bietet ihre Inhalte in breiter Vielfalt an und bezieht neue Strömungen mit ein:

- *Laufen, Springen und Werfen in vielfachen Variationen und mit hohem Aufforderungscharakter.*
- *Ergänzung durch andere Sportbereiche wie Spiel, Gerätturnen und Rhythmik, Rope-Skipping, Step-Aerobic oder Inlineskating.*
- *Anregende Geräte wie Bananenkartons, Teppichplatten, Flatterbälle, Wurfraketen und Gerätekombinationen wie ein Hindernisparcours beim Dauerlauf oder Situationen aus Teppichplatten und Bananenkartons beim Sprung.*
- *Leistungsanreiz durch Spiel und Wettbewerb, wie Kleine Staffeln, Zonen beim Weitsprung oder Ballwurf, vielfältige Wurfziele, Risikowettbewerbe oder Würfel- und Puzzlespiele.*
- *Partner- und Gruppenspiele: Ballzuspielen, Kettenlaufen.*
- *Bewegungsaufgaben kreativ lösen: Mit welchem Sprungstil kann ich eine Höhe überqueren? Wie kann ich neue Geräte werfen?*
- *Förderung durch leistungsbezogene Gruppen (verschiedene Schwierigkeitsangebote).*
- *Einsatz audio-visueller Mittel (Video, Lehrbildreihen, CD-Roms usw.)*
- *Geländewechsel: Park, Wald, Bahn, Rasen usw.*
- *Abwechslung in der Methode und im Aufbau der Stunde.*
- *Anreiz der Eigentätigkeit: Lösungen finden, eigenen Leistungsmaßstab setzen, eigenverantwortliche Aufgabenstellung.*
- *Erfolgswahrscheinlichkeit einplanen: Vermeiden häufiger Frustration.*
- *Einlaufen mit Musik: Durcheinanderlaufen mit verschiedenen Aufgabenstellungen.*

Aufbau von Grundlagen:

Die wichtigste Aufgabe für die Kinderleichtathletik liegt im Aufbau der koordinativen und konditionellen Fähigkeiten, also der Fähigkeiten, die im Rahmen der Freizeitaktivitäten nur mehr unzureichend entwickelt werden. Sie bilden die Grundlage für den Leistungsaufbau in der Sportart Leichtathletik und in anderen Sportbereichen. Neben diesen sportlichen Grundlagen werden aber auch wesentliche Impulse für die Persönlichkeitsentwicklung des Kindes gesetzt. Pädagogisch und fachlich sinnvolle Wettspiele sowie „Leistungs"-Kontrollen ergänzen dieses Angebot.

Koordination und Kondition

Koordinative Fähigkeiten sind all jene, die mit der Bewegungssteuerung zu tun haben (umgangssprachlich auch Gewandtheit) wie z. B. Gleichgewichts-, Orientierungs-, Rhythmusfähigkeit usw. Konditionelle Fähigkeiten sind dagegen stärker energetisch bedingt: Kraft, Ausdauer, Schnelligkeit, Beweglichkeit.

Orientierung an der Situation des Kindes

Das Kindesalter, als die der Pubertät vorausgehende Phase, ist geprägt durch die hohe Geschwindigkeit der Wachstums- und Reifungsprozesse aller biologischen Systeme. Wir unterscheiden: *Im frühen Schulkindalter, mit Beginn der Schulzeit, verändern sich die Umwelt und damit das Umfeld des Kindes „sprunghaft" und grundlegend. Gerade der Sport mit seinen vielfältigen Lerngelegenheiten unterschiedlicher Art ist ein maßgebender Faktor für die Entwicklung der Kinder.*

Frühes Schulkindalter

Vom Beginn der Schulzeit (ca. 7 Jahre) bis etwa 10 Jahre. Sprunghafte und grundlegende Entwicklung des Kindes durch vielfältige Reizsetzungen.

Spätes Schulkindalter
Etwa 10/11 Jahre bis ca. 11/12 Jahre bei Mädchen, bis ca. 13 Jahre bei Jungen. Vielfältige Angebote nutzen die optimale Lernfähigkeit!

Beachte
Das sehr schnelle Aufnehmen, Erlernen und Begreifen von Bewegungsabläufen ist charakteristisch für dieses Alter. Die Kinder dieser Stufe zeichnen sich durch einen erfreulichen Lerneifer, durch Wagemut, durch hohe Einsatz- und Lernbereitschaft aus.

Beachte
Spielerisches Handeln in der Leichtathletik bedeutet intensives Lernen und tiefe Energieausschöpfung aufgrund von hoher Motivation und Handlungsbereitschaft. Dies ist die höchste Form menschlichen Lernens und menschlicher Leistungsrealisierung! Spielerisches Handeln hat so nichts zu tun mit oberflächlichem, wenig sinnhaftem Handeln.

Die schnelle Zunahme der Lernfähigkeit ist charakteristisch und korrespondiert mit der Entwicklung der Steuerungs- und Kombinations-, mit der Rhythmusfähigkeit und Beweglichkeit. Gerade die koordinativen, technomotorischen Grundelemente der Leichtathletik lassen sich gut kombinieren und bewältigen.
Das späte Schulkindalter gilt allgemein als die beste Lernfähigkeitsstufe in der gesamten Kindheit. Die Kinder verhalten sich trotz des Bezuges zum eigenen Ich sehr sozial und integrativ. Besonders ein hohes Maß an Gewandtheit und Geschicklichkeit ist hervorzuheben.
Die moderne Kinderleichtathletik orientiert sich an der Situation des Kindes in der heutigen Zeit durch:

- *Ansprechen der Gesamtpersönlichkeit. Zielsetzungen sind: Kenntnisse, Fähigkeiten und Fertigkeiten erwerben, Freude, Erfolg, Misserfolg erleben und Kooperation, Kommunikation erfahren.*
- *Vorrang dem Spielerischen: Entwicklung von Fähigkeiten in druckfreien, motivierenden Lern- und Übungssituationen. „Spiel gilt als 'Vollwertkost' für die kindliche Seele. Die mit dem Spiel verbundene Leichtigkeit wird immer dann erlebt, wenn es gelingt, eine gewisse Spannung zu erzeugen, aus der heraus die Motivation 'Mal sehen, ob ich das auch schaffe?' entsteht, wenn das Gelingen für jeden Einzelnen erreichbar scheint und wenn ein Ergebnis 'gelungen – misslungen, geschafft – nicht geschafft' lange offen gehalten werden kann." (Medler)*
- *durch Beachtung des Bewegungsbedürfnisses der Kinder*
- *Vielfältige Bewegungsformen im Laufen, Werfen und Springen*
- *Einblick in andere Sportarten*
- *Hohe Geräteanzahl*
- *Gute Organisation der Bewegungsaufgaben ohne Leerlauf*
- *Vermeiden von Formen des Erwachsenentrainings*
- *Variables Nutzen genormter Anlagen, z. B. Weitsprunganlage von der Seite her*
- *Berücksichtigung von motorischer Lernfähigkeit, Lerntempo und psychischer Individualität*
- *Berücksichtigung von kindlichen Entwicklungsphasen und Mentalität, von individueller Konstitution und Fähigkeitsbasis*
- *Steuerung des teilweise hyperaktiven, unkontrollierten, teilweise aggressiven Verhaltens der Kinder.*

Trotz dieser Neuorientierung darf das in der Tradition verankerte Wesen der Leichtathletik nicht aus den Augen verloren werden:
1. Leichtathletik bedeutet „Schneller – Weiter – Höher"
2. Leichtathletik ist von der individuellen Leistung geprägt.
3. Leichtathletik bedeutet in der weiteren, langen Leistungsentwicklung Anstrengung, Zielstrebigkeit, Verzichten können.
4. Auch im spielerischen Bereich bedarf es der Planung, Systematisierung und Zielstrebigkeit.
5. Leichtathletik muss sich auch im spielerischen Bereich an den Trainingsgesetzmäßigkeiten orientieren.

1.3. Erwerb individueller Handlungskompetenz als Hauptaufgabe in der Grundausbildung

1.3.1 Stellenwert der Kinderleichtathletik

Die Kinderleichtathletik ist im idealtypischen Verlauf die Basis für die Entwicklung des jungen Leichtathleten. Das hier aufgezeigte langfristige Modell stellt das Ideal der Entwicklung eines Athleten dar. Nachdem die einzelnen Sportverbände immer früher versuchen, Kinder an sich zu binden, gilt es für den Deutschen Leichtathletik-Verband und seine Mitglieder, in dieser Hinsicht nicht in Rückstand zu geraten.

Stufe der Kinderleichtathletik

Es wäre jedoch verfehlt, Siebenjährige bereits mit der Leichtathletik der Erwachsenen zu konfrontieren. Vielmehr ist es Aufgabe der Übungsleiter, den Kindern vielfältige Bewegungserfahrungen zu ermöglichen, die mithelfen, die koordinativen und konditionellen Fähigkeiten zu entwickeln. Es gilt, die schon beschriebenen Defizite im Bewegungsbereich zu beseitigen. Zudem werden in den ersten drei Jahren auch die Handlungskompetenzen und altersgemäß angemessene sportliche Techniken aufgebaut und in vielen Wettspielen erprobt. Damit geben wir den Kinder eine gute sportliche Basis an die Hand.

Stufe des Grundlagentrainings

Auf einer breiten Basis aus koordinativen und konditionellen Fähigkeiten werden ab 12 Jahren (bei sehr günstigem Entwicklungsverlauf vielleicht schon mit 11 Jahren) die Ziele des Grundlagentrainings angestrebt. Der weitere Ausbau der koordinativen Fähigkeiten ist unverzichtbar. Sie werden in vielfältigen, zunehmend disziplinorientierten Situationen stabilisiert und ausgebaut. Die in der Kinderleichtathletik erworbenen altersgemäßen Techniken gilt es zu festigen, zu individualisieren, zu ökonomisieren und für die Wettspiele in geeigneter Weise zur Verfügung zu stellen. Auch im Grundlagentraining verliert die spielerische und ungezwungene Art, mit leichtathletischen und überfachlichen Inhalten umzugehen, sowie das Entwickeln von Fähigkeiten in Wettspielsituationen nicht ihre Bedeutung, jedoch tritt das mehr systematische Üben zunehmend in den Vordergrund. Viele Übungsformen der Kinderleichtathletik lassen sich mit Steigerung von Belastung und Umfang in dieser Trainingsetappe verwenden. Die Trainingsarbeit richtet sich jedoch immer nach der körperlichen, geistigen und seelischen Entwicklung der Jugendlichen. Die Geduld ist ein besserer Partner als übereiltes Vorgehen.

1.3.2 Ziel der Kinderleichtathletik: Grundausbildung

Wenn die Kinder in einem Alter zwischen 7 und 11 Jahren mit der Leichtathletik beginnen, verfügen sie über die Grundtätigkeiten Laufen, Sprin-

Sportliche Basis

Wir können nicht erwarten, dass Kinder, die in der Leichtathletik beginnen, lebenslang dort verbleiben. Darum sollten wir ihnen eine gute Basis für alle sportlichen Bereiche vermitteln. Sportart-Egoismus ist der falsche Ansatz, die Entwicklung junger Sportler zu fördern!

Beachte

Angesichts der langen Entwicklungszeit eines Athleten sollte der Entwicklung einer soliden Basis mehr Beachtung geschenkt werden als Rekorden und Meistertiteln in der Schülerklasse.

Kinderleichtathletik als Grundausbildung

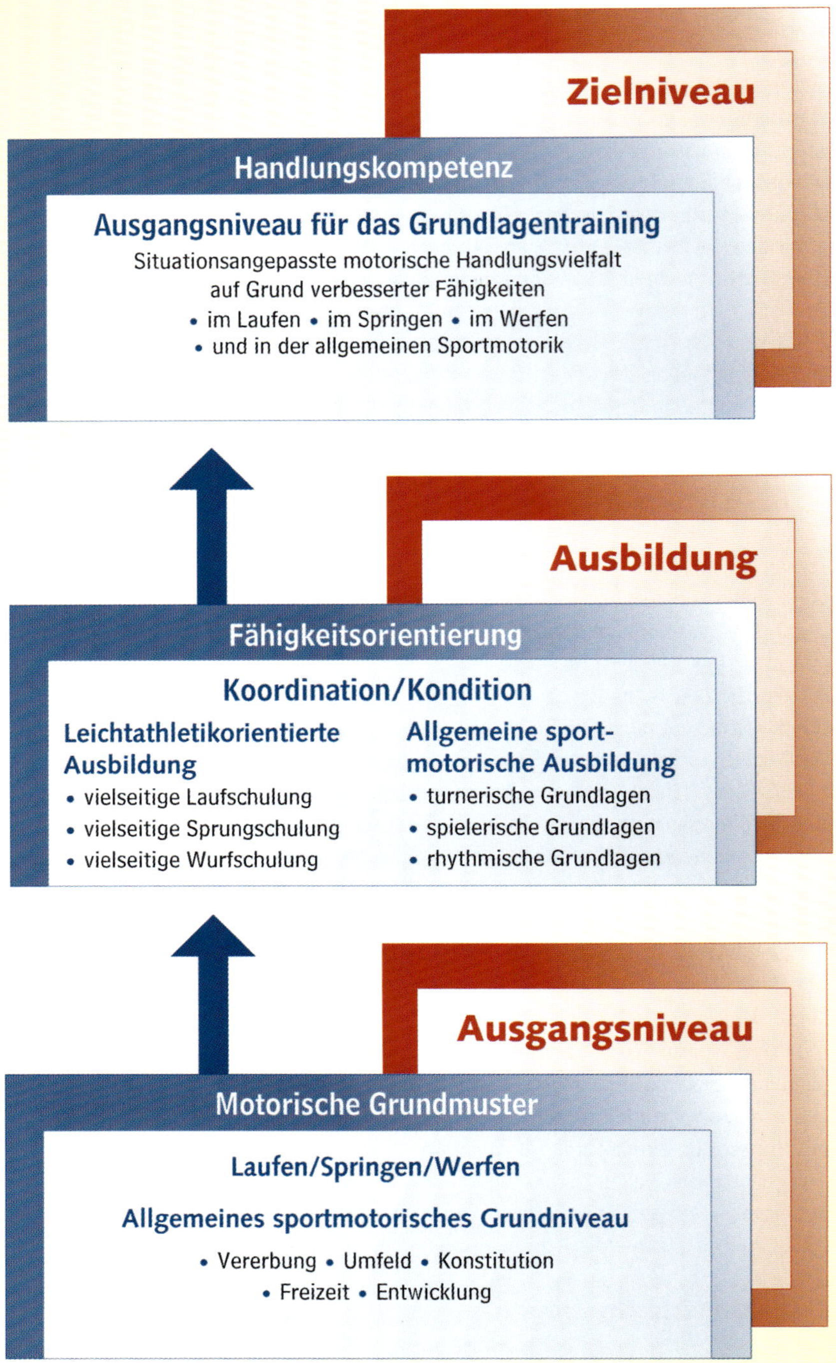

gen und Werfen, basierend auf einem entsprechenden koordinativen und konditionellen Ausgangsniveau und einem allgemein sportmotorischen Grundniveau (Spielen, Turnen, rhythmisches Bewegen usw.), das durch verschiedene Faktoren wie Konstitution, Anlagen usw. mitbestimmt wird. Dieses Niveau besaß in früheren Zeiten aufgrund intensiver sportlicher Freizeitaktivitäten einen hohen Ausprägungsgrad. Der Schwerpunkt konnte deshalb mehr auf die Entwicklung leichtathletischer Fertigkeiten (fertigkeitsorientierte Ausbildung) gelegt werden.

Beachte
Fähigkeitsorientierung bedeutet, dass alle Maßnahmen im Rahmen der kindlichen Grundausbildung die Verbesserung der koordinativen und konditionellen Fähigkeiten zum Ziel haben.

Fähigkeitsorientierte Ausbildung

Heute kann von diesem hohen Niveau oft nicht mehr ausgegangen werden. Deshalb steht die mehr fähigkeitsorientierte Ausbildung im Vordergrund. Das heißt, das Ausgangsniveau muss unter Führung der koordinativen und konditionellen Fähigkeiten (letztere aber nicht als Schwerpunkt) mit dem Übungsgut aus den Bereichen Laufen, Springen, Werfen, Turnen, Spielen usw. ausgebaut und verbessert werden. Die für die koordinative Ausbildung notwendigen biologischen Systeme sind im Kindesalter bereits gut entwickelt und deshalb besonders gut ansprechbar. Chancen für die Entwicklung der motorischen Funktionen blieben ungenutzt, wenn die entsprechenden Entwicklungsreize fehlten.
Ein entsprechend vielseitiges sportliches Angebot hat einen erheblichen Einfluss auf diese Entwicklung als Voraussetzung und Unterstützung der späteren erfolgreichen Weiterführung im Jugendlichen- und Erwachsenenalter. Kinder bringen wie oben angedeutet bereits ein bestimmtes sportmotorisches Grundniveau mit in den Verein. Leichtathletisch gesehen erkennen wir dies an den Tätigkeiten des Laufens, Springens und Werfens, die nicht erst noch erlernt werden müssen. Sie können als Einstieg in eine leichtathletische Ausbildung spontan abgerufen und herausgefordert werden. Das schafft für die koordinative Ausbildung geradezu ideale Bedingungen, denn Laufen, Springen, Werfen sind nicht nur Grundtätigkeiten, sondern sie repräsentieren auch die entscheidenden Fertigkeiten, um die sich in der Leichtathletik alles dreht.

Beachte
Koordinative Fähigkeiten sind unabdingbar notwendig zum Entwickeln von Bewegungsfertigkeiten. Wir schulen sie durch ein vielseitiges sportliches Angebot.

Unterschiedliche Ausgangsniveaus

Die Ausbildung wird aufgrund von verschiedenen Startvoraussetzungen von Kind zu Kind etwas anders ablaufen. Grundsätzlich können aber alle Kinder ihre sportliche Heimat finden. Manche, mit weniger günstigen Voraussetzungen, mögen sich ab einem gewissen Zeitpunkt einer anderen Sportart zuwenden oder breitensportliche Leichtathletik betreiben.
Noch ein Wort zu den Quereinsteigern. Oft wechseln Kinder und Jugendliche auch von anderen Sportarten zu uns herüber. Wir müssen mit ihnen nicht das „motorische ABC" der Kinder einüben. Es gilt, die vorhandene Basis auf Defizite zu überprüfen und diese zu beseitigen. Die leichtathletische Grundausbildung wird bei diesen Quereinsteigern wesentlich schneller ablaufen. Eines ist aber unumstößlich: Am Ende der Etappe des Grundlagentrainings muss das Fundament vorhanden sein, auf dem die Entwicklung des Athleten mit dem Aufbautraining fortgesetzt wird.

Quereinsteiger
Quereinsteiger sind die Kinder und Jugendlichen, die von anderen Sportarten zu uns herüberwechseln. Sie bringen bereits eine gewisse Basis mit, auf die sich aufbauen lässt.

Ausgangsniveau
Individuelle Startposition einer sportlichen Laufbahn.

Zielniveau

Unter Zielniveau versteht man verbesserte koordinative und konditionelle Fähigkeiten und damit verbunden eine individuelle Handlungskompetenz im Laufen, Springen und Werfen sowie weiteren sportmotorischen Bereichen.

Handlungskompetenz

Das Kind kann in vielfältigen Situationen flexibel agieren und reagieren.

Individuelle, vielseitige Handlungskompetenz als Ziel

Als Ergebnis soll das Zielniveau der Kinderleichtathletik, nämlich verbesserte koordinative und konditionelle Fähigkeiten und damit eine individuelle Handlungskompetenz in den Bereichen Laufen, Springen, Werfen sowie in verschiedenen sportmotorischen Bereichen wie Spielen, Turnen, rhythmisches Bewegen angestrebt werden.

Ein Kind, das über Handlungskompetenz verfügt, ist in der Lage, in einer gegebenen Situation mit seinen erworbenen koordinativen und konditionellen Fähigkeiten Bewegungsaufgaben entsprechend dem Alter und dem Entwicklungsstand optimal zu lösen. Der im weiteren Verlauf verwandte Begriff „angemessene Technik" beruht auf dieser Definition. Auf die Verwendung des irreführenden Begriffes „Grobform" wird verzichtet, da es auf jeder Alters- und Entwicklungsstufe optimale Lösungsmöglichkeiten gibt.

Beispiele: Ein 11-jähriges Kind ist in der Lage, eine 40-m-Strecke mit Kinderhürden schnell und mit einer für das Alter effektiven Technik zu bewältigen. Oder: Ein 10-jähriges Kind ist in der Lage, Schweifbälle mit einem geradlinigen Schlagwurf in eine 20 m entfernte, auf den Boden aufgezeichnete Zielscheibe zu werfen.

Mit diesem Niveau sind auch die Voraussetzungen geschaffen, im Bereich des Grundlagentrainings zunehmend fertigkeitsorientiert weiterzuarbeiten. Das Erreichen des Zielniveaus der Grundausbildung bedeutet gleichzeitig das Ende der Kinderleichtathletik und den Beginn des Grundlagentrainings.

Stufengrafik

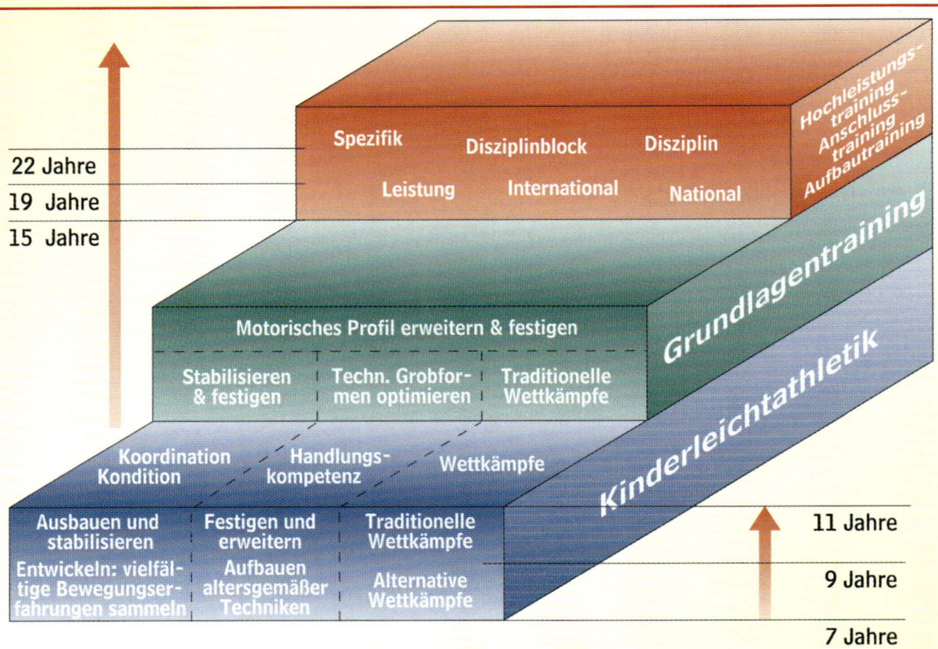

2 Koordinative und konditionelle Fähigkeiten

2.1. Koordinative Fähigkeiten

2.1.1 Was sind koordinative Fähigkeiten?

Unter koordinativen Fähigkeiten – früher auch als Gewandtheit bezeichnet – versteht man Fähigkeiten, die durch die Prozesse der Bewegungssteuerung und -regelung bestimmt werden. Koordinative Fähigkeiten bestimmen entscheidend die Qualität einer Bewegung bzw. sportlichen Technik.

Beachte

Je besser die koordinativ-technischen Fähigkeiten und Fertigkeiten entwickelt sind, desto zielgerichteter und effektiver können die konditionellen Fähigkeiten im Sinne einer Leistungsoptimierung eingesetzt werden.

2.1.2 Bedeutung der koordinativen Fähigkeiten für die sportliche Leistungsfähigkeit

Die koordinativen Fähigkeiten sind neben den konditionellen Fähigkeiten Kraft, Schnelligkeit, Ausdauer und Beweglichkeit ein entscheidender Faktor der sportlichen Leistungsfähigkeit. Je höher ihr Ausprägungsgrad, desto gewandter, geschickter, flüssiger, dynamischer, rhythmischer, ökonomischer und somit technisch vollendeter kann eine Bewegung ausgeführt werden.

Die koordinativen Fähigkeiten setzen sich aus unterschiedlichen Einzelfähigkeiten zusammen. Einen Überblick über die nach HIRTZ (Koordinative Fähigkeiten im Schulsport, Berlin 1988) *fünf für den Kindersport wichtigsten koordinativen Fähigkeiten* gibt die Abbildung. Weitere Fähigkeiten sind z. B. die Kopplungs- und die Umstellungsfähigkeit.
Die koordinativen Fähigkeiten treten selten allein, sondern meist in sportart- bzw. disziplinspezifischen Fähigkeitskomplexen auf. Ein Beispiel: Ein guter Diskuswerfer benötigt nicht nur ein gut entwickeltes Gleichgewichtsvermögen (um bei der Drehung oder nach dem Abwurf nicht ins Straucheln zu kommen bzw. überzutreten), sondern auch ein entsprechendes Niveau an räumlicher Orientierungs- (Ausnutzen der Ringfläche, Optimierung der Abwurfrichtung), an Rhythmus- (für die Dreh- und Abwurfbewegung) und Kopplungsfähigkeit (Abstimmung der Bein-, Rumpf- und Armbewegungen), um eine ansprechende Wurfleistung zu erzielen.
Die Entwicklung der koordinativen Fähigkeiten hängt maßgeblich von der Leistungsfähigkeit der verschiedenen Analysatoren ab. Sie beeinflussen in differenzierter Form den Prozess der Steuerung und Regelung der Bewegungshandlungen und wirken meist eng zusammen bzw. ergänzen sich. Je mehr ein Sportler in der Lage ist, seine eigene Bewegung sowie die Umweltsituation analysatorisch zu erfassen, desto besser wird er sich auf veränderte Gegebenheiten einstellen und im Rahmen seiner individuellen Möglichkeiten motorisch lösen können.
Das Training der koordinativen Fähigkeiten bedeutet daher auch stets Training der Analysatoren und umgekehrt. Da sowohl die koordinativen Fähigkeiten als auch die Analysatoren meist in charakteristischer, sportart- bzw. disziplinspezifischer, komplexer Form zur Anwendung kommen, müssen sie einerseits in ihrer disziplinspezifischen komplexen Form z. B. im Rahmen eines speziellen Techniktrainings, andererseits aber auch zur Optimierung ihrer Einzelkomponenten separat trainiert werden.

Beachte
Koordinative Fähigkeiten treten nicht isoliert auf, sondern meist in Fähigkeitskomplexen.

Analysatoren
Analysatoren sind die Körperfunktionen, mit denen wir z. B. unsere Bewegungen wahrnehmen. Wir unterscheiden optische, akustische, kinästhetische (Bewegung), taktile (Berührung) und statisch-dynamische (Lage im Raum) Analysatoren.

Beachte
Aufgrund der schnellen Gehirnentwicklung liegt im Kindesalter die höchste Trainierbarkeit für die koordinativen Fähigkeiten vor.

2.1.3 Das beste Entwicklungsalter

Die körperliche Entwicklung des Kindes erfolgt nicht in allen Körperregionen gleich. Nach Weineck (1996) werden mit sechs Jahren bereits 90 bis 95 Prozent der Gehirngröße des Erwachsenen erreicht, während das allgemeine Körperwachstum zu diesem Zeitpunkt noch nicht einmal die Hälfte des Erwachsenenwertes erlangt hat. Die Nervenzellen des Zentralnervensystems erfahren also bereits im Laufe der ersten Lebensjahre eine zunehmende Vernetzung, die für das spätere Funktionspotenzial von großer Bedeutung ist. Aufgrund der schnellen Gehirnentwicklung und der damit verbundenen hohen Formbarkeit der Hirnrindenstrukturen – aus sportlicher Sicht ist hierbei die motorische Hirnrinde (Motorcortex) von besonderem Interesse – liegt im Kindesalter die höchste Trainierbarkeit für die koordinativen Fähigkeiten vor.
Um eine optimale Ausdifferenzierung der verschiedenen Rindenareale zu erreichen und um auf Spinalebene eine möglichst umfassende Ausbildung bedingtreflektorischer Bewegungsautomatismen – Training op-

Beachte
Die koordinativ-technische Ausbildung findet demnach vor der konditionellen statt. Konditionstraining erfolgt im Kindesalter nur im Rahmen der koordinativen Schulung bzw. nur in dem Umfang, wie dies zum Erreichen koordinativer Ziele oder im Sinne einer allgemeinen Vorbeugung vor Haltungsschäden sinnvoll ist. Die konditionellen Fähigkeiten – und hier liegt ein wesentlicher Unterschied zum Erwachsenentraining – werden im Kindesalter also nicht maximal, sondern nur optimal ausgebildet.

timiert eine Vielzahl bewegungsregulierender und sichernder Reflexe – zu erzielen, steht im Kindesalter vor allem die optimale Ausbildung vielfältiger sportmotorischer Fertigkeiten und Techniken sowie die Erweiterung des Bewegungsschatzes bzw. der Bewegungserfahrung im Vordergrund.

Beim Training der koordinativen Fähigkeiten im frühen Schulkindalter (6 bis 10 Jahre) darf allerdings nicht vergessen werden, dass dieses gute motorische Lernalter vor allem für das Erlernen einfacher Bewegungsfertigkeiten geeignet ist, nicht aber für Fertigkeiten, bei denen mehrere Simultan-Sequenzen (gleichzeitige Mehrfachanforderungen) mit gezieltem, schnellem, peripherem Einsatz koordiniert werden.

Im späten Schulkindalter (10 Jahre bis Pubertätseintritt) vollzieht sich der Abschluss der motorischen Hirnreife, wodurch ein gutes Zusammenspiel unwillkürlicher (bedingtreflektorischer, automatisierter, vor allem stammhirngebundener) und willkürlicher, kortikaler Motorik ermöglicht wird. Die dabei noch vorliegende hohe Plastizität der Hirnrinde sowie die verbesserte Wahrnehmungsfähigkeit (Anstieg der analysatorischen Fähigkeiten) und Informationsverarbeitung ermöglichen es den Kindern, neue Bewegungsfertigkeiten außergewöhnlich schnell zu erlernen. Für die Entwicklung der koordinativen Fähigkeiten ist es demnach wichtig, dieses „goldene Lernalter" entsprechend zu nutzen, denn was „Hänschen zu diesem Zeitpunkt nicht lernt, lernt Hans später nur noch schwer oder gar nicht mehr".

2.1.4 Ergänzungsfunktionen anderer Sportarten

Eine Sportart allein kann nicht alle koordinativen Fähigkeiten gleichermaßen gut entwickeln. Für die Leichtathletik eignen sich als Ergänzungssportarten in ganz besonderem Maße das Gerätturnen, die verschiedenen Sportspiele und Funsportarten. Nicht nur eine Optimierung der koordinativ-technischen Ausbildung wird dadurch ermöglicht, sondern auch eine wirkungsvolle Verletzungsvorbeugung.

Das Gerätturnen, wie z. B. das Turnen am Stufenbarren, eignet sich hervorragend als Ergänzungssportart.

Vorteile des Gerätturnens

Vielseitige koordinative Ausbildung (vor allem der räumlichen Orientierungsfähigkeit, der Gleichgewichtsfähigkeit, der muskulären Differenzierungsfähigkeit, der Kopplungsfähigkeit und der Rhythmisierungsfähigkeit) mit guter allgemeiner Körperbildung (Kraft, Beweglichkeit).

Vorteile der Sportspiele

In den Spielsportarten (z. B. im Fußball, Handball, Basketball, Hockey etc.) werden nicht nur leichtathletiknah und hoch motivierend die Antrittsschnelligkeit, die Sprungkraft und andere Schnellkraftparameter sowie unterschiedliche Teilbereiche der allgemeinen und speziellen Ausdauer geschult, sondern auch einige koordinative Fähigkeiten vertieft trainiert, die in der Leichtathletik selbst nur unzureichend entwickelt werden. Im Vordergrund steht vor allem die Verbesserung der räumlich-zeitlichen Orientierungsfähigkeit (Orientierung auf dem Spielfeld, Timing im Umgang mit Ball/Gegner), die komplexe Reaktionsfähigkeit (in der Leichtathletik wird via Startschuss nur die einfache trainiert), die Umstellungsfähigkeit (wegen des „unberechenbaren" Gegenspielers kommt es anders, als man denkt), die muskuläre Differenzierungsfähigkeit (dosierter Krafteinsatz bei Schuss/Wurf bzw. Kontakt mit dem Gegner) und die Gleichgewichtsfähigkeit (nach Finten schnell wieder ins Gleichgewicht).

Vorteile der Funsportarten

Die Funsportarten eignen sich hervorragend für die Entwicklung der koordinativen Fähigkeiten. Aufgrund ihrer Faszination, ihrer rhythmischen Begleitung und ihrer vielfältigen Gestaltungsmöglichkeiten üben sie eine hohe Anziehungskraft auf junge Menschen aus. Viele von ihnen schulen, durch den Einsatz von Musik, die Rhythmisierungsfähigkeit, Inlineskaten oder Skateboard-Fahren fördern das Gleichgewicht. Beim Rope-Skipping werden Differenzierungs-, Gleichgewichts- und Rhythmisierungsfähigkeit angesprochen. Aerobic, Step-Aerobic und weitere fitnessorientierte Sportmöglichkeiten lassen sich ebenfalls zur Entwicklung der koordinativen Fähigkeiten verwenden.

Die geeignete Sportart auswählen!

Bei der Auswahl der Ergänzungssportarten sollte darauf geachtet werden, dass ihr Einsatz einerseits koordinativ vertiefend und komplementär zur Leichtathletik, andererseits aber nicht konditionell kontraproduktiv wirksam wird. Z. B. wäre dies bei einem zu umfangreichen Schwimmtraining der Fall (beim Schwimmen fehlt es an Trainingsreizen für die schnellzuckenden Muskelfasern).

Die koordinativen Fähigkeiten können nur dann optimal entwickelt werden, wenn sie nicht stereotyp unter stets gleichen Bedingungen trainiert werden. Für die Auswahl der Trainingsmethoden, -inhalte und -mittel gilt demnach, dass es nur dann zu weiteren Anpassungserscheinungen kommen kann, wenn immer neue Reize gesetzt werden, d.h., wenn abwechslungs- und variantenreich trainiert wird.

Beachte

Nur unterschiedliche Sportarten mit verschiedenen, sich gegenseitig ergänzenden koordinativen Anforderungsprofilen garantieren eine vielseitige und umfassende koordinative Grundausbildung.

Beachte

Um die verschiedenen koordinativen Fähigkeiten und die entsprechenden Analysatoren differenziert zu schulen, ist es notwendig, einfache oder bereits gekonnte Bewegungen, Techniken und Fertigkeiten stets unter neuen, erschwerten und ungewohnten Bedingungen weiterzuentwickeln.

2.1.5 Methoden zur Schulung der koordinativen Fähigkeiten

Für die Schulung der koordinativen Fähigkeiten sind zum einen die Methoden und Maßnahmen zum Schaffen einer Bewegungsvorstellung, zum anderen die Methoden der Variation und Kombination von Übungen von Bedeutung.

Bewegungsvorstellung
Bewegungsvorstellung ist ein sinnlich-gedankliches, dem Bewegungsvollzug zeitlich vorangestelltes Leitbild.

Entwickeln von Bewegungsvorstellungen

Da die Bewegungsvorstellung die Grundvoraussetzung für das Erlernen neuer Bewegungsfertigkeiten darstellt, stehen die Methoden, diese zu entwickeln, am Beginn der Bewegungsschulung. In Abhängigkeit von Alter, intellektueller Belastbarkeit, vorhandener Bewegungserfahrung sowie dem Niveau der bereits entwickelten koordinativen Fähigkeiten erweisen sich vor allem die Methode der optischen, verbalen und kinästhetischen Information als besonders geeignet.

- *Methode der optischen Information*

Je jünger das Kind ist, desto wichtiger ist die Information über das optische Abbild, d.h., das Vorbild des Lehrenden. „Vormachen – Nachmachen" ist im Kindesalter die wichtigste Lehrmethode.

Beachte
Das Imitationslernen ist bei Kindern die wichtigste Lehrmethode.

Variation und Kombination von Übungen

Maßnahme	Übungsbeispiele
Variation der Bewegungsausführung	• Sprünge ein- oder beidbeinig, vorwärts, rückwärts oder seitwärts • gegengleiche Ausführung (Würfe, Sprünge mit dem anderen Arm bzw. Bein) • Übungen mit Tempo- oder Rhythmuswechsel
Veränderung der äußeren Bedingungen	• Laufen auf wechselndem Untergrund • Anlauf bei Rücken- oder Gegenwind • Stoßen/Werfen mit unterschiedlich großen Geräten
Bewegungen kombinieren	• ungewohnte Sprungkombinationen • Kombination von Lauf und Sprung
Variation der Informationsaufnahme	• Gleichgewichtsübungen mit unterschiedlichen Kopfneigungen • Üben vor dem Spiegel • Übungen mit geschlossenen Augen
Üben unter Zeitdruck	• Zielwerfen: wie viele Treffer in einer bestimmten Zeit? • Reaktionsübungen, z.B. aus dem kontinuierlichen Lauf heraus auf verschiedene Signale schnellstens verschiedene Aufgaben erfüllen
Üben nach Vorbelastung	• Gleichgewichtsübungen nach vorhergehenden Drehbewegungen • technische Anforderungen auch einmal in ermüdetem Zustand (nur selten!)

Kinder wollen keine langen Erklärungen und Beschreibungen, sie wollen Aktion und Bewegung! Imitationslernen ist charakteristisch für Kinder. Die Präzision des Imitationslernens bzw. das Erfassen wesentlicher Elemente einer Bewegung ist von vielen Faktoren abhängig. Die wichtigsten sind:

– Das Alter:

Kleine Kinder lernen „kritiklos": alles ist für sie in gleicher Weise interessant, solange es neu ist. Ihre Neugier und ihr Bewegungsdrang führen zum Ausprobieren dessen, was ihnen auf ihrem augenblicklichen Niveau umsetzbar erscheint. Unwesentliches wird mit gleichem Enthusiasmus gelernt wie Wesentliches. Kleine Kinder lernen aber auch anders als Erwachsene. Ähnlich wie beim Sprachenlernen (hier achten sie oft mehr auf die Betonung und die Satzmelodie als auf die Inhalte und lernen dadurch „akzentfrei"), erfassen sie Bewegungen vielfach perfekt über ihr Bewegungsgefühl (z. B. in der Form des Ball-, Wasser- oder Schneegefühls).

– Das vorhandene Bewegungsrepertoire:

Wer schon viele Bewegungen und Fertigkeiten beherrscht, hat bereits Teilelemente einer neuen Bewegung parat, muss nicht mehr auf zu viele Dinge gleichzeitig achten und lernt quasi unter erleichterten Bedingungen. Wichtig ist es daher, den Kindern vielfältige Lerngelegenheiten in einer kindgemäßen Lernumgebung zu vermitteln und ihr Bewegungsrepertoire frühzeitig zu erweitern.

– Die Bewegungserfahrung:

Wer weiß, auf was es ankommt, beobachtet und lernt zielgerichteter und nimmt dank seiner Vorerfahrungen Lerninformationen zielorientierter auf.

– Die Leistungsfähigkeit der Analysatoren:

Geschulte Sinne erfassen schneller und präziser die wesentlichen Elemente einer Bewegung, weisen eine schnellere und bessere Informationsaufnahme und -verarbeitung auf.

– Der Lerntyp:

Ein „visueller" Lerntyp lernt besonders gut durch optische Informationen, ein „verbaler" profitiert mehr von Erklärungen.

– Die Motivation:

Die Motivation ist ein ganz entscheidender Einflussfaktor für die Optimierung der koordinativen Fähigkeiten bzw. die Aneignung neuer Bewegungen. Das motivierte Kind ist konzentrierter, leistungsbereiter und willens, auftretende Schwierigkeiten zu überwinden. Motivierte Kinder lernen und probieren unermüdlich und kommen dadurch zu außergewöhnlichen Erfolgen, die wiederum lernstimulierende Wirkung haben.

- *Methode der verbalen Information*

Sie kann der optischen vorausgehen, parallel dazu angewendet werden oder ihr nachfolgen. In jedem Fall dient sie der Bewegungspräzisierung und -klarstellung. Die Methode eignet sich bedingt für Kinder (meist kommen nur ältere, bereits kognitiv orientierte dafür infrage), vor allem aber für Jugendliche, die ab dem Beginn der Pubertät verstärkt wissen wollen, wie etwas funktioniert und welchem Zweck es dient.

Beachte

Ein umfangreiches Bewegungsrepertoire und vielfältige Bewegungserfahrungen sind die Basis für weitere Lernleistungen und verbessern das Spektrum und die Qualität der koordinativen Fähigkeiten.

Beachte
Dem durch hoch frequente Bewegungen von kurzer Dauer, Vielseitigkeit und Abwechslung gekennzeichneten kindlichen Aktionsmuster kommt eine Gestaltung der Lernwege durch Kombinationen von Übungen sehr entgegen. In ihnen entwickelt sich die für Kinder charakteristische Lernfreude mit starker emotionaler Beteiligung.

- *Methode der kinästhetischen Information*

Diese Methode kommt meist nur für fortgeschrittene Sportler infrage. Sie beinhaltet das Erfühlen von Muskelkräften, -spannungen und -dehnungszuständen sowie der Körperlage.

Methoden der Variation und Kombination von Übungen

Durch immer gleiches Üben von Bewegungsabläufen lassen sich die koordinativen Fähigkeiten nicht ausreichend schulen, dazu sind Variationen und Kombinationen der Übungen nötig. Der Kreativität sind kaum Grenzen gesetzt. Systematische Anregungen gibt die Tabelle auf der Doppelseite zuvor. Um koordinativ eine optimale Ausbildung zu gewährleisten und damit potentiellen späteren Höchstleistungen die notwendige Basis zu geben, ist es also vor allem im Kindesalter notwendig, durch die Ausübung unterschiedlicher, sich ergänzender Sportarten und durch die ständige Variation in der Übungsausführung alle koordinativen Fähigkeiten in differenziertester Form zu entwickeln.

2.1.6 Methodische Grundsätze

Im Gegensatz zu den anderen motorischen Fähigkeiten, die zum Teil mit recht einseitigen Trainingsmethoden entwickelt werden können, sind die koordinativen Fähigkeiten vorrangig nur komplex zu verbessern. *Kennzeichen aller Lernprozesse mit koordinativen Schwerpunkten sind variierende und kontrastierende Aufgabenstellungen mit einfachen und beherrschten Fertigkeiten im Zusammenhang mit erschwerten und ungewohnten Bedingungen.* Die methodischen Grundsätze heißen jetzt „Wiederholen, ohne zu wiederholen" und „Gleiches tun, ohne das Gleiche zu tun". Ein ermüdungsfreier Zustand der Kinder ist notwendig, da sonst die Steuerungsprozesse nicht optimal zu schulen sind.

Durch den ständigen Neuerwerb und die Anwendung verschiedenster sportlicher Fertigkeiten vervollkommnen sich gleichlaufend die psychophysischen (z. B. analysatorischen) und koordinativen Funktionen als Voraussetzung für weiteres motorisches Lernen. Eine vielseitige Bewegungserfahrung verkürzt die Lernzeiten bzw. effektiviert den Trainingsprozess bei der Herausbildung neuer Bewegungsfertigkeiten bzw. sportlicher Techniken. Die Entwicklung eines umfassenden Bewegungsschatzes ist sehr wichtig! Mit der Schulung der koordinativen Fähigkeiten kann nicht früh genug begonnen werden, da sie die Voraussetzung für eine erhöhte motorische Lernfähigkeit in den nachfolgenden Altersstufen darstellen.

Motorische Lernfähigkeit
Gut ausgebildete koordinative Fähigkeiten führen zu einer erhöhten motorischen Lernfähigkeit: Der Sportler ist in der Lage, schneller und ökonomischer neue Bewegungen zu lernen, bereits bekannte zu erweitern, zu verändern und an neue Gegebenheiten anzupassen.

Der Sprunggarten stellt eine gute Möglichkeit dar, um bekannte Übungen immer wieder zu variieren.

Die koordinativen Fähigkeiten sind bereits im Kindesalter zu schulen, da sich die Prozesse der Informationsaufnahme und -verarbeitung danach schon wieder verschlechtern. Die differenzierte Herausbildung einzelner koordinativer Fähigkeiten in den verschiedenen Altersstufen erfordert die Nutzung intensiver Entwicklungsphasen. Gleichgewichts-, Reaktions- und Rhythmisierungsfähigkeit lassen sich bereits im Kleinkindalter hervorragend schulen. Die koordinativen Anforderungen haben sich den individuellen Möglichkeiten und Voraussetzungen der Kinder anzupassen. Auf eine altersgemäße Schulung, vor allem unter Einbeziehung der Kleinen Spiele, ist Wert zu legen. In engem Zusammenhang mit der Entwicklung der koordinativen steht der Aufbau der konditionellen Fähigkeiten. *Jede Aufgabenstellung koordinativer Art erfasst in einer Art Wechselspiel zugleich auch die konditionellen Fähigkeiten Ausdauer, Kraft, Schnelligkeit und Beweglichkeit.* Je nach Ausbildungsziel wird die eine oder andere Komponente mehr Gewichtung haben, doch sollte, wenn möglich, immer der koordinativen der Vorrang eingeräumt werden. Diese Orientierung an der Koordination ist das entscheidende Merkmal der Kinderleichtathletik!

2.1.7 Praktische Umsetzung

Training der koordinativen Fähigkeiten heißt also, durch Realisieren des eigenen Bewegungskönnens in immer wieder neu gestalteten Situationen zu einem neuen Niveau der koordinativen Fähigkeiten zu kommen. In der Praxis bedeutet dies, dass wir Bewegungsabläufe nicht immer unter gleichen Bedingungen ablaufen lassen, sondern den Kindern durch Veränderung der Situation immer wieder neue Aufgabenstellungen bieten. Kreativität, Einfallsreichtum und ein entsprechendes Fachwissen sind dafür beim Übungsleiter unabdingbare Voraussetzungen. Je größer die Variabilität des Trainings, umso höher die Anforderungen an den Übungsleiter!

Zum Abschluss noch einmal der Hinweis: Die koordinative Zielsetzung hat Vorrang vor der konditionellen! Nicht das Einschleifen von Bewegungsfertigkeiten in monotonen Situationen steht im Vordergrund der Kinderleichtathletik, sondern das Schulen der koordinativen Fähigkeiten in vielfältigen Konstellationen.

Beachte

Die Ausbildung der koordinativen Fähigkeiten hat Vorrang!

Training der koordinativen Fähigkeiten

Training der koordinativen Fähigkeiten heißt also, durch Realisieren des eigenen Bewegungskönnens in immer wieder neu gestalteten Situationen zu einem neuen Niveau der koordinativen Fähigkeiten zu gelangen.

Koordinationsschulung mit einem bestimmten Gerät

Orientierungsfähigkeit im Raum

Überlaufen von Bananenkartons in beliebiger Anordnung.

Varianten (jeweils mit Partner):
- Beide Partner überlaufen gleichzeitig das Hindernis.
- Jeweils ein Partner überläuft das Hindernis (wechselweise), der andere daran vorbei.
- Überlaufen der Hindernisse mit wechselnden Aufgabenstellungen. Ein Partner erfüllt die Aufgabe, der andere hat Pause.

Differenzierungsfähigkeit

Überlaufen und Überspringen unterschiedlich hoher Hindernisse.

Beachte

Die Differenzierungsfähigkeit wird bei unterschiedlichen Krafteinsätzen angesprochen. So variiert, können die obigen Übungsformen für diese neue Akzentuierung übernommen werden.
Durch Wechsel der Geräte bzw. durch ihre Kombination lassen sich neue Situationen schaffen.

Rhythmisierungs-/Reaktionsfähigkeit

Überlaufen von regelmäßig angeordneten Hindernissen in unterschiedlichen Schrittrhythmen: Einer-, Zweier-, Dreier-, Vierer-Rhythmus.

Beachte

Wenn Sie diese Übungen „auf Kommando" durchführen, schulen Sie auch die Reaktionsfähigkeit, z. B. als Nummernwettlauf: An jedem Hindernis steht ein Kind. Wenn es aufgerufen wird, um- bzw. überläuft es seine Hindernisreihe zurück zum Platz.

Gleichgewichtsschulung in verschiedenen Situationen

Inlineskating

Viele Angebote aus dem Bereich der Funsportarten schulen das Gleichgewicht: Inlineskating, Skateboard-Fahren usw. Auch Übungen aus der Psychomotorik wie das Fahren mit Pedalos sind interessant.

Beachte

Beachten Sie bitte die Sicherheit der Geräte und die Sicherheitsausrüstung!

Balancieren auf der Turnbank

Viele Angebote aus dem Bereich des Gerätturnens schulen das Gleichgewicht: Balancieren auf Turnbänken oder Barren, am Reck, an Leitern usw.

Sie können die Art der Bewegung, die Breite und die Höhe der Unterstützungsfläche variieren.

Beachte

Sorgen Sie immer für ausreichende Sicherheit!

Wenn Kinder die einfachen Übungen zur Schulung der Gleichgewichtsfähigkeit beherrschen, sollten sie solche einfachen Übungen mit Zusatzaufgaben kombinieren:
Werfen auf einer schmalen Bodenbasis, Werfen und Springen nach Drehungen und ähnliche Varianten sind sinnvoll. Vor allem aber ergänzen Angebote aus anderen Bereichen die Gleichgewichtsschulung.

Schulung der Reaktionsfähigkeit durch Fangspiele

Seil-Fangen

Zwei Partner (P1 und P2) traben hintereinander mit Seilchen in der Hand. Auf ein Kommando lassen sie die Seilchen fallen, P1 verfolgt P2 und versucht, ihn zu fangen.

Variation

Auf Kommando drehen sich beide um und P2 versucht nun, P1 zu fangen.

Schulung der Differenzierungsfähigkeit durch Würfe

Zielwerfen, dosiert werfen

Werfen auf unterschiedliche Ziele.

Beachte

Beim Werfen lassen sich durch den Wechsel der Wurfgeräte, der Wurfarten, der Intention, der Wurforte, die Entfernung der Ziele usw. immer wieder neue Situationen gestalten, die u.a. die Differenzierungsfähigkeit entwickeln.

2.2. Konditionelle Fähigkeiten

2.2.1 Ausdauer

Zum Ausdauerbegriff

Unter Ausdauer verstehen wir die psycho-physische Ermüdungswiderstandsfähigkeit des Menschen. Die psychische Ausdauer ist die Fähigkeit, einem Reiz besonders lange Widerstand zu leisten, der den Menschen zur Aufgabe der Belastung zwingt. Physische Ausdauer meint die Ermüdungswiderstandsfähigkeit des gesamten Organismus oder auch seiner Teilsysteme. Je nach Betrachtungsweise kann die Ausdauer in verschiedene Arten unterteilt werden.

Uns interessieren vorrangig für diese Altersstufe die aerobe und anaerobe Ausdauer. *Bei der aeroben Ausdauer steht dem Organismus genügend Sauerstoff zur Verbrennung von Energieträgern bereit, während bei der anaeroben die Zufuhr des Sauerstoffs wegen zu hoher Belastungsintensität (durch hohe Frequenz bzw. zu starke Krafteinsätze) zur Verbrennung nicht ausreicht und die Energie ohne Sauerstoff-Verwendung bereitgestellt wird.*

Ausdauer

Ausdauer ist physische und psychische Ermüdungswiderstandsfähigkeit.

Aerobe Fähigkeiten

Ursprünglich gab es wenige sportmedizinische Untersuchungen über das Herz-Kreislauf-System und die Skelettmuskulatur bei Kindern und Jugendlichen. In den letzten Jahrzehnten hat sich dies jedoch grundlegend geändert. Trotz der wissenschaftlichen Erkenntnisse über die Leistungsfähigkeit des kardiopulmonalen (Herz-Kreislauf-System) und kardio-vaskulären Systems (Herz-Gefäß-System) bei Kindern fließen die ermittelten Erkenntnisse viel zu wenig in die Praxis ein. Der Glaube, Kinder seien nicht ausdauerfähig, hat bis in die heutige Zeit zu einer Ideologie in der Praxis geführt. Neuere Untersuchungen weisen eindeutig Anpassungserscheinungen im Ausdauerbereich nach, sodass ein Umdenkungsprozess notwendig wird. Die Bedeutung eines kindgemäßen Ausdauertrainings zeigt sich auch dadurch, dass sich eine Steigerung der Ausdauerleistungsfähigkeit auch auf die physischen Leistungsfaktoren wie Schnelligkeit, Schnellkraft, Schnelligkeitsausdauer, Kraft und Kraftausdauer auswirkt. *Kinder sind aus kardiopulmonaler und metabolischer (den Stoffwechsel betreffend) Sicht für aerobe Ausdauerleistungen geeignet.* Mit zunehmendem Alter laufen die Kinder ökonomischer und erzielen verbesserte Ausdauerleistungen. Die Steigerungshöhe der aeroben Leistungsfähigkeit hängt sowohl von den jährlichen Wachstumsraten als auch vom gezielten kindgemäßen Training ab.

Insgesamt reagiert der Körper durch eine

- Verbesserung der maximalen Sauerstoffaufnahme,
- verbesserte Lungendiffusion,
- Vergrößerung des Herzvolumens und Stärkung des Herzmuskels,
- Verbesserung der arteriovenösen Sauerstoffdifferenz,
- Vergrößerung des Blutvolumens,
- Vermehrung von Hämoglobin und
- verbesserte Kapillarisierung.

Beachte

Trainingswissenschaftler sind sich heute einig, dass Kinder befähigt sind, hohe aerobe Ausdauerbelastungen zu absolvieren, ohne die Gefahr der Schädigung des Herzmuskels einzugehen.

Beachte
Die laktazide Fähigkeit des Kindes ist zwar zu steigern, diese Art der Belastung kann aber für den kindlichen Organismus nicht als optimal angesehen werden.

Beachte
„Nicht die Strecke tötet, sondern das Tempo." (nach van Aaken)

steady-state
Im steady state befinden sich Energieaufnahme und Energieabgabe im Gleichgewicht.

Anaerobe Fähigkeiten

Untersuchungen über anaerobe Kapazitäten zeigen, dass das Kind im Vergleich zum Jugendlichen oder Erwachsenen weniger in der Lage ist, ohne Sauerstoffzufuhr zu arbeiten. Mit Zunahme des Alters steigert sich die anaerobe Fähigkeit entwicklungsbedingt.
So liegt die anaerobe Kapazität eines 8-Jährigen um 45 bis 50 Prozent niedriger als die eines 14-Jährigen. Die Fähigkeit zur Kompensierung der Laktate (Stoffwechselprodukte, die bei längerer anaerober Energiebereitstellung entstehen) und die Erholungsfähigkeit sind gegenüber dem Jugendlichen oder Erwachsenen wesentlich niedriger.

Gefahren bei Ausdauerbelastungen

Wenn die Kinder das Tempo selbst wählen dürfen bzw. der mittlere Intensitätsbereich (40 bis 50 Prozent der maximalen Belastungsfähigkeit) nicht überschritten wird, sind Ausdauerbelastungen für Kinder kein Problem. Bei wenigstens einmaliger wöchentlicher Durchführung kann eine bessere Entwicklung des Herz-Atem-Systems und des Stoffwechsels festgestellt werden, sodass sich insgesamt die psycho-physische Leistungsfähigkeit erhöht. Ausdauerbelastungen dieser Art sind also sehr wertvoll. *Kritisch sind jedoch längere Strecken unter forcierten wettkampfmäßigen Bedingungen, wenn sie ohne medizinische Kontrolluntersuchungen durchgeführt werden.* Bei derartigen Belastungen kann es leicht zu Überforderungen und evtl. zu Übertraining kommen.
Die ökonomisch gesunde Arbeitsweise für das Kind liegt im „steady-state". Aufgrund der mangelnden Beanspruchbarkeit der Skelettmuskulatur (sie beträgt im Kindesalter nur 20 Prozent des Körpergewichts) können wir von einer natürlichen Schutzfunktion des Kindes sprechen, weil die Skelettmuskulatur vor dem Herzmuskel ermüdet. So bestehen also beim gesunden Kind keine Gefahren für das Herz-Kreislauf-System.
Anaerobe Belastungen sind für Kinder wegen des Anstiegs an Laktat und Stresshormonen nicht geeignet. Die körpereigenen Schutzmechanismen sollten nicht zugunsten einer verfrühten und unzweckmäßigen Leistungssteigerung ignoriert werden.
Weineck (Optimales Training, 1997) warnt vor einer Überbetonung des aeroben Ausdauertrainings, weil dies – einseitig betont – gefährdend bzgl. hormoneller Antriebe für Wachstum und Entwicklung sein kann. Klimt (in Joch: Ausdauerleistungsfähigkeit im Kindes- und Jugendalter, 1983) sieht demgegenüber keine Probleme für eine Einbeziehung von Ausdaueraspekten im Kindesalter. Problematisch sind nur ein zu harter Laufuntergrund, noch nicht verschlossene Wachstumsfugen, Außentemperaturen über 28 Grad, Luftfeuchtigkeit über 75 Prozent, Höhen über 2000 m, Laufen mit vollem Magen und Belastungen bei akuten oder chronischen Erkrankungen bzw. Vorschädigungen.
Es ist nicht sinnvoll, Kinder bereits an ihre psycho-physische Belastungsgrenze heranzuführen. Die hohe Aussteiger-Quote im Jugendalter belegt, dass Kinder besonders im anaeroben Bereich zu hart trainiert worden sind.

Konsequenzen für die Praxis

Es muss bereits im Kindesalter als oberstes Ziel erreicht werden, dass Kinder Freude am langen und langsamen Laufen gewinnen. Dieses Ziel kann erreicht werden, wenn folgende Grundsätze beachtet werden:

- Die Auswahl der Methoden und Inhalte entspricht den psycho-physischen Bedingungen der Kinder.
- Das Prinzip der individuell differenzierten Belastung wird beachtet. Sollvorgaben oder Druckmittel werden nicht eingesetzt.
- Ausdauertraining im Kindesalter verbessert Grundlagenausdauer und aerobe Kapazität.
- Dazu sind die Dauermethode und die extensive Intervallmethode geeignet. Der häufige Einsatz der Wiederholungs- und Wettkampfmethode ist nicht zu empfehlen, weil sie zu anaeroben Belastungen führen.
- Als Kontrollübungen werden 5- bis 15-Minutenläufe gewählt, die den Kindern ein beliebiges Tempo ermöglichen.
- Ausdauerschulung lässt sich abwechslungsreich mit Spiel- und kindgemäßen Übungsformen, Wettspielen und Kleinen oder Großen Spielen verbinden. Insgesamt muss das Ausdauertraining abwechslungsreich, spaßorientiert, kindgemäß und phantasiereich gestaltet werden.
- Für die aerobe Ausdauerentwicklung gilt, dass es keinen zu frühen Beginn gibt, eher einen zu späten.
- Bei der Ausdauersteigerung darf es nicht um die Erhöhung der Intensität gehen, sondern die Umfänge sind zu erhöhen.

Beachte
Kinder sollen Freude am langen und langsamen Laufen gewinnen!

2.2.2. Schnelligkeit

Zum Schnelligkeitsbegriff

Unter Schnelligkeit ist die menschliche Fähigkeit zu verstehen, Bewegungshandlungen in kürzesten Zeitabschnitten (unter den jeweils vorherrschenden Bedingungen) aufgrund der Beweglichkeit des Nerv-Muskel-Systems und der Kraftpotenziale der Muskulatur absolvieren zu können. Dabei werden zyklische (sich wiederholende – z. B. Laufbewegung) und azyklische (einmalige – z. B. Weitsprung) Schnelligkeitsbewegungen unterschieden. Die folgenden Ausführungen betreffen vorrangig die zyklische Schnelligkeit, da die azyklische Schnelligkeit eine enge Beziehung zu dem Leistungsfaktor Kraft besitzt.

Schnelligkeit
Fähigkeit, Bewegungshandlungen aufgrund der Beweglichkeit des Nerv-Muskel-Systems und der Muskelkraft in kürzesten Zeitabschnitten realisieren zu können.

Mit zyklischer Schnelligkeit wird oft der Begriff Grundschnelligkeit verbunden. Darunter ist die maximal erreichbare Geschwindigkeit innerhalb eines zyklischen Bewegungsablaufs zu verstehen. Trainingswissenschaftler ordnen die Schnelligkeit sowohl den konditionellen als auch den koordinativen Fähigkeiten oder aber nur einem Bereich zu. Am umfassendsten ist Grossers Definition, wonach *„Schnelligkeit im Sport die Fähigkeit ist, aufgrund kognitiver Prozesse, maximaler Willenskraft und der Funktionalität des Nerv-Muskel-Systems höchst mögliche Reaktions- und Bewegungsgeschwindigkeiten unter bestimmten gegebenen Bedingungen zu erzielen"* (Grosser: Schnelligkeitstraining, 1991).

Entsprechend der Komplexität der Schnelligkeit finden sich zu diesem Thema über zyklisch/azyklisch hinaus viele weitere Unterscheidungen. Auf Formen wie Schnelligkeits- und Schnellkraftausdauer gehen wir nicht weiter ein, da sie für Kinder zu wenig angemessenen anaeroben Belastungen führen. Aktionsschnelligkeit lässt sich mit der azyklischen, Frequenzschnelligkeit mit einem speziellen Aspekt der zyklischen Schnelligkeit in Verbindung bringen.

Reaktionsschnelligkeit
Ist die Fähigkeit, auf einen Reiz in kürzester Zeit zu reagieren. Sie hängt von sinnespsychologischen Gesetzmäßigkeiten ab.

Erwähnt werden soll aber die Reaktionsschnelligkeit. Sie ist die Fähigkeit, auf einen Reiz in kürzester Zeit zu reagieren, und hängt von sinnespsychologischen Gesetzmäßigkeiten ab. Im Verlaufe der menschlichen Entwicklung verändern sich die Reaktionszeiten, die obendrein bei optischen, akustischen und taktilen (Berührung) Informationen jeweils unterschiedlich sind. Über die reine Entwicklung hinaus liegt keine erhebliche Trainierbarkeit vor. Kinder reagieren auf optische Signale langsamer als auf akustische. Außerdem verlängern sich die Reaktionszeiten des Kindes bei andauernder körperlicher Tätigkeit. Eine verbesserte Ausdauerfähigkeit vermag sich positiv auf die Reaktionszeit auszuwirken.

Beachte
Die jährlichen Zuwachsraten bei den angesprochenen Schnelligkeitskomponenten sind erheblich, jedoch nicht allein entwicklungsbedingt. Sie bedürfen gezielter leichtathletischer Ausbildung.

Zur Entwicklung von Schnelligkeit und Kraft im Kindesalter

Bis etwa zum 4. Lebensjahr entwickelt sich, bedingt durch ungenügende Arm-Bein-Koordination, die Schnelligkeitsfähigkeit nur gering. Dies ändert sich in den nachfolgenden zwei Lebensjahren erheblich. Verbunden damit ist eine deutliche Steigerung der Laufleistung vom 5. zum 7. Lebensjahr sowie die Verbesserung der Frequenz- und Reaktionsschnelligkeit.

Durch Training lassen sich beträchtliche Unterschiede zu Untrainierten erzielen. Geschlechtsspezifische Unterschiede sind um das 7. Lebensjahr herum aber sowohl bei Trainierten als auch Nichttrainierten so gering, dass sich daraus keine geschlechtsspezifische Differenzierung der sportlichen Belastung oder Methode ableiten lassen.

Auch vom 7. bis zum 11. Lebensjahr steigern sich die Schnelligkeitsfähigkeiten bemerkenswert. Die Latenzzeit (Laufzeit des Reizes vom Gehirn zu den Muskeln) verkürzt sich erheblich, die Reaktionsschnelligkeit erfährt eine große Steigerung. Dennoch ist festzustellen, dass die optimale Reaktionsschnelligkeit erst ab dem 10. Lebensjahr zu erwarten ist. Diese Werte nähern sich am Ende des Kindheitsabschnitt bereits fast den Werten von Erwachsenen an. Die Grundlage für diese Zuwachsraten ist die Flexibilität der nervalen Prozesse. *Steigerungen der Schnelligkeitsfähigkeiten im Kindesalter sind hauptsächlich durch eine Verbesserung koordinativer Bedingungen zu erklären, die durch das Vorhandensein günstiger Hebelverhältnisse unterstützt werden.*

Neben der Verbesserung der Ganzkörperkoordination trägt auch der Faktor Kraft zur Steigerung der Laufgeschwindigkeit bei. Ein gleichzeitig durchgeführtes Schnellkrafttraining (nicht Maximalkrafttraining, dies ist aufgrund der hormonellen Situation gar nicht möglich) unterstützt die Entwicklung.

Beachte
Kinder besitzen eine positive Einstellung zu kurz andauernden Schnelligkeitsübungen. Auch deshalb sollten sie intensiv angeboten werden.

Kindheit ist als ein günstiges Alter anzusehen, die Schnelligkeitsfähigkeit zu entwickeln. Wenn auch die biologischen Voraussetzungen mit hoher Wahrscheinlichkeit genetisch in einem engen Rahmen festgelegt sind, lassen sich gerade die neuronalen Aspekte mit dem Beginn des

Schulalters besonders gut durch ein schnelligkeitsorientiertes Training entwickeln. *Die Entwicklung der allgemeinen Schnelligkeit erreicht mit dem 10. Lebensjahr einen ersten Höhepunkt.*

2.2.3 Beweglichkeit

Zum Beweglichkeitsbegriff

Mit Beweglichkeit wird die Fähigkeit eines Menschen bezeichnet, Bewegungen mit großer Schwingungsweite auszuführen. Synonym werden oftmals die Begriffe Biegsamkeit und Flexibilität benutzt. Gelenkigkeit (bestimmt durch Struktur und Art des jeweiligen Gelenks) und Dehnfähigkeit (der Muskulatur, Bänder und deren Anordnung, Sehnen, Gelenkkapseln) bestimmen die Beweglichkeit des Menschen.

Die aktive Beweglichkeit bezeichnet die Größe der Bewegungsweite, die durch das Zusammenwirken des das Gelenk beugenden (Agonist) mit dem das Gelenk streckenden Muskel (Antagonist) selbst erzeugt werden kann. *Passive Beweglichkeit* meint dagegen die durch äußere Kraft erzeugte größtmögliche Bewegungsamplitude eines Menschen, die ausschließlich durch die Dehnungs-(Entspannungs-)Fähigkeit des Antagonisten erreicht werden kann. Die passive Beweglichkeit ist stets größer als die aktive.

Beweglichkeit
Fähigkeit, Bewegungen mit großer Schwingungsweite auszuführen.

Einflussfaktoren der Beweglichkeit

Der passive Bewegungsapparat ist mit zunehmendem Alter Veränderungen unterworfen. Dabei kommt es zu einer Abnahme der Dehnfähigkeit der für die Beweglichkeit wichtigen Strukturen. Dieser Vorgang erreicht bereits mit dem Abschluss des Kindesalters seinen

Mit unterschiedlichen Zusatzaufgaben kann das Training der Schnelligkeit für die Kinder attraktiv gestaltet werden.

Beachte
Beweglichkeit stellt die einzige Hauptbeanspruchungsform dar, die bereits beim Übergang vom Kindes- zum Jugendalter ihre Maximalwerte erreichen kann. Diese können danach nur noch gehalten werden oder nehmen ab.

Beachte
Beweglichkeit ist grundsätzliche Voraussetzung für jede qualitativ und quantitativ gute Bewegungsausführung.

Beachte
Bewegungsmangelerscheinungen führen nicht nur zu einer schwächeren Dehnfähigkeit der Antagonisten (Strecker), sondern ziehen ebenfalls eine verringerte Kraftfähigkeit der Agonisten (Beuger) nach sich. Insgesamt muss die Dehnfähigkeit als komplexes Beziehungsgeflecht von Dehnung und Kräftigung gesehen werden.

Höhepunkt. Regelmäßige Beanspruchungen setzen diese Erscheinung zwar nicht außer Kraft, können sie jedoch verlangsamen. Mädchen sind den Jungen tendenziell überlegen. Die Beweglichkeit wird auch durch Faktoren wie Körpertemperatur, Außentemperatur, Tageszeit (morgens schlechter als abends) oder Ermüdung beeinflusst.
Die aktive Beweglichkeit hängt nicht nur von der Dehnfähigkeit der Antagonisten (Strecker) ab, sondern entscheidend auch von den Kraftimpulsen der Agonisten (Beuger). Ein gewisses Maß an Kraft ist deshalb Voraussetzung für den Bewegungsumfang sportlicher Aktivitäten. Selbst ein hohes Maß an Muskelmasse schließt eine gut entwickelte Beweglichkeit nicht aus, wenn gleichzeitig intensiv gedehnt wird.
Eine gute Beweglichkeit wirkt positiv auf die physischen Leistungsfaktoren Kraft/Schnelligkeit/Ausdauer und auf die Ausprägung sportlicher Techniken. Das Erlernen von Fertigkeiten wird bei reduzierter Beweglichkeit erschwert; das Tempo ihrer Aneignung und Vervollkommnung verzögert. Die Verletzungsgefahr steigt, während elastische, dehnfähige Muskeln relativ gefahrlos mechanisch höher belastet werden können. Verringerte Beweglichkeit begrenzt Schwingungsweiten, sodass eine erhöhte Kraftanspannung bei Bewegungsabläufen erforderlich wird. Diese hat eine Reduzierung der Bewegungsschnelligkeit zur Folge und führt zu einer schnelleren Ermüdung.

Entwicklung der Beweglichkeit im Kindesalter

Generalisierbare Aussagen über die Beweglichkeit innerhalb der kindlichen Entwicklung sind nur schwer zu treffen, wissenschaftliche Befunde sind nicht eindeutig genug. *Die bis vor einigen Jahren gültige Meinung, dass Kinder über eine hohe Beweglichkeit verfügen, sodass beweglichkeitssteigernde Übungen noch nicht notwendig sind, kann heute nicht mehr gehalten werden.*
Vorschulkinder verfügen meist über eine gute Beweglichkeit. Deshalb sind beweglichkeitssteigernde Übungen nicht notwendig, es sei denn, dass sich spezifische Erfordernisse aus der individuellen Situation ergeben. Beweglichkeitsangebote laufen nur im Rahmen einer vielseitigen allgemeinen Bewegungsschulung ab. Eine intensive Entwicklung der Beweglichkeit könnte wegen des ersten Gestaltwandels bei 5- bis 6-Jährigen sogar eine Gefahr für den instabilen Stütz- und Halteapparat darstellen. Mit dem frühen Schulkindalter ergibt sich ein uneinheitliches Bild. Die Beweglichkeit muss je nach Körperregion unterschiedlich beurteilt werden, Einzelerkenntnisse widersprechen sich teilweise. Geschlechtsspezifische Unterschiede sind aber recht eindeutig festzustellen. In der gesamten Kindheit zeigen die Mädchen bessere Werte als die Jungen.
Die heutigen Unterschiede in der Beurteilung der Beweglichkeits-

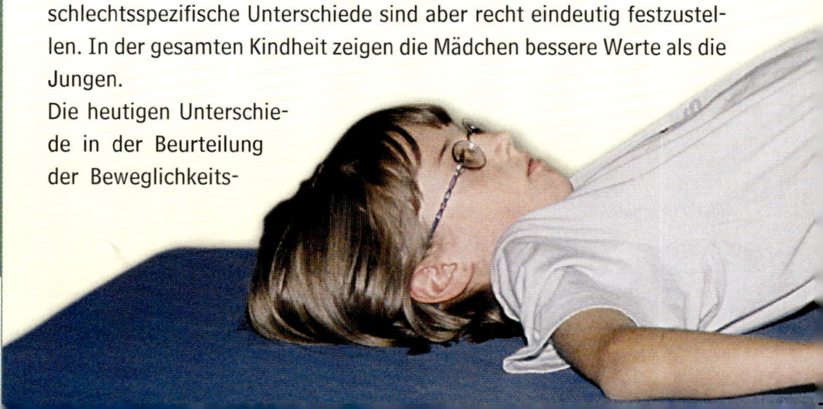

einschränkungen gegenüber der früheren Erkenntnislage sind in drei Gründen zu suchen:

- Heutige Kinder bewegen sich im täglichen Leben weniger als früher (veränderte Kindheit).
- Die Funktionsfähigkeit der Muskulatur heutiger Kinder ist aufgrund des erhöhten Längenwachstums gegenüber früher eingeschränkt.
- Aufgrund der insgesamt geringeren Nutzung von Bewegungsangeboten treten häufiger muskuläre Dysbalancen (Ungleichgewichte zwischen den Gegenspielern) auf.

Konsequenzen für die Praxis

- Die Kinder sollten grundsätzlich mit vielfältigen Bewegungsangeboten im Alltagsleben und in der Leichtathletik ein hohes Maß an allgemeiner Beweglichkeit erhalten.
- Individuelle Defizite und Dysbalancen sind durch geeignete Testübungen ausfindig zu machen (z. B. Rumpfvorbeuge im Sitz, Beingrätschen in Rückenlage, Stabrückführen hinter den Kopf mit beiden Armen). Gemäß den gefundenen Defiziten soll neben einer allgemeinen Beweglichkeitsschulung ein spezielles Beweglichkeitstraining einbezogen werden.
- Dehnübungen sollten stets mit Kräftigungsübungen verbunden werden, weil die Beweglichkeit nicht nur von der Dehnfähigkeit eines Muskels, sondern auch vom Kraftverhalten des Gegenspielers abhängig ist. Somit wird muskulären Dysbalancen entgegengewirkt.
- Keine wipp- oder schlagartigen Dehnungsübungen anwenden, weil die dadurch auftretende Muskelkontraktion des zu dehnenden Muskels der Dehnung entgegengewirkt. Ein regelmäßiger Wechsel (aktiv, passiv, weich federndes Dehnen) ist sinnvoll.
- Beweglichkeitsübungen sollten wöchentlich mehrmals durchgeführt werden. Längere Unterbrechungen sind zu vermeiden.
- Ein allgemeines Aufwärmen sollte den allgemeinen Beweglichkeitsübungen vorgeschaltet werden. Spezielle Dehnungsübungen für defizitäre Körperregionen müssen in den speziellen Aufwärmteil aufgenommen werden.

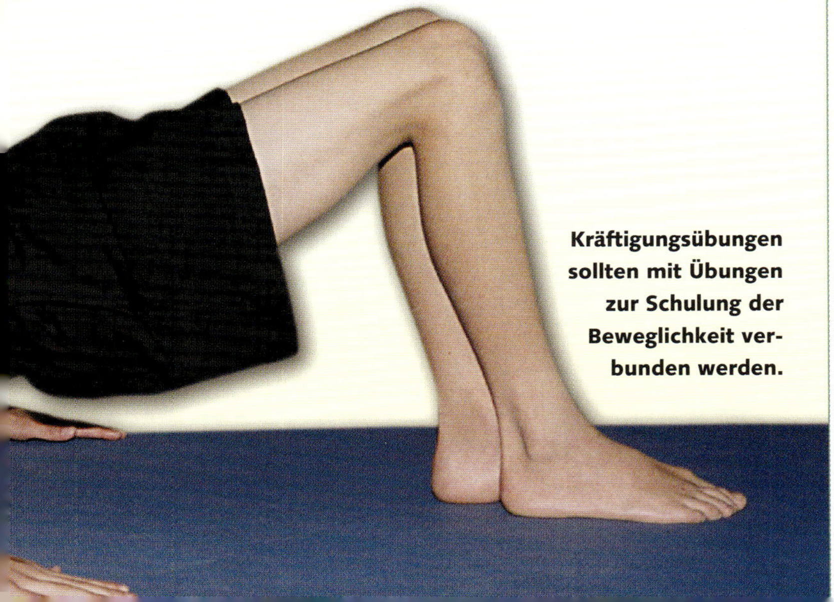

Kräftigungsübungen sollten mit Übungen zur Schulung der Beweglichkeit verbunden werden.

Übungskatalog: Dehnübungen

Dehnen der Oberschenkel-Vorderseite

In der Seitenlage unteres Bein anwinkeln mit rechtem Winkel in Knie und Hüfte. Obere Hand fasst das Sprunggelenk des oberen Fußes und dehnt durch Zug die Oberschenkelvorderseite.

Beachte
Rechter Winkel in der unten liegenden Hüfte (Vermeiden einer Überstreckung), Hüftquerachse senkrecht

Belastungskennziffer
je Seite 20 bis 30 Sekunden halten

Dehnen der Oberschenkel-Rückseite

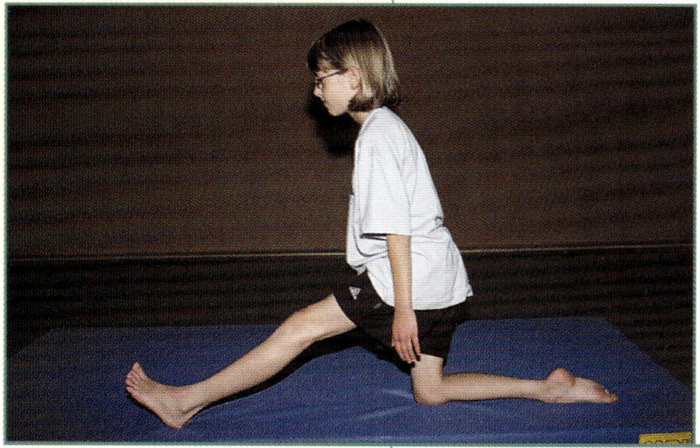

Im einseitigen Kniestand ein Bein mit gestrecktem Knie auf der Ferse aufsetzen und Oberkörper vorbeugen.

Beachte
Fußspitze anziehen, Rücken bleibt gestreckt (also in der Hüfte beugen, nicht den Rücken rund machen)

Belastungskennziffer
je Seite 20 bis 30 Sekunden halten

Dehnen von Rücken und Gesäß

In der Rückenlage mit seitlich ausgestreckten Armen einen Fuß möglichst nah zur gegenseitigen Hand legen

Beachte
Schultern bleiben am Boden liegen.

Belastungskennziffer
je Seite 20 bis 30 Sekunden halten

Dehnung von Oberschenkel, Rücken, Gesäß, Hüftbeuger, Wade und Brust sowie das Mobilisieren der Wirbelsäule sollten zum Standardprogramm im Training zählen!

Dehnen der Hüftbeuger

Im einseitigen Kniestand bei aufrechtem Rumpf (Arme in U-Haltung, Rumpfmuskeln angespannt) Knie nach vorn schieben bis zur Dehnung der Hüftbeuger.

Beachte
Vorderer Fuß weiter entfernt als das Knie. Rumpfspannung, keine Überstreckung in der Wirbelsäule!

Belastungskennziffer
je Seite 20 bis 30 Sekunden halten

Mobilisation der Wirbelsäule

Im Vierfüßlerstand langsamer Wechsel zwischen „Pferderücken"- und „Katzenbuckel"-Position.

Beachte
Oberschenkel und Arme senkrecht und parallel, langsame Bewegung

Belastungskennziffer
zehnmal langsam wechseln

Mobilisation der Brustwirbelsäule

Im Grätschsitz Oberkörper aufrichten, mit beiden Händen eine imaginäre Reckstange vor der Stirn ergreifen und daran (statisch) „hochziehen", dabei Wirbelsäule strecken.

Beachte
Wirbelsäule vor allem im Bereich Brust strecken, Schultern zurück.

Belastungskennziffer
mehrmals 5 Sekunden halten

Dehnen der Wadenmuskulatur

In der Schrittstellung senkrecht zur Wand Ferse des hinteren Fußes gegen den Boden drücken und gleichzeitig Hüfte nach vorn drücken.

Beachte
Füße zeigen genau im rechten Winkel zur Wand. Nicht den Rücken überstrecken!

Belastungkennziffer
je Seite 30 Sekunden halten

Dehnen der Brustmuskulatur

In der Schrittstellung parallel zur Wand die nahe Hand in Schulterhöhe an die Wand halten und Brust zur Dehnung nach vorn drücken. Abgewandter Fuß steht vorn.

Beachte
Parallel zur Wand stehen, nicht überstrecken.

Belastungkennziffer
je Seite 30 Sekunden halten

2.2.4 Kraft

Der Kraftbegriff

Unter dem Begriff der motorischen Kraft werden Fähigkeiten zusammengefasst, denen gemeinsam ist, äußere oder innere Kräfte zu überwinden oder ihnen entgegenzuwirken. Da diese Fähigkeiten je nach den situativen Anforderungen sehr unterschiedlich sein können, werden verschiedene Aufschlüsselungen der Kraft vorgenommen.
Generell kann zwischen der allgemeinen (sportartunspezifischen) und der speziellen (sportartspezifischen) Kraft differenziert werden. Weiterhin kann unterschieden werden nach:

- Maximalkraft als die höchste Kraft, die das Nerv-Muskelsystem bei maximaler willkürlicher Kontraktion aufzubringen vermag.
- Schnellkraft als die Fähigkeit des Nerv-Muskelsystems, Widerstände mit schnellstmöglicher Kontraktionsgeschwindigkeit überwinden zu können.
- Kraftausdauer als die Ermüdungswiderstandsfähigkeit des Organismus bei länger andauernden Kraftbelastungen

Eine weitere wichtige Unterscheidung sind zweckgebundene Differenzierungen zwischen der dynamischen Kraft als Voraussetzung von zielgerichteten Beschleunigungen und der statischen Kraft zur Sicherung von Haltefunktionen für motorische Leistungen und für die Belastbarkeit des Körpers.

Das oberste Ziel jeden Krafttrainings ist die Erhöhung der muskulären Leistungsfähigkeit. Wir unterscheiden beim Krafttraining für Kinder drei Bedeutungsfelder:

- Sichern der Belastbarkeit des Halte-, Stütz- und Bewegungsapparates und Vorbeugen von Verletzungen, Fehlbelastungsfolgen und Entwicklungsstörungen in diesem Bereich. Schon ein relativ geringer Aufwand führt zu enormen Verbesserungen.
- Verbessern der allgemeinen physischen Voraussetzungen für die Bewältigung körperlicher Leistungen oder sportlichen Anforderungen. Ein Kraftgewinn führt zu dynamischeren, fließenderen und präziseren Bewegungen und wirkt sich positiv auf den Erwerb von Grunderfahrungen in den technischen Disziplinen aus.
- Entwickeln sportartspezifischer Leistungsvoraussetzungen und Leistungen. Ein vielseitiges Krafttraining verhindert auch einseitige Belastungen, die zu Verletzungsanfälligkeit führen und den späteren Leistungsaufbau verhindern. Es bildet die Basis für die Entwicklung sportartspezifischer Leistungsvoraussetzungen und Leistungen.

Die Trainierbarkeit der Kraft im Kindesalter

Eine Verbesserung der Kraftleistungen ist nicht nur vom Muskel selbst, sondern auch von der neuronalen Funktionsentwicklung abhängig (ermöglicht das koordinierte Zusammenspiel der Muskeln bei zweckmäßigen Gelenkstellungen), von der Ausdifferenzierung der Muskelfasern und von intakten Strukturen des Halte-, Stütz- und Bewegungsapparates.

Kraft
Kraft ist die Fähigkeit, innere und äußere Kraftwirkungen zu überwinden oder ihnen entgegenzuwirken.

Muskelkontraktion
Aktive Verkürzung und/oder Spannungsentwicklung des Muskels.

Beachte
Angesichts der bereits gravierenden „Fernsehkonsumschäden" dient ein gezieltes und altersgemäßes Krafttraining dem Ausgleich der konditionellen Defizite und der Haltungsprophylaxe.

Beachte
Kraftentwicklungen bei Kindern entstehen vorrangig durch nervale Prozesse, sind also koordinativ bedingt.

Beachte
Jungen und Mädchen entwickeln sich im Kindesalter bezüglich ihrer Krafteigenschaften gleich und parallel. Vorliegende Unterschiede beruhen auf einer geringeren Anzahl der Reize. Erst mit Beginn der Pubertät werden Unterschiede erkennbar.

Beachte
Pressatmung vermeiden!

Beachte
Ziel ist die Belastbarkeitssicherung! Deshalb ist immer der kindliche Zustand zu beachten.

Die Entwicklung vom Kleinkind zum Erwachsenen weist eine entwicklungstypische Gesetzmäßigkeit für die funktionellen Teilsysteme auf und erfolgt weitgehend mit Parallelität zur biologischen Reife. Letztere variiert bei Kindern und Jugendlichen zeitlich teilweise erheblich.
Bemerkenswert ist die zeitige Entwicklung der Strukturen des Gehirns und des neuronalen Systems. Ihre funktionelle Ausprägung ermöglicht bereits im frühen Schulalter, d.h. vor der Pubertät, vielzählige und auch schwierige motorische Funktionen. Dies ist die Erklärung für das günstige motorische Lernalter. Durch die nervale Steuerung wird schon frühzeitig ein gutes Verschalten von Muskelfasern ermöglicht, wodurch Kraftpotenzial und Kontraktionseigenschaften der Muskeln im Sinne eines Lernprozesses entwickelbar sind.
Während der Wachstumsschübe in der Kindheit ist der Bewegungsapparat besonders aufnahmefähig für Trainingsreize. In diesen „sensitiven Phasen" reagiert der Bewegungsapparat besonders gut auf Kraftreize.
Neben der Schnellkraft ist auch die Kraftausdauer trainierbar, während die für die Maximalkraftentwicklung nötige hormonelle Situation erst ab der Pubertät gegeben ist. Diese hormonelle Veränderung sorgt dann auch für die geschlechtsspezifischen Ausdifferenzierungen, die vor der Pubertät noch nicht auftreten.
Tradierte Auffassungen, dass Krafttraining bei Kindern nicht lohnend sei, müssen inzwischen differenzierter betrachtet werden. Vor allem koordinativ bedingte Verbesserungen lassen sich mit vielseitigem Training mit relativ wenig Aufwand erzielen und halten. Vermehrte muskuläre Schwächen lassen entsprechendes, kindgerechtes Training sogar als notwendig erscheinen.

Mögliche Gefahren des Krafttrainings im Kindesalter

Sportmediziner warnen vor Anforderungssituationen, die zur Pressatmung führen. Bei allen Übungen mit hohen Kraftanforderungen tendiert das Kind dazu, die Luft anzuhalten. Dies führt über hohen Druck im Brustraum letztlich zu vermindertem Blutrückfluss in das Herz mit entsprechender Kollapsgefahr und langfristig sogar krankhaften Veränderungen. Belastungen sind deshalb so zu planen und zu kontrollieren, dass keine Pressatmung stattfindet.
Der passive Bewegungsapparat befindet sich im frühen Schulalter in einem sehr labilen Gleichgewicht bezüglich der Körperhaltung, erkennbar an deutlicher Beckenkippung, noch nicht beendeter Schwingungsprägung der Wirbelsäule und begrenzter Beweglichkeit besonders in der Hüftregion. Weiterhin prägen sich in dieser Phase Fußhaltung und Stellung der Extremitäten. Mit zunehmendem Alter stabilisiert sich der funktionale Zustand. Ohne Einflussnahme auf die aufrichtenden, gelenk- und haltungsstabilisierenden Muskelgruppen (Training) können sich aber belastbarkeitsstörende Dysbalancen entwickeln.

Methoden und Inhalte des Krafttrainings

Vorsicht vor Überbelastungen im Kindesalter! Gefährdend für den heranreifenden Halte-, Stütz- und Bewegungsapparat sind im kräftigenden Training passive Zug- und Druckwirkungen. Sie entstehen durch Abweichen von der gelenkachsen-gerechten Bewegung oder durch passive Belastungsspitzen mit hoher Intensität und Summe. Das Training im unvorbereiteten oder ermüdeten Zustand ist besonders problematisch. Daraus ergeben sich folgende Empfehlungen:

- Besonders bei Kindern bedarf es der Beachtung ausschließlich achsengerechten Belastungsformen. Wenn Zeichen der Technikabweichung als Folge von Ermüdung erkennbar werden (beispielsweise Liegestütze mit durchhängendem Mittelkörper), sind die Belastungen sofort abzubrechen.
- Passive Belastungen, z. B. Landungen aus größerer Höhe, sind besonders zu begrenzen. Überbeanspruchungen vor allem der Gelenke, Sehnen und Sehnenansätze sind immer dann zu erwarten, wenn bei Körperbewegungen die neuronale Ansteuerung nicht ausreichend rasch die Muskulatur ansprechen kann, die für das Halten der Körpersegmente oder für den richtigen Gelenkschluss nötig ist.
- Bei der Auswahl der Übungsprogramme im Kindes- und Jugendalter sind eine konsequente Vielfalt zur Sicherung der Balance- und Stabilitätsentwicklung nötig. Die korrekte Technik zur Sicherung des Effektes ist auch dabei immer zu beachten.
- Im frühen Schulkindalter (6 Jahre bis zum Eintritt in die Pubertät) sollte zunächst der natürliche Bewegungsdrang für eine vielseitige Kräftigung des Halte- und Bewegungsapparats genutzt werden. Spielerische Übungsformen aus dem Bereich des Hindernisturnens bieten sich besonders an.
- Im weiteren Altersverlauf ist es möglich, schon gezieltere Formen des Krafttrainings heranzuziehen Dabei ist das dynamische Training die ausschließliche Trainingsmethode. Fremdgewichte sollen vermieden werden, das Eigengewicht ist zu nutzen. Es werden vor allem Sprung-, Stoß- und Sprintkraftentwicklung betrieben, weil in diesen Bereichen die größte Zuwachsraten zu erzielen sind.
- Das Zirkel- oder Kreistraining mit entsprechend kindgemäßer Auswahl hat sich als besonders günstig erwiesen. Diese Methode eignet sich für die Leistungssteigerung von Schnellkraft und Kraftausdauer. In Abhängigkeit von der individuellen Leistungsfähigkeit kann der Übungsleiter die Aufgaben sehr variantenreich zusammenstellen. Auch die Kontrolle ist problemlos, sodass sich die von den Kindern schnell erkennbare Leistungsverbesserung motivierend auswirkt. Die Belastungen sollten im Verhältnis 1:2 stehen, d.h., auf 20 Sekunden Belastung (die nicht überschritten werden sollten) kommen 40 Sekunden Pause.
- Auch Übungen am Tau, an Langbänken, an der Sprossenwand, an kleinen Kästen sowie Stangenklettern, Rauf-, Zieh- und Schiebespiele, z. B. mit Teppichfliesen, Hangspiele an Reck und Barren, Krebsfußball, Gummihüpfen, Reifen- und Seilspringen usw. sind sehr geeignet. Dem Übungsleiter sind in diesem Zusammenhang kaum Grenzen gesetzt.

Beachte
Die Kontrolle des Bewegungsablaufes ist unbedingte Aufgabe des Übungsleiters. Es dürfen nur funktionale Übungen ausgewählt werden. Unfunktionale Abweichungen z. B. bei Ermüdung führen zum sofortigen Abbruch der Übung.

Beachte
Kreistraining kommt dem kindlichen Bedürfnis nach Variabilität in den Ansprüchen nach, zum anderen wird eine gute allgemeine Ausbildung aller Muskelgruppen erreicht.

Kräftigungsübungen mit dem eigenen Körpergewicht

Aufrollen

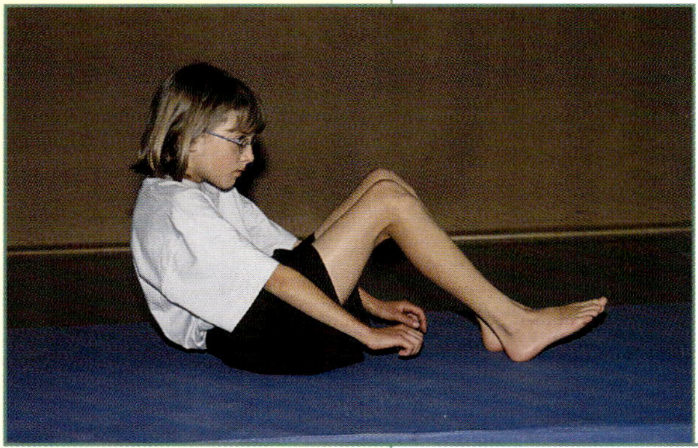

Aus der Rückenlage mit angewinkelten Beinen den Oberkörper aufrollen und die Hände nach vorn schieben und danach wieder zurück

Beachte

Fersen zum Boden drücken und dort halten; nur so weit aufrollen, dass die Lendenwirbelsäule gerade noch Bodenkontakt hat

Belastungkennziffer

bis zu zehnmal

Rückenbank

Aus der Rückenlage mit angewinkelten Beinen das Gesäß anheben, bis die Hüfte gestreckt ist. Dort halten

Beachte

Hüfte gestreckt halten. Atmen!

Belastungkennziffer

bis 30 Sekunden

Seitliche Bank

Im seitlichen Unterarmliegestütz Gesäß anheben, bis der Körper gestreckt ist. Variante: oberes Bein leicht anheben und wieder senken

Beachte

Körper bleibt gestreckt, Hüft- und Schulterachse senkrecht zum Boden (nicht gekippt)

Belastungkennziffer

bis 30 Sekunden oder fünfmal Beinheben, dann Seitenwechsel

Das eigene Körpergewicht ist für Kinder bei Kräftigungsübungen Gewicht genug! Häufig werden Sie erleben, dass den Kindern – und nicht nur diesen – ihr eigenes Gewicht schon zu schwer ist.

Bauchbank

Im Unterarmliegestütz ein Bein anheben und halten. Variante: Beinwechsel

Beachte

Körper bleibt ruhig, Bauchmuskeln angespannt.

Belastungkennziffer

bis 30 Sekunden oder zehnmal Beinheben

Klavier-Füße

Barfuß auf einer Turnmatte, auf dem Rasen oder im Sand: abwechselnd Großzehen oder die anderen Zehen nach oben ziehen bzw. in den Boden drücken (Klavierspielen mit den Füßen)

Beachte

Stabile Körperhaltung im Gleichgewicht

Belastungkennziffer

zehnmal wechseln

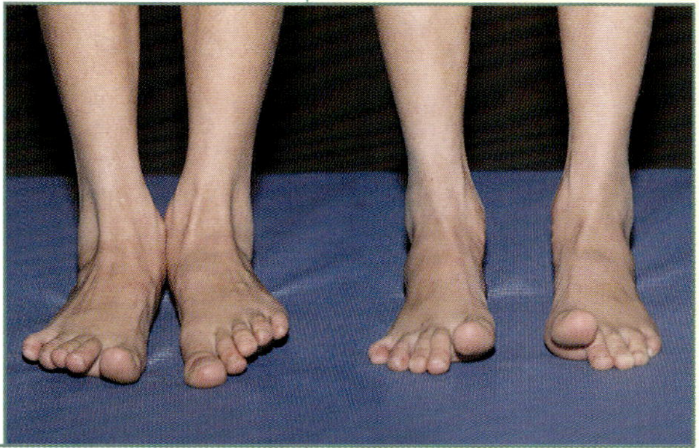

Raupengang

Barfuß auf der Turnmatte, auf dem Rasen oder im Sand: durch Beugen und Strecken des Fußgewölbes mit den Zehen über den Boden ziehen wie eine Raupe.

Beachte

Stabile Körperhaltung im Gleichgewicht, Ferse bleibt immer am Boden

Belastungkennziffer

bis 30 Sekunden

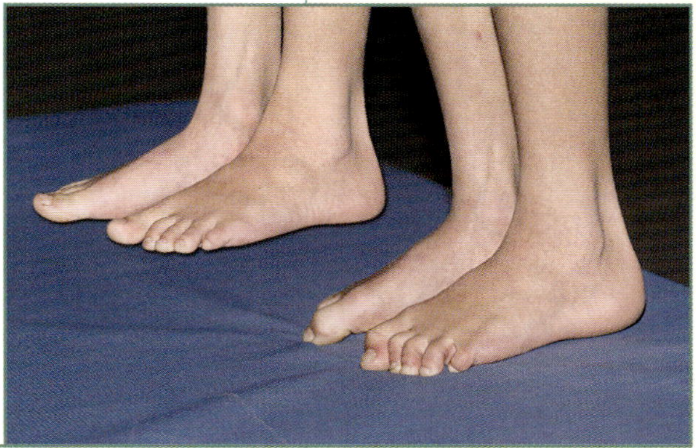

Kräftigungsübungen an Geräten

Kräftigen an Großgeräten (Beispiel Turnbank)

Liegestütz mit Händen auf der Turnbank

Beachte

Hüfte bleibt gestreckt, Schulterblätter am Rumpf anliegend

Belastungkennziffer

je nach Leistungsvermögen

Kräftigen an Großgeräten (Beispiel Barren)

Unter dem Barren hängend hindurchhangeln, Beine angehoben

Belastungkennziffer

je nach Leistungsvermögen

Kräftigen an Großgeräten (Beispiel Kasten/Seil)

Am Seil hängend von Kasten zu Kasten schwingen

Beachte

Schwungbereich absichern!

Belastungkennziffer

je nach Leistungsvermögen

3 Laufen

Jegliches Handeln des Übungsleiters in der Kinderleichtathletik muss zielgerichtet sein. Es gilt, bis zum Ende der Grundausbildung (11 Jahre) das Zielniveau zu erreichen, auf dem das Grundlagentraining (12 bis 15 Jahre) effektiv aufbauen kann. Besonders wichtig ist deshalb neben der Beschreibung der koordinativen und konditionellen Fähigkeiten das Festlegen eines Zielniveaus, das Auflisten der sportlichen Inhalte und deren methodische Umsetzung.

3.1. Ausdauernd laufen

3.1.1 Zielvorgaben „Ausdauernd laufen"

Anzustrebendes Niveau: 30 Minuten laufen können, gekoppelt mit koordinativen Aufgaben:

- *in unterschiedlichem Gelände laufen und sich orientieren (Halle, Wald, Bahn, Rasen, Geländeformen, Untergrund ...)*
- *mit unterschiedlichen Zeitaufgaben und unterschiedlichem Tempo (Zeitvorgabe, Fahrtspiel ...)*
- *in verschiedenen Sozialformen (Partner, Gruppe, Team, Reihe, Kette ..)*
- *mit Musik (nach Takt) laufen*

Aufbauschema Ausdauerentwicklung

Schritt/Ziel	Maßnahmen
1. Schritt: Lebensalter (in Jahren) in Minuten laufen können	• verlängerte Ein- und Auslaufphasen sowie Stundenschwerpunkt (mit Musik 165 bis 170 Schläge pro Minute, mit Geräten, in verschiedenen Spezialformen oder Bewegungsaufgaben) • Darstellungsspiele wie Kosmonautenlauf, Schaufensterpuppenlauf usw. • Dauerlauf in der Kombination Gehen-Laufen ohne Zeit- und Streckenvorgaben in verschiedenen Räumen mit oder ohne Bezugspunkte • behutsamer Einsatz kleiner Spiele (vermehrte anaerobe Spitzen vermeiden) • Wettbewerbsmöglichkeit: Biathlon
2. Schritt: 15 Minuten-Ziel aufbauen	• ausgedehntere Formen aus Schritt 1, z. B. Aneinanderhängen mehrerer Polonaise-Figuren • systematische Trainingsanweisungen (Lauf- und Gehminuten im Wechsel): 1. LL G LLL GG LLL GG LL GG LLL GG LL 2. LLL GG LLLL GGG LLLL GGG LLLL 3. LLL G LLLL GG LLLLL GGG LLL usw. bis 15 x L ohne G-Pause • Wettbewerbe, z. B. Laufabzeichen des DLV, Biathlonläufe, Gelände-Ralley • behutsamer Einsatz Kleiner Spiele
3. Schritt: 15 Minuten-Lauf festigen	• Tempowechsel-Dauerlauf: Belastungsgrad innerhalb des idealen Frequenzbereiches (aerob) variieren • extensiver Intervall-Lauf: Belastung im oberen Ausdauer-Belastungsbereich oder leicht darüber (anaerob), verbunden mit Trabpausen bis zu einem Erholungswert von ca. 120 bis 140 Puls – dann erneute Belastung • vermehrter Einsatz Kleiner Spiele
4. Schritt: 30 Minuten-Ziel aufbauen	• In ähnlicher Weise aufbauen!

- *Gegenstände transportieren, übergeben und sammeln (Tennisbälle, Fahrradreifen, Tannenzapfen, Schaumstoffbalken, Staffelstab ...)*
- *um/über Hindernisse laufen (Kartons, Bänke, Medizinbälle ...)*
- *mit Mischformen (Wurf-, Sprung-Biathlon ...)*
- *als Wettkampfform*

3.1.2 Methodische Hinweise

Der Aufbau der Ausdauerfähigkeit in Verbindung mit koordinativen Elementen bedarf verschiedener methodischer Maßnahmen:

Motivieren

Das Training für den Dauerlauf gehört bei vielen Kindern nicht zu den beliebtesten sportlichen Betätigungen, denn es erfordert ein bestimmtes Maß an Willenskraft, ist witterungsbeeinflusst, zeitweise monoton und mit Anstrengung verbunden. Der Übungsleiter wird die Kinder mit folgenden Möglichkeiten am besten motivieren können:

- wohl dosierter, den konditionellen Fähigkeiten entsprechender Aufbau über die Verbindung Laufen-Gehen
- unterstützender Musikeinsatz
- Laufen in Partner- und Gruppenformen
- Einsatz von Geräten
- Wechsel des Laufgeländes
- interessante Aufgabenstellungen (Orientierungslauf, Schnitzeljagd)
- kleine materielle Anreize wie Laufabzeichen, Urkunden usw.

Bewusstmachen

Wohl erst nach einiger Zeit werden Schüler merken, wie durch die Verbesserung im Ausdauerbereich auch das körperliche Wohlbefinden steigt. Sobald sich erste Erfolge einstellen und eine längere Strecke ohne größere Ermüdungserscheinungen zu bewältigen ist, werden die Kinder offen sein für Hinweise des Übungsleiters. Die Kinder sollen für folgende Sachverhalte sensibilisiert werden:

- Ausdauertraining kann das gesamte Körpersystem positiv beeinflussen.
- Mit wenig Aufwand lassen sich im Ausdauerbereich Fortschritte erzielen.
- Eine gute Ausdauerbasis ist Voraussetzung für gute sportliche Leistungen und für eine schnelle Erholung nach höheren Belastungen.
- Ausdauertraining, insbesondere in der Natur, vermittelt Körpergefühl und wirkt entspannend auf die psychische Verfassung.

Systematisieren

Ausdauertraining darf nicht dem Zufall überlassen werden, da es aufgrund von falscher Belastung zu Unlust, körperlichen Beschwerden und uneffektiver Ausdauerentwicklung kommen kann:

- Für das Schülertraining empfehlen sich die Ausdauermethode (gleichförmige Belastung oder leichter Tempowechsel) und das extensive Intervalltraining (Strecken mit erhöhtem Tempo mit „lohnenden Pausen" – Beginn der Belastung bei einem Puls von ca. 140 Schlägen/Minute).

Ausdauertraining
hat positive Auswirkungen auf die physische und psychische Gesundheit sowie auf das Training in allen Bereichen des Sports.

Beachte

- Die freudvollen und abwechslungsreichen Formen aus Schritt 1 (siehe dazu das Aufbauschema links) werden auf allen Schritt-Ebenen eingesetzt.
- Der Übungsleiter dosiert die Belastung aufgrund festgestellter Pulsfrequenzen und der Beobachtung der Kinder (Unlust, roter Kopf, heftiger Atem, unkoordinierte Bewegungen)
- Die Ausdauerformen werden, wenn irgend möglich, immer wieder mit koordinativen Elementen verbunden.

- Effektives Ausdauertraining vollzieht sich in bestimmten Pulsfrequenzbereichen. Belastungswirksam sind bei 10-Jährigen 140 bis 180 Schläge/Minute. Je jünger ein Läufer ist, desto höher liegt der natürliche Frequenzbereich. Die Ausdauerentwicklung bei Kindern kann nach den Methoden in der Übersicht auf der vorigen Doppelseite erfolgen.

3.1.3 Praktische Umsetzung

Zwar sollen, wie in Kapitel 2 erwähnt, die koordinativen Fähigkeiten vorrangig vor den konditionellen ausgebildet werden, aber natürlich soll auch bei den Kindern die Ausdauerfähigkeit entwickelt werden. Die koordinativen Fähigkeiten übernehmen jedoch die Führungsrolle in dieser Ausbildung. Vor allem sollen die Kinder an dieser Tätigkeit Spaß haben.

Die verschiedenen Übungen (auch die später folgenden im Sprung und Wurf) sprechen oft mehrere koordinative Fähigkeiten gleichzeitig an. Eine isolierte Schulung ist kaum möglich.

Führungsrolle für die koordinativen Fähigkeiten

Auch bei der Entwicklung konditioneller Fähigkeiten wie der Ausdauer erfolgt die Ausbildung immer so, dass eine koordinativ vielseitige Beanspruchung gewährleistet ist.

Ausdauernd laufen

Laufen im Raum
- Freies Laufen im Raum
- Laufen mit Raumorientierern wie Hütchen, Fähnchen, Linien
- Laufen in und um Kreise, Vierecke, Ovale ...
- Slalom- und Zickzackstrecken

Laufen mit Hindernissen
- Mit einem Barren
- Mit Kästen oder über Kartons
- Mit Matten und Bänken
- Über Hindernisparcours
- Über gespannten Bändern

Laufen mit speziellen Aufgaben
- Figuren laufen
- Nach Rhythmus
- Mit Sprung- und Wurfaufgaben
- Mit variierenden Geschwindigkeiten
- Mit Treffen von Marken

Laufen mit Zeitvorgaben
- Zeitschätzläufe
- Laufabzeichen erfüllen
- Laufen mit Belastungs- und Erholungsabschnitten
- Tempogefühlläufe mit Zeitangaben für bestimmte Streckenabschnitte

Laufen mit Kleingeräten
- Mit Bällen oder Luftballons
- Mit Tau und Seil
- Mit Tüchern oder Zeitungen
- Mit Kartons
- Mit Teppichfliesen
- Mit Reifen oder Stäben

Laufen in Sozial-/Ordnungsformen
- Mit dem Partner
- In der Gruppe
- In der Reihe
- In der Linie
- In der Kette

Laufen in wechselndem Gelände
- In der Halle
- Auf dem Rasen
- Im Wald
- Bergauf und bergab
- Auf Schneeboden

Laufen in Wettspielformen
- Puzzleaufgaben
- Würfelaufgaben
- Kleine oder Große Spiele
- Biathlonläufe
- Sammelaufgaben
- Läufe mit Orientierung im Gelände

Übungskatalog: Ausdauernd laufen

Laufen mit Hindernissen (hier: Mattenreihen)

4 bis 6 Matten (im Freien Kartons) liegen etwa je drei große Gehschritte hintereinander. Verschiedene Laufwege sind möglich:
– um die Mattenreihe herum
– im Slalom um die Matten herum
– Erweiterungslauf (um die 1. Matte herum und zurück, dann um die 2. Matte herum und zurück, dann um die 3. usw).

Beachte
Die Ausdauerbelastung hängt von der Mattenzahl und den Abständen ab.

Laufen mit Bällen und Musik

Die Kinder laufen mit je einem Ball durch die Halle. Aufgaben:
– Ball im Lauf hochwerfen und fangen
– Ball mit Hand oder Fuß dribbeln
– Bälle zwischen Läufern übergeben
– zwischen zwei Partnern zupassen

Beachte
Musik unterstützt den Laufrhythmus (ca. 165 bis 170 Schläge pro Minute). Dabei die Belastungskriterien für die Ausdauerschulung beachten!

Laufen in der Gruppe

Die Kinder laufen in Gruppen hintereinander vorgegebene Wege. Die Laufwege (z. B. Viereck oder Oval) sind durch Hütchen, Fahnenstangen o.ä. gekennzeichnet.
– zwei Gruppen laufen hintereinander auf auf einem ovalförmigen Rundkurs
– zwei Gruppen begegnen sich
– dito mit vier Gruppen
– auch möglich auf Laufwegen, die „durch die Mitte" führen (z. B. in Form einer Acht)

Laufen mit Zeitvorgaben

An jeder Ecke eines Quadrats startet je eine Kindergruppe zum Lauf um dieses Feld. Nach einer bestimmten Zeit (Pfiff des Übungsleiters) muss jede Gruppe an der nächsten Ecke sein.

Beachte

Bei unterschiedlich großen Quadraten kann sich jedes Kind „sein" Viereck aussuchen. Für eine Laufzeit von 7 Minuten für 1000 m eignet sich gut ein Viereck mit 31,50 m Seitenlänge und 15 Sekunden Vorgabezeit.

Figurenlaufen

Eine Hälfte der Gruppe läuft auf dem Feld eine Figur (z. B. Buchstabe), die andere Hälfte versucht, diese Figur herauszufinden und nachzulaufen.
Eine Variante ist choreographisches Figurenlaufen, bei dem geometrische Gebilde wie Dreiecke, Vierecke, Kreise usw. im Raum markiert sind und diese als Basis für Laufaufgaben dienen (z. B. Laufen von Polonaise-Figuren)

Laufen in wechselndem Gelände, z. B. im Wald

Der Wald bietet durch unterschiedliche Geländebeschaffenheit (bergauf und -ab, Nadelboden, Gras) hervorragende Möglichkeiten für die Ausdauerschulung:
- Fahrtspiel (Tempo nach Gelände)
- Lauf mit Zusatzaufgaben (Trimmpfad, Springen über Stämme, Slalomlauf ...)
- Orientierungslauf
- Räuber-und-Gendarm-Spiel
- Schnitzeljagd

Puzzle-Lauf

Für jede Kleingruppe liegt am Ende einer Laufstrecke ein Puzzle in seinen Teilen bereit. In Staffelform werden die Teile einzeln zum Start geholt und zusammengebaut. Welche Gruppe hat sein Puzzle zuerst fertig?

Varianten

– Laufen in Zweiergruppen (dennoch jede Gruppe nur ein Teil) erhöht die Belastungszeit.
– Bei Puzzles mit sehr vielen Teilen: Welche Gruppe hat nach „X Minuten" die meisten Teile geholt und zusammengebaut?

Laufen mit Tüchern

Die Kinder laufen im begrenzten Raum, jedes hält ein Tuch in der Hand.

Varianten

– Bei jeder Begegnung werden die Tücher hochgeworfen und vom anderen gefangen.
– Auf Kommando werfen alle ihr Tuch hoch, fangen ein anderes und laufen weiter.
– Auf Kommando finden sich die drei Ampelfarben.
– Auf Kommando treffen sich die jeweiligen Farben an bestimmten Raumpunkten.

Laufen und Begegnen mit Aufgaben

Wieder laufen alle in einem begrenzten Raum durcheinander. Bei jeder Begegnung führen die Kinder eine Aufgabe durch:
– Begrüßen per Handschlag
– Abklatschen vor dem Körper
– Abklatschen über Kopf
– Unterhaken und Kreis laufen
– einer im Grätschstand, der andere kriecht hindurch.
Der Phantasie sind keine Grenzen gesetzt!

Laufen in Wettbewerbsform: Biathlon

Der Biathlon ist eine überaus spannende und abwechslungsreiche Form des Wettbewerbs, in der Ausdauerlauf und Zielwerfen miteinander kombiniert werden. Die Laufstrecke kann im Stadion oder im Gelände absolviert werden. Auch die Wurfstationen sind variabel gestaltbar (Hütchen abwerfen, in Tonnen oder Kartons hineinwerfen usw.). Die Regeln der Durchführung können auch sehr unterschiedlich gestaltet werden.

Einige Beispiele:

– Biathlon mit vier Wurfstationen über etwa 2000 m (entspricht fünf Teilstrecken von je 400 m) und einer Zeitvorgabe: nicht schneller als 13, nicht langsamer als 15 Minuten. Sieger ist die Mannschaft, die die meisten Treffer erzielt. Jede Sekunde Zeitunter- oder -überschreitung bedeutet einen Punkt Abzug. Diese Variante schützt durch die Zeitvorgabe vor allem Anfänger vor Überlastung.

– Die Laufzeit erhält einen höheren Stellenwert, wenn sie in Punkte umgerechnet wird (z. B. Mehrkampftabelle) und die Trefferzahlen addiert werden.

– Fehlwürfe können aber auch Strafrunden nach sich ziehen. Das Ergebnis wird dann durch die Gesamtlaufzeit festgestellt. Diese Variante ist aber nur bei bereits geschulten Kindern zu empfehlen, da die Strafrunde zu schnellem Laufen und damit anaeroben Belastungen verführt.

3.2 Schnell laufen

Oft wird die Laufschnelligkeit mit der Kurzsprintleistung gleichgesetzt, die ein Kind über 50 m erreicht. Daraus leiten viele Übungsleiter ab, dass es für die Entwicklung dieser Leistung besonders günstig sei, diese Strecke in den vorausgehenden Übungsstunden mehrmals zu durchlaufen. Die Leistung im Sprint hängt aber von verschiedenen Faktoren ab, die im Training auch je gesondert anzusprechen sind, um sie sinnvoll zu entwickeln. Wir unterscheiden im Themenkomplex „Schnell laufen" in der Kinderleichtathletik folgende Bereiche:

- Lauferfahrungen sammeln, Laufkoordination
- Reagieren, Starten, Beschleunigen
- Bewegungsschnelligkeit, maximal schnell laufen
- Über Hindernisse sprinten
- Staffellaufen

Beachte
Laufschnelligkeit ist ein komplexes System, dessen einzelne Komponenten gesondert und altersgemäß in der Kinderleichtathletik angesprochen werden müssen.

3.2.1 Allgemeine Zielvorgaben

Aus den bisherigen Überlegungen (vergleiche auch Kapitel 2) lassen sich für ein kindgemäßes Schnelligkeitstraining folgende Ziele formulieren:

Zielvorgaben „Schnell laufen"

Laufkoordination

In diesem Bereich sollen die Kinder
- ökonomisch laufen (Lauftechnik, Laufrhythmus),
- mit Richtungswechsel,
- mit dem Partner, in der Gruppe, mit Geräten,
- aus unterschiedlichen Bewegungsformen,
- auf unterschiedlichem Untergrund,
- mit Tempowechsel laufen können.

Reagieren/Starten/Beschleunigen

Die Kinder sollen
- in Kleinen Spielen,
- aus verschiedenen Positionen,
- aus dem Tiefstart in angemessener Technik reagieren, starten und beschleunigen können.

Schnelllaufen

In diesem Bereich sollen die Kinder
- über verschiedene Streckenlängen (bis 40 m),
- mit hoher und höchster Laufintensität (4 bis 6 Sekunden pro Strecke) in Verbindung mit koordinativen Aufgabenstellungen,
- mit Tempovariationen laufen können.

Hindernis- und Hürdenlaufen

In diesem Bereich sollen die Kinder
- über, in, auf und um Hindernisse (Kartons, Reifen, Fliesen, Markierungen, Hütchen, Schaumstoffbalken, Matten),
- über Kinderhürden in angemessener Hürdentechnik laufen können.

Staffellaufen

In diesem Bereich sollen die Kinder
- miteinander laufen (Pendel-, Umkehr-, Endlosstaffel, Transport-, Sammelstaffel) können und
- den Stab bei der Rundenstaffel mit angemessener Technik übergeben können.

- *Frühes Entwickeln optimaler Zeitprogramme durch hoch intensive und variable Schnelligkeitsreize. Das heißt für die Trainingspraxis: hohe Intensität bei allen Schnelligkeitsübungen und motorisch abwechslungsreiche Aufgabenstellungen*
- *Erarbeiten effektiver technischer Grundlagen:*
  - *Technikentwicklung im Laufen, Ablaufen und Starten*
  - *Finden einer optimalen Schrittlänge und Variieren der Schrittlänge*
  - *Finden und Variieren des Laufrhythmus*
- *Gleichmäßiges Ausbilden von Stabilität (Muskelkräftigung) und Mobilität (Muskeldehnung):*
  - *Beseitigung von Dysbalancen*
  - *allgemeine Kräftigung aller Muskelgruppen*
  - *Entwicklung einer günstigen Gelenkbeweglichkeit*

Übergreifende methodische Hinweise

Für alle Inhaltsbereiche des kindgemäßen Schnelligkeitstrainings gelten folgende methodische Grundsätze:

- Schnelligkeitstraining muss bei den Kindern beginnen, um die günstigen Voraussetzungen und den genetisch begrenzten Zeitrahmen zu nutzen. Vor allem sind hier die elementaren Zeitprogramme zu entwickeln, die auch den Weg zu einer späteren Spitzenleistung eröffnen.
- Das Interesse von Kindern ist auf Kurzweil, Abwechslung, Spaß und spielerisches Wetteifern ausgerichtet. Deshalb werden vielfältige Spiele und Spielformen unter dem Thema „Schnelligkeit" zielgerichtet eingesetzt. Die Forderung nach einer vielseitigen Ausbildung sollte sich unter anderem in einer polysportiven Schulung niederschlagen. Schnelles Laufen wird z. B. in den verschiedenen Ballspielen oftmals wesentlich vielfältiger, freudvoller und abwechslungsreicher geübt als in der traditionellen Leichtathletik.

Lauferfahrungen sammeln

„Freies" Laufen	„Aufgaben" Laufen	Figurenlaufen	Richtungswechsel	Lauftempowechsel	Laufartwechs
• Durcheinander laufen und Laufwege suchen • Laufen mit verschiedenen Armbewegungen • Lauftempo selbst gestalten • Schrittgestaltung selbst wählen	• Mit einer Zeitung auf der Brust laufen • Bodenmarkierungen in rhythmischen/unrhythmischen Abständen treffen • Strecke mit bestimmter Schrittzahl zurücklegen • Linien laufen	• Formen von Buchstaben, Zahlen, Gegenständen laufen • Choreographie laufen (öffnen, schließen, Richtung ändern usw.) • Tiere imitieren	• Vorwärts – rückwärts – seitwärts • Slalomlaufen • Zickzacklaufen • Sich an Bodenmarkierungen, z.B. Fahnenstangen, Hütchen, orientieren	• Kontinuierlich • Temposteigerung • Auf-/abschwellend • Ruckartig • Intervallförmig	• Mit kurzen Schritten • Mit langen Schritten • Fußgelenkdribbling • Mit Kniehub • Mit Anferser • Laufartwech

- Schon bei Kindern wird auf eine optimale Bewegungsökonomie (Lockerheit, Entspannungsfähigkeit) geachtet.
- Die Übungsintensität ist so zu wählen, dass die erforderlichen hohen und höchsten Reize erreicht werden. Um jedoch die Ausbildung eines frühzeitigen Stereotyps zu vermeiden, müssen die jeweiligen Übungen in äußerst vielfältiger Weise in den Unterricht eingebaut werden.
- Die Übungsdauer ist so zu gestalten, dass gegen Ende der Übung die Geschwindigkeit infolge Ermüdung nicht absinkt. Für Kinder bedeutet dies, dass Streckenlängen und Zeiträume (ab 6 Sekunden) vermieden werden sollen, die zu einer ausgeprägten Übersäuerung und damit verbundenen Verschlechterung der koordinativen Leistungsfähigkeit führt.
- Die optimale Streckenlänge richtet sich nach dem Trainingsziel. Je nach individuellem Leistungsstand gelten für
  – das Beschleunigungsvermögen Strecken von 15 bis 25 m,
  – die maximale Geschwindigkeit weitere 20 bis 25 m.
- Schnelligkeitsübungen sollten in „frischem Zustand", d.h. im ersten Teil der Unterrichtsstunde liegen. Die Pausen sind so zu gestalten, dass sie eine optimale Erholung ermöglichen. Bei der Durchführung von kindgemäßen Staffeln über 15 bis 20 m genügen bereits Pausen von etwa einer Minute. Bei größeren Belastungen sollten die Pausen auf 4 bis 6 Minuten ausgedehnt werden.

3.2.2 Lauferfahrungen/Laufkoordination

Jegliche Laufschulung muss als oberstes Ziel die Ökonomie des Laufes haben. D.h., sie stellt die Grundlagen zur Verfügung, die es erlauben, die jeweils gestellte Sprint-Aufgabe

- mit optimaler Schrittfrequenz und Schrittlänge,
- mit einer harmonischen Rhythmisierung und
- unter Einsatz einer effektiven Technik

zu bewältigen.

Lauferfahrungen
Einstellen des Laufverhaltens auf unterschiedliche situative Gegebenheiten.

uppenlaufen	Transportlaufen	Hindernislaufen	„Musiklaufen"	Partnerlaufen	Geländewechsel
n der Reihe n der Kette ls Überhollauf der Reihe igurenlaufen m Block laufen	• Geräte tragen (Karton) • Geräte übergeben (Tücher) • Geräte werfen, prellen, rollen, legen • Mit Geräten laufen (Partner tragen einen Stab)	• Über Hindernisse • Um Hindernisse herum • Laufen und springen über Hindernisse • Laufen und aufsetzen auf Hindernisse	• Gleichbleibender Rhythmus • Wechselnder Rhythmus, auch auf- und abschwellend • Aus- und einsetzender Rhythmus • Laufen mit Klatschen	• Hintereinander • Nebeneinander • Schattenlaufen	• In der Halle • Im Wald • Auf dem Rasen • Bergauf – bergab • In hohem Gras • Im Schnee • Auf Sandboden • Auf Kunststoff

Zielvorgaben im Bereich der Laufkoordination

In der Kinderleichtathletik steht nicht das Einschleifen monotoner Bewegungsmuster im Vordergrund, sondern das Sammeln von Lauferfahrungen und das Herausbilden von Laufflexibilität. Auf dieser Basis können gegen Ende der Kinderleichtathletik, aber insbesondere im anschließenden Grundlagentraining spezielle lauftechnische Übungen durchgeführt werden.

Laufkoordination
Mit optimaler Schrittfrequenz und Schrittlänge, in harmonischer Rhythmisierung und unter Einsatz einer effektiven Technik eine gegebene Strecke schnell zurücklegen.

Methodische Hinweise

Bei der Durchführung der Übungen sind natürlich die methodischen Prinzipien

- vom Langsamen zum Schnellen
- vom Leichten zum Schwierigen
- vom Einfachen zum Komplexen

besonders zu berücksichtigen.

Im Bereich der Lauferfahrungen lernen die Kinder, ihr Laufverhalten der jeweiligen Situation anzupassen und vor allem welches Lauftempo und welche Lauftechnik bei den einzelnen Aufgabenstellungen zurealisieren sind. Gegen Ende der Kinderleichtathletik können dann schon spezielle Lauf-Übungen des Lauf-ABCs zur Verbesserung der Laufkoordination eingesetzt werden. Bei dieser Laufkoordination achten wir auf einen

ermüdungsfreien Zustand der Kinder. Dieser ist nötig aufgrund des hohen Maßes an nervalen Prozessen, die beim Sprinten ablaufen.
Lernerfolge, insbesondere im Kinderbereich, hängen stark vom Grad der Motivation ab, mit der die einzelnen Aufgaben angegangen und erledigt werden. Obwohl die Laufschulung vordergründig für viele als wenig erlebnisreich erscheint, beinhaltet sie viele Variationsmöglichkeiten, Kinder zu faszinieren, bei ihnen Interesse zu wecken und Körpergefühl zu vermitteln.Variationen der Bewegungsausführung ergeben sich

- durch Rhythmuswechsel (niedrige, mittlere oder hohe Frequenz, auf- und abschwellende Frequenz, Frequenzwechsel)
- durch Schulung der Schwung- und Stützphasen
- durch Abdruckvariation (höhen- oder weitenorientiert, Abdruckfolge mit kurzen, langen oder wechselnden Intervallen).

Besonders motivationsanregend und lernfördernd hat sich in der Praxis der Einsatz begleitender Musik erwiesen; denn Musik spricht die Gefühle an, lenkt von Anstrengungen ab, fördert sehr stark das Rhythmusgefühl und den spielerischen Charakter des Lernens und Übens.

Praktische Umsetzung
Der folgende Übungskatalog zeigt den Umfang des laufkoordinativen Übungsgutes in der Kinderleichtathletik.

Übungskatalog: Lauferfahrungen sammeln

Partnerlaufen

Die Kinder laufen partnerweise und stellen ihre Laufweise aufeinander ein. Zum Beispiel:

– hintereinander, mit und ohne Handfassen
– nebeneinander, mit und ohne Handfassen
– Schattenlaufen
– verschiedene Laufwege können vorgegeben werden (Bild: Slalom durch eine Mattenbahn).

Laufartwechsel

Die Kinder laufen auf unterschiedliche Art und Weise:

– mit kurzen oder langen Schritten
– mit Fußgelenkdribbeln oder Kniehub
– mit Anfersen
– als Seitwärtslauf mit schnellen Nachstellschritten (im Bild durch eine Slalomstrecke)

Schrittrhythmusübungen mit Hilfen

Ein weiteres Beispiel für den Laufartwechsel: im Bild erfolgt ein Laufen mit Kniehub, erzwungen durch Schaumstoffbalken, die bei jedem Schritt überlaufen werden. Je höher die Hindernisse, desto höher auch die Anforderungen!

Neben diesen Beispielen sollten Sie vor allem daran denken, die Laufübungen in den Kategorien Richtung, Geschwindigkeit, Laufweg und Zusatzaufgaben (wie Kniehub, Anfersen usw.) zu variieren.

Kartons schieben oder tragen

Die Kinder laufen kreuz und quer im Feld und transportieren Kartons:
- schieben
- vor dem Körper tragen
- über dem Kopf tragen
- in weiteren Formen
- allein oder zu zweit

Überlaufen von Kartons

Die Kinder überlaufen im Raum verteilte Kartons:
- ungeordneter Aufbau der Kartons
- unrhythmischer Aufbau der Kartons
- rhythmischer Aufbau der Kartons
- unterschiedliche Höhen
- zu zweit überlaufen
- einer überläuft, der Partner läuft am Karton vorbei

Figurenlaufen

Die Kinder laufen gemeinsam mit einem Langstab. Dabei entstehen durch Drehungen, Patzwechsel usw. immer neue Lauffiguren.

Beachte
Das Erlernen des Tiefstarts sollte auf keinen Fall vor dem 10 Lebensjahr erfolgen, da die konditionellen Grundlagen für eine effektive Ausführung noch nicht gegeben sind. In diesem Alter ist deshalb der Ablauf aus der Hochstartposition vorzuziehen.

3.2.3 Reagieren, Starten, Beschleunigen

Zielvorgaben

Ein optimaler Ablauf vom Startblock erfordert neben dem gebündelten Einsatz aller Kräfte auch ein gewisses Maß an technischen Voraussetzungen. Obwohl viele Kinder infolge des günstigeren Kniewinkels beim Hochstart besser in den Lauf finden, wollen sie dennoch den Tiefstart lernen. Auch die Wettkampfbestimmungen erfordern den Beginn aus den Startblöcken.

Von Beginn an muss das Erlernen der Starttechnik auf einen effektiven anschließenden Beschleunigungslauf ausgerichtet sein, das Einschulen der verschiedenen Positionen darf deshalb nicht zum Selbstzweck werden.

Vorbilder für die in der Kinderleichtathletik erreichbaren Bewegungsbilder zeigen die Bildreihen. Für den Hochstart lässt sich das technische Anforderungsprofil wie folgt beschreiben:

- Schrittstellung mit angewinkelten Beinen (Kniewinkel je nach Kraft verschieden)
- Druck auf beiden Fußballen

Bildreihe „Hochstart"

- Oberkörper in der Hüfte mehr oder weniger stark nach vorne gebeugt
- Gegenarm vorne (Ellenbogenwinkel ca. 90 Grad), Unterarm parallel zum Boden
- flacher erster Schritt mit dem hinteren Bein
- schnelle, raumgreifende Schritte mit optimaler Körpervorlage

Methodische Hinweise

Das Lernen und Üben vollzieht sich nicht in starren Drillformen, sondern ist in allen Phasen von spielerischem Tun begleitet. Beachten Sie die folgenden methodischen Hinweise:

- Startschulung ist immer als Gesamtheit von Schulung der Startposition, der Reaktionsfähigkeit, und des Ablaufs aufzufassen.
- Jeder Start ist bis zu einer Streckenlänge von mindestens 10 bis 15 m bzw. 8 bis 12 Schritten mit höchster Konzentration und mindestens submaximalem Krafteinsatz durchzuführen. Die Startposition wird nur anfänglich isoliert geschult und alsbald mit Abläufen verbunden.
- Die Entwicklung der Reaktions- und Beschleunigungsfähigkeit ist durch Abläufe aus vielfältigen Ausgangsstellungen, aus der Bewegung

(Gehen, Traben) sowie nach verschiedenartigen Signalen besonders zu Beginn, aber auch im weiteren Training ständig zu unterstützen.

- Bei der Suche nach der zweckmäßigsten Startposition sind die konditionellen und konstitutionellen Voraussetzungen des Kindes zu beachten. Dies gilt insbesondere auch für die kindgemäße Fortentwicklung der Starttechnik vom Hoch- über den Kauer- zum Tiefstart.
- Im Beschleunigungsabschnitt ist vorrangig auf eine hohe Schrittfrequenz bei optimaler Schrittlänge zu achten.
- In der Beobachtung und Einschätzung des Starts ist von der Zweckmäßigkeit des Beschleunigungslaufs auszugehen (Startstellungen nicht als Selbstzweck korrigieren).
- Die Belastung richtet sich nach dem konditionellen Zustand der Schüler. 10 Wiederholungen mit entsprechenden Pausen sollten nicht überschritten werden.
- Startübungen sollten möglichst zu Beginn einer Trainingseinheit nach dem Aufwärmen und den koordinativen Laufformen durchgeführt werden.

Bildreihe „Tiefstart"

Vom Hoch- zum Tiefstart

Hochstart

- aus paralleler oder Schrittstellung
- links wie rechts
- aus dem Stand oder Gehen, Traben
- mit verschiedenen Kommandos
- auf der Geraden, in der Kurve

Kauerstart

- tiefe Hochstartstellung
- Aufsetzen der Hände auf Medizinbälle
- flüchtiges Aufsetzen erst einer Hand, dann beider Hände
- Liegestützstellung mit einem Bein vorn

Tiefstart

- mit Partnerhilfe
- aus dem Block
- auf der Geraden in der Kurve
- mit unterschiedlichen Kommandos
- mit Staffelstab

Spiel- und Wettspielformen

- Abwurfspiele
- Foppspiele
- Vorgaberennen
- Reaktionsspiele
- Kettenreaktion
- Ausscheidungsrennen
- mit Zusatzaufgaben
- Schwarz-Weiß-Spiele
- Nummernwettläufe

Spielformen: Reagieren, Starten, Beschleunigen

Kettenreaktion

Die Schüler stehen in einer Linie nebeneinander. Der an der linken (rechten Seite) stehende Läufer lässt sich nach vorn fallen und sprintet weg. Sobald der neben ihm stehende Läufer und nacheinander die anderen dies merken, starten sie ebenso.

Varianten

– Beide äußeren Läufer starten gleichzeitig.
– Der mittlere Läufer startet zuerst.
– Alle Formen können aus verschiedenen Ausgangspositionen durchgeführt werden.

Partnerfangen (mit Vorgabe)

Zwei Linien stehen (liegen, kauern) hintereinander. Auf Kommando versucht der hintere Partner, den vorderen vor einer Ziellinie zu fangen.

Variante (im Bild)
Der vordere und der hintere Partner halten die Enden zweier Sprungseile. Beide traben und halten das Seil gespannt. Auf Kommando lassen beide die Seile fallen, und der hintere fängt den vorderen (auch mit Drehung und Start in die andere Richtung möglich).

„Start“ gegen „Fliegend“

Ein Kind nähert sich trabend einer Markierung. Sobald es diese erreicht, darf ein zweites Kind, das an einer etwa fünf Meter entfernten weiteren Markierung steht, ebenfalls starten. Der „fliegende“ Partner versucht nun, den aus der Ruhe startenden bis zu einer bestimmten Linie zu fangen.

Variante

Sobald der Ankommende die Markierung berührt, erfolgt eine halbe Drehung und Start in die entgegengesetzte Richtung.

Schwarz und Weiß

Beliebt sind bei Kindern immer wieder die Schwarz-Weiß-Spiele, die manchem auch unter dem Namen Tag-und-Nacht-Spiel bekannt sind. In unterschiedlichen Startformen befinden sich Partner in zwei Linien gegenüber. Die „Farbe", die der Übungsleiter aufruft, verfolgt die andere bis zu einer bestimmten Marke.

Die optische Reaktion wird geschult, wenn der Übungsleiter eine Scheibe mit je einer schwarzen und einer weißen Seite hochwirft. Die zu sehende „Farbe" fängt die andere.

Nummernwettlauf

Die einfachste Form ist die Reihenaufstellung: Jeder Läufer in der Reihe, hier als Bankwettspiel, hat eine Nummer und nimmt die geforderte Startposition ein. Die aufgerufene „Zahl" sprintet nach vorne, um den ersten Läufer der Reihe herum, nach hinten, um den letzten Läufer und dann wieder zum eigenen Platz. Statt in Reihen lässt sich das Spiel auch in Vierecksform mit je einer Gruppe an jeder Ecke und in anderen Aufstellungen durchführen.

Starts mit Zusatzaufgaben

Besonders motivierend wird das Starten, wenn der Lauf mit einer Zusatzaufgabe kombiniert wird: z. B. mit einem Zielwurf am Ende der Strecke, mit dem Transport eines Balls usw.

Hochstart, Ablauf, Tiefstart

Hochstart

Der Hochstart kann erfolgen
- aus paralleler Fußstellung.
- aus der Schrittstellung (s. Bild).
- aus dem Gehen oder Traben.
- nach verschiedenen Kommandos.

Beachte
- Beidseitig üben!
- Körpergewicht auf dem vorderen Fuß!
- Gegengleicher Armeinsatz!

Erweiterung
- Eine Hand auf dem Boden aufsetzen.

Abläufe aus wechselnden Positionen

Die Kinder starten aus verschiedenen Ausgangspositionen, z. B. aus dem Sitz, aus dem Liegen, mit Blick nach vorn oder nach hinten usw.
Hier wird nicht nur die Gewandtheit geschult, sondern je nach Ausgangsposition (im Bild: aus dem Liegestütz) auch eine spielerische Hinführung zu immer „tieferen" Ausgangspositionen vorgenommen.
Durchführung auch als Wettbewerb!

Tiefstart

Die Hinführung zum Tiefstart erfolgt ausgehend vom Hochstart über den Kauerstart (Aufsätzen einer, dann beider Hände).
Danach werden die drei Positionen erlernt. Sobald diese erfasst sind, immer in Verbindung mit dem kompletten Ablauf üben!

Beachte
Tiefstart noch nicht intensiv schulen, da die Kraftvoraussetzungen bei Kindern oft noch nicht ausreichen.

3.2.4 Bewegungsschnelligkeit

Zielvorgaben

Der Bereich der Bewegungsschnelligkeit erstreckt sich bei Kindern etwa auf die Laufstrecken zwischen 20 und 40 m. Diese Fähigkeit wird dann verbessert, wenn Streckenlängen zwischen diesen beiden Marken in submaximalem bis maximalem Tempo gelaufen werden.

Methodische Hinweise

Um die Bewegungsschnelligkeit zu trainieren, werden häufig folgende Übungsformen benutzt:

- Steigerungsläufe: Durch Verstärkung des Abdrucks und Vergrößerung der Schrittlänge erreicht das Kind ein immer höheres Tempo, die Höchstgeschwindigkeit wird dann über 10 bis 15 m gehalten.
- Läufe aus dem Startblock bis 40 Meter (auf der Geraden, aus der Kurve, in die Kurve und in der Kurve)
- „Fliegende Läufe": Aus der Bewegung heraus wird eine festgelegte Strecke in hohem Tempo zurückgelegt. Dieser Lauf wird entweder als Einzellauf nach Zeit oder mit einem Partner durchgeführt.

Diese Trainingsformen, die besonders in späteren Trainingsphasen Anwendung finden, kommen kindlichen Interessen und deren Emotionalität nicht entgegen; sie sollten deshalb nur begrenzt angewendet werden. Kindgerechter und genauso wirksam sind Übungsformen mit Wettkampfcharakter. Dadurch wird ein hoher Motivationsgrad erzielt, aus dem wiederum eine hohe Ausschöpfung der Energiereserven erfolgt. Die Vielfalt der Übungsformen entwickelt neben der konditionellen Eigenschaft Schnelligkeit auch die koordinativen Fähigkeiten.

Beachte

Spielerische Formen mit Wettkampfcharakter fördern die Bewegungsschnelligkeit besonders kindgerecht.

Beachte

Die Kopplung der beiden Faktoren Schnelligkeit und Koordination ergibt eine Sprintflexibilität, die für den weiteren Leistungsaufbau von enormer Wichtigkeit ist.

Spielformen zur Schulung der Bewegungsschnelligkeit

Massenwettläufe

Alle Teilnehmer starten auf ein Kommando, um ein vorher bestimmtes Ziel zu erreichen.

Varianten

– unterschiedliche Laufziele
– Ausgangsstellung verändern
– Laufwege ändern: Slalom, hin und zurücklaufen, über Hindernisse usw.
– Veränderung der Aufstellungsform: Gerade, Halbkreis, Kreis usw.

Würfelspiele

Am Ziel liegen für jede Mannschaft ein Würfel, ein Stift und ein Blatt, auf dem mehrfach die Zahlen 1 bis 6 geschrieben sind. Der erste Läufer jeder Mannschaft läuft zu seinem Ziel, würfelt und streicht die gewürfelte Zahl ab, läuft zurück und schlägt den nächsten Läufer ab.
Welche Mannschaft hat als erste alle Zahlen abgestrichen?

Fangspiele

Die Grundidee ist, in einem begrenzten Raum einen anderen Spieler zu verfolgen, um ihn abzuschlagen oder zu fangen.

Varianten

– Abgeschlagene nehmen eine Ruhestellung ein, können aber durch andere erlöst werden.
– Im Spielfeld sind Freimale, wo ein Läufer nicht abgeschlagen werden darf. Kommt aber ein anderer Läufer, muss der erste die Matte verlassen.

Viele dieser Übungen können für die Entwicklung der Bewegungsschnelligkeit (Streckenlänge von 20 bis 40 m) und der Reaktions-/Beschleunigungsfähigkeit (Streckenlänge bis 20 m) verwendet werden.

Turmbaustaffel

Jede Staffel hat an ihrer Startposition einen Turm von Kartons; für jeden Läufer einen. In Staffelform trägt jeder Läufer einen Karton zum Wendemal, sodass dort nach und nach der Turm wieder aufgebaut wird. Es gewinnt die Mannschaft, deren Turm als erster steht und auch stehen bleibt.

Varianten

– Zwei Läufer tragen gemeinsam einen Karton.
– In einem zweiten Durchgang wird der Turm am Wendemal ab- und am Startpunkt wieder aufgebaut.

Transportstaffel

Die Staffelläufer haben die Aufgabe, ein Gerät zum Wendemal zu transportieren und dort abzulegen. Diese Zusatzaufgabe kann unterschiedliche Formen annehmen:
– Reifen über eine Fahnenstange legen (s. Bild).
– Bälle in Kartons legen usw.

Gerade Staffelläufe bieten eine gute Möglichkeit, die Anforderungen zu variieren und die Kinder durch die Wettspielsituation zu motivieren.

Slalomstaffel

Die Laufstrecke wird als Slalomstrecke gestaltet, um die koordinativen Anforderungen zu erhöhen.
Durchführbar in verschiedenen Organisationsformen (Pendelstaffel usw.)

Hindernis-Staffeln

Die Laufstrecke wird mit kleinen Hindernissen versehen, die die Kinder überlaufen müssen.

Beachte
Die Hindernisse sollten auf jeden Fall so niedrig sein, dass das Übersprinten für die Kinder kein Problem darstellt, da hier der Aspekt der Schnelligkeit im Vordergrund stehen soll!

Staffeln mit koordinativen Zusatzaufgaben

Abwechslung bieten Staffeln auch dann, wenn unter dem entsprechenden Zeitdruck unterwegs koordinative Zusatzaufgaben zu erfüllen sind. Auf dem Bild dargestellt ist eine Variante, in der die Läufer auf halbem Wege mit beiden Füßen in einen Reifen hineintreten müssen, diesen über den Kopf nach oben ziehen, ihn ablegen und danach weitersprinten müssen.

Methodische Anmerkungen zu allen Staffelformen

- Nicht zu viele Teilnehmer pro Mannschaft, lieber mehr Mannschaften!
- Klare Ablöseregeln! Beispiele:

– Abschlagen mit der Hand (Variante: der Ablaufende greift um eine Fahnenstange),
– Übergeben eines Gegenstandes (Staffelstab, Zeitung, Ball, Karton)
– Überlaufen oder Berühren einer Markierung
– Überspringen oder Durchkriechen eines Hindernisses

- Sicherer und Ordnung schaffende Aufstellung:

– Aufstellung in Linie (großer Platzbedarf)
– Abmachung, dass die Staffel gewonnen hat, die am Schluss sauber in einer Reihe steht (sitzt),

- Bei Staffeln finden meistens mehrere Durchgänge statt. Es empfiehlt sich deshalb eine motivationsfördernde Punktewertung.

Kleine Staffeln

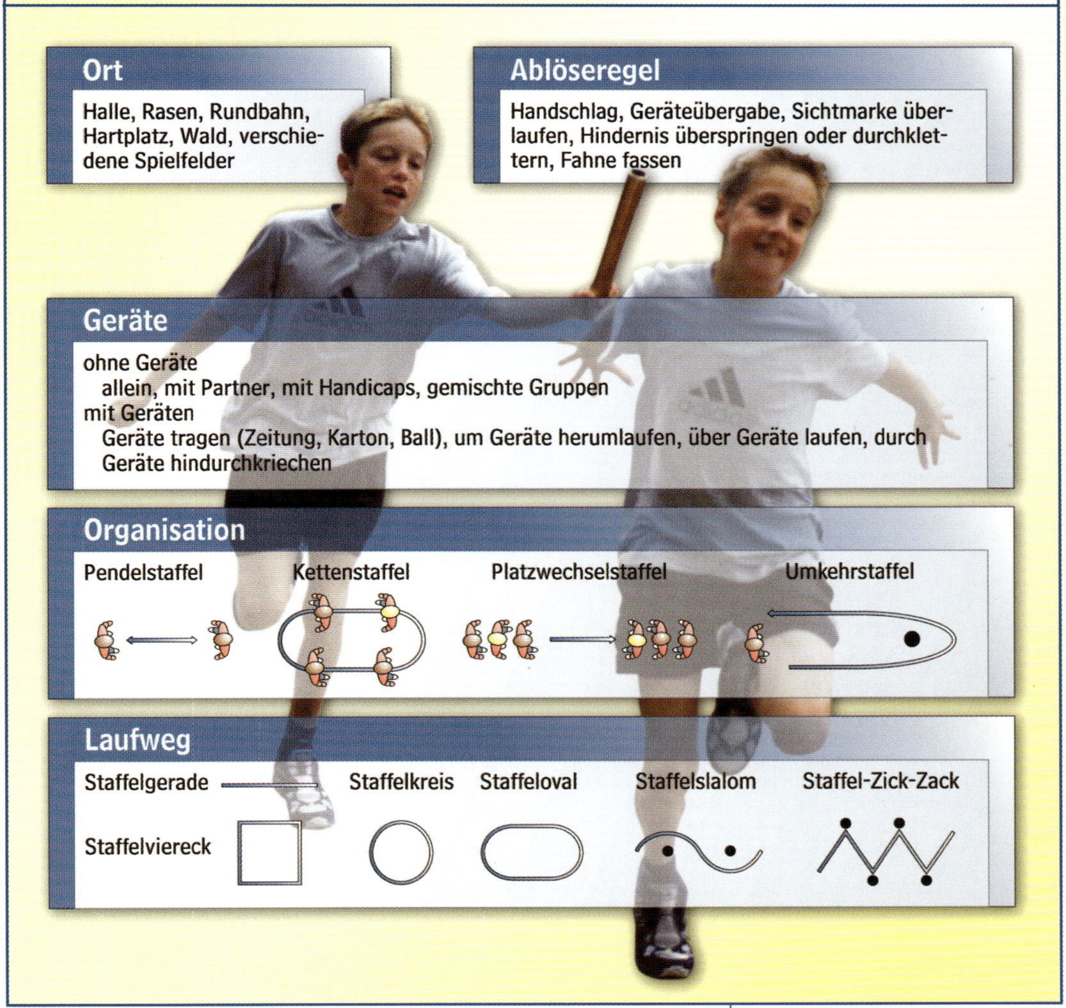

Hürdensprinten

Dieser Begriff verdeutlicht, dass es hier um das schnelle Laufen über Hindernisse und Hürden geht – eine der interessantesten und vielseitigsten Bewegungsformen der Leichtathletik.

3.2.5 Über Hindernisse sprinten

Beim Training dieses Bewegungsbereiches werden Sprintschnelligkeit, Rhythmusfähigkeit, Sprungkraft, Gewandtheit und Beweglichkeit entwickelt und gefördert. Da der Hürdensprint eine Schlüsseldisziplin in der Leichtathletik darstellt, müssen wir der Einführung dieser Bewegungsform im Nachwuchsbereich (etwa ab 8/9 Jahren) besondere Aufmerksamkeit schenken. Nicht eine strenge Trainingsform, sondern das spielerische Beschäftigen mit Hindernissen aller Art steht im Vordergrund. Das Übersprinten von Hindernissen hängt im Kindesalter ab von den folgenden Faktoren und ihren Wechselwirkungen:

- Gerätevorgaben (Hindernishöhe, Anordnung, Beschaffenheit, Attraktivität)
- Kognitive Voraussetzungen (Auffassung, Lern- und Konzentrationsfähigkeit, Flexibilität)
- Didaktisch/methodische Vorgaben (Situationsvielfalt, Zeitumfang, methodischer Aufbau, Information und Motivationshilfen seitens des Übungsleiters)
- Psychische Voraussetzungen (Motivation, Risikobereitschaft, Willensstärke, Beharrlichkeit)
- Konditionelle Voraussetzungen (Ausdauer, Schnelligkeit, Kraft, Beweglichkeit)
- Konstitutionelle Voraussetzungen (Körperhöhe/-gewicht, Beinlänge)
- Koordinative Fähigkeiten (Rhythmisierungs-, Orientierungs-, Gleichgewichts-, Reaktions- und Kopplungsfähigkeit)

Zielvorgaben

In der Fachliteratur finden wir viele verschiedene, mehr oder weniger geeignete Wege für Anfänger. Wir schlagen hier vor:

- *Im Vordergrund steht immer das rhythmische Sprinten über die Hindernisse! Die Hürdentechnik stellt sich erst im Laufe der Zeit als effektive Möglichkeit heraus, höhere Hindernisse zu bewältigen.*
- *Die Individualität der Kinder durch Differenzierung in den Abständen und Höhen berücksichtigen! Lauf über Hürden erst ab 10 Jahren!*
- *Angst vermeiden durch geeignete Hindernisse!*
- *Wettbewerbsformen erst nach Sicherheit im Rhythmus und in der Technik durchführen!*

Methodisches Grundwissen

Ein methodischer Weg zum Hürdenlauf sollte folgende Kriterien berücksichtigen:

- Im Vordergrund steht das vielfältige Übersprinten von Hindernissen mit schnellem Bodenkontakt nach dem Hindernis.
- Die besondere Technik des Hindernis- und Hürdensprintens ergibt sich zwingend aus der Tatsache, dass das Hindernis höher wird und dadurch nicht mehr im normalen Sprintschritt bewältigt werden kann.
- Die Hindernisse müssen so ausgewählt werden, dass sie ein möglichst gefahrloses Überqueren auch in hohem Tempo zulassen.
- Geräte und Übungsformen müssen einen hohen Aufforderungscharakter haben.

Beachte

Nur das Üben in vielfältigen Situationen führt zu echtem Erfolg und schafft ausreichend Flexibilität!

Geräte für das Sprinten über Hindernisse

- Für die Jüngeren bis ca. 8 Jahre vorrangig Schaumstoffbalken
- Für die Älteren ab ca. 10 Jahren nach entsprechender Vorbereitung auch Kinderhürden (verringerte Ausmaße)
- Kombinationen und Ausdehnung der Geräte je nach Könnenstand und Ziel
- Immer wieder neue Situationen schaffen

- Beim Erlernen der Hürdentechnik muss sich der Übungsleiter nach folgenden methodischen Grundsätzen richten:
  - Vom Leichten zum Schweren
  - Vom niedrigen zum hohen Hindernis
  - Vom langsamen zum schnellen Tempo
  - Vom Hindernissprint zum Hürdensprint

Bildreihe „Sprinten über Hindernisse"

• Ein zu schnelles Vorgehen ruft Schwierigkeiten hervor (Überspringen der Hürden, technische Fehler, Angst vor der Hürde), die später beim Training mit der Hürde selbst nur mit Mühe zu bewältigen sind. Deshalb: Ein „Weitergehen" in der methodischen Entwicklung setzt das Beherrschen der vorausgehenden Übungen voraus! Hürden (nur niedrigere Kinderhürden) sollten erst ab ca. 10 Jahren eingesetzt werden.

Methodik zum Erlernen des Hürdensprints

1. Übersprinten flacher Hindernisse in freier Folge

In einem abgesteckten Viereck (Hindernisgarten) sind Bananenkartons oder Schaumstoffbalken verteilt, die in zwangloser Form entweder alleine oder mit dem Partner überwunden werden. Im Vordergrund steht bei diesen Übungen das Überlaufen der Hindernisse ohne Zeitdruck (Gewöhnungs- und Sicherheitsaspekt). Als Fortsetzung lassen sich Wettbewerbe durchführen: z. B. möglichst viele oder eine bestimmte Anzahl von Hindernissen übersprinten.

2. Rhythmisches Übersprinten flacher Hindernisse

Reihen mit festen Abständen der Hindernisse werden rhythmisch überlaufen. Zunächst (bei Jüngeren ausschließlich) erfolgt das Üben mit Schaumstoffbalken, zuerst in langsamem Tempo zum Erfühlen des Rhythmus, dann in hohem Tempo.

Beachte

– hohes Tempo und schnelles Bodenfassen nach dem Hindernis
– über dem Hindernis kaum veränderte Schrittgestaltung – dies kann man hören! – Bahnen mit unterschiedlichen Abständen für unterschiedliche Voraussetzungen der Kinder)!

Variante

– Überlaufen flacher Hindernisse auch in Wettbewerbsformen

3. Überlaufen höherer Hindernisse

Nach Erlernen des Übergehens von Hindernissen wird nun der Hürdenschritt an der rhythmischen Kartonbahn erprobt, zunächst langsam, dann schneller.

Variante

– Rhythmuswechsel, beidseitige Ausführung.

Beachte

– hohe Knieführung beider Beine
– Schwungbein auch gebeugt – Ausschleudern ergibt sich mit der Zeit!
– Nachziehbein nach dem Hindernis wieder in gerade Sprintposition führen.

Das behutsame Heranführen an die Hürden (von flachen Hindernisse zu höheren Hürden) verringert das Verletzungsrisiko und beugt dem Entstehen einer „Angst vor dem Hindernis" vor.

4. Über hohe Hindernisse in Wettbewerbsform

Mit Bananenkartons lassen sich auch für unsere Jüngsten Wettkämpfe durchführen (z. B. 11 Meter Anlauf, 6 Meter Abstand). Vorher ist jedoch der Anlauf aus dem Hochstart oder mit dem Startblock einzuüben. Versuche zuerst über ein Hindernis durchführen, dann ein zweites sowie weitere hinzufügen.

Nach dem Überlaufen/-sprinten von kleinen Hindernissen wie z. B. Bananenkartons ist der nächste methodische Schritt der Wechsel vom hinführenden Trainingsgerät zur Kinderhürde.

5. Übergehen von Hürden

Ab einer bestimmten Höhe der Hindernisse ist die Durchführung des normalen Sprintschrittes nur schwer möglich.

– Übergehen des Hindernisses mit seitlichem Abspreizen des Nachziehbeines
– als Partnerübung (siehe Foto)

6. Hürdenhopser

Im Hopser wird direkt vor dem Hindernis das Schwungbein hochgerissen, der Unterschenkel nach vorne ausgeschleudert und der Fuß aktiv nach unten gedrückt. Das Nachziehbein wird aktiv zur Ausführung des nächsten Hopsers zuerst nach vorne oben und dann zum Boden geführt.

Varianten

– Hopser zuerst im Hindernisgarten
– Hopser im Einer- (Dreier-) Rhythmus
– mit wechselndem Rhythmus

7. Überlaufen von Kinderhürden

Als Ausgangspunkt nehmen wir drei auf die kurze Schmalseite gestellte Bananenkartons. Den mittleren Karton ersetzen wir dann durch eine Kinderhürde, zuerst bei einem, dann bei zwei Hindernissen usw.
Die beiden angestellten Kartons haben nur noch symbolischen Charakter. Schließlich setzen wir nur noch die Kinderhürden ein. Wir verwenden im weiteren Verlauf die Übungsformen, die wir vorher schon kennen gelernt haben.

3.2.6 Staffeln laufen

Bei vielen Sportfesten und Meisterschaften von Schülern und Jugendlichen bilden die Staffelwettbewerbe den Abschluss eines ereignisreichen Leichtathletiktages. Noch einmal werden alle Reserven mobilisiert, um den Staffelstab als Sieger durch das Ziel zu tragen. Neben strahlenden Gesichtern sieht man dann aber auch die ratlosen und enttäuschten Mienen der Teams, die durch verpatzte Wechsel alle Chancen vergeben haben. Was im Training wunderbar geklappt hatte, präsentierte sich im Wettkampf als wackliges Gebilde, dessen Gelingen mehr dem Zufall überlassen war.

Beachte

Das Übergeben des Stabes in vollem Lauf ist ein komplexes motorisches Gefüge und erfordert deshalb gut ausgebildete koordinative Fähigkeiten und ein hohes Maß an Übung.

Zielvorgaben

Spätestens beim Staffellauf über 4x50 Meter werden die Kinder mit dieser Bewegungsform konfrontiert. Schon vorher war der Staffelstab bei vielfältigen Wettspielen wie Pendel-, Umkehrstaffeln usw. im Spiel, doch erst bei der Rundenstaffeln treten die beiden Ausbildungsziele im Staffellauf deutlich hervor:

- *Die effektive Gestaltung der Annäherungsphase und des Ablaufverhalten der beteiligten Läufer: Übergabe in hoher Geschwindigkeit ohne langes Aufgeben des Sprintlaufes. Als Aufstellungsform kommt der gemischte Wechsel (der Stab wechselt nicht die Hand) in Frage.*
- *Die optimale Gestaltung der Stabübergabe in Form des Schubwechsels: Aus der Lauf-Armbewegung heraus wird die stabtragende Hand parallel zum Boden nach vorne geführt und der Stab in die Hand des Partners geschoben, dessen übernehmende Handfläche nach oben schaut. Beidseitig üben!*

Der korrekte Stabwechsel: Die Handfläche des übernehmenden Läufers (im Bild rechts) zeigt nach oben, sodass der übergebende Läufer den Stab sicher von oben in die Hand legen kann.

Bildreihe „Staffelwechsel"

3
2
1

9
8
7

Beachte

Die Kinder müssen beim Stabwechsel lernen, dass es keinen Sinn hat, verhalten wegzulaufen. Der Abstand der Sichtmarke zur Ablaufposition muss so gewählt werden, dass höchste Kraftentfaltung für beide Läufer notwendig ist. Insbesondere der ankommende Läufer darf nicht verkrampfen, wenn sein Partner frühzeitig wegläuft. – Durch viele Übungsläufe kann hier Vertrauen aufgebaut werden!

Methodische Hinweise

Vor allem für Anfänger ist es schwer zu begreifen, dass man zuerst „flüchten" muss, um dann den Stab zu bekommen. Daraus ergeben sich denn auch die typischen Fehler wie zu frühes, zu spätes oder zu langsames Loslaufen, Blick zurück auf den ankommenden Läufer oder Ablaufen mit fortwährendem Zurückhalten des Arms.

Für die Ausbildung ist es deshalb wichtig, das Ausbildungsziel 1 (An- und Ablaufverhalten) anfangs deutlicher zu gewichten. Dies schließt jedoch nicht aus, dass parallel dazu in langsamem Tempo die Stabübergabe geübt wird.

Nur die durch umfangreiches Üben automatisierten Bewegungsabläufe geben größtmögliche Sicherheit, auch bei hohem psychischem Druck den Wechsel effektiv zu vollziehen. Das Staffeltraining muss deshalb in verschiedenen Trainingssituationen eingebaut werden:

- im Aufwärmen, Auslaufen, Ausdauertraining oder Laufkoordinationstraining: Stabübergabe als Zusatzaufgabe
- im Stundenschwerpunkt: Wechseltraining als Hauptaufgabe
- im Schnelligkeitstraining: Wechseltraining als Trainingsmittel.

Staffellaufen

Schulen des An- und Ablaufverhaltens

- Fang- und Abwurfspiele mit den Elementen „Davonlaufen", „Nachlaufen", „Abschlagen" u.ä.
- Ablaufen nach optischer Signalgebung durch rollende Bälle u.ä.
- Fangen mit Sichtmarken
- Fangen und Treffen von Zielflächen

Schulen des Übergabevorganges

- Durcheinanderlaufen und Gegenstände (Tennisball, Stab) in verschiedene Variationen übergeben
- Geräteübergabe in verschiedenen Variationen mit Partner oder in der Gruppe auf verschiedenen Bahnen (Gerade, Kurve, Kreis, Oval, Zickzack...)

Schulen von Wechselvorgang und Staffellauf

- Übergabe von Tennisball oder Staffelstab mit Sichtmarke und Wechselraum
- Staffelläufe auf der Geraden, auch mit Umlaufmarke oder anderen Bahnformen
- Wettkampfähnlicher Staffellauf mit verkürzten Streckenabschnitten
- Testläufe über die Wettkampfdistanz

Kleine Methodik des Staffellaufens

Üben der Stabübergabe

1. Im Feld durcheinander laufen und bei jeder Begegnung Geräte wie Tennisbälle, Staffelstäbe usw. übergeben.
2. Die Partner gehen/laufen hintereinander her. Der vordere führt eine Hand zurück, der hintere legt das Gerät hinein.
3. Wie 2., nur dass der Vordere die Hand auf Zuruf zurückführt. – Beidseitig üben!
4. Übergabe als Endlosschleife in der Gruppe: Der letzte Läufer in der Reihe übergibt das Gerät und sprintet nach vorn.

Ablaufen und Fangen mit Sichtmarken

Schnell auf optische Signale reagieren:

– Der Übungsleiter rollt einen Ball. Sobald dieser eine Linie überquert, sprinten die Kinder los.

– Aufstellung in zwei Reihen. Sobald die zweite Reihe eine Linie überläuft, sprintet die erste los (Bild).

– Beim Abschlagen nutzt der Fänger nur bestimmte Körperstellen. Endform: Der Fänger ruft ein Kommando, worauf der Gejagte die Hand nach hinten hebt (das Ziel).

Staffelwechsel mit Sichtmarke und Wechselraum

Die folgenden Übungen konzentrieren sich auf den Wechsel in vollem Tempo:

– Wechsel mit Sichtmarke als Ablaufmarkierung und Zuruf des Ankommenden zur Stabübergabe.

– Zonenwechsel: Der Stab muss zusätzlich zur Vorübung in einer festgelegten Zone (3 bis 5 m) übergeben werden.

– Üben auf verschiedenen Laufwegen, auch als Endlosstaffel auf der Rundbahn.

4 Springen

In die Weite springen

Das „In-die-Weite-Springen" ist ein recht einfacher Bewegungsablauf, der, falls man sich nur auf ihn beschränkt, wenig Raum zur Schulung koordinativer Fähigkeiten bietet. Erst die Veränderung der Sprungsituation durch besondere Aufgabenstellungen und Geräte erweitert den motorischen Erfahrungsbereich und schult die koordinativen Fähigkeiten.

4.1 In die Weite springen

4.1.1 Zielvorgaben „In die Weite springen"

Im gesamten Bereich „In die Weite springen" sollen die Kinder folgende Bewegungsziele realisieren:

- *über verschieden hohe und lange Hindernisse springen können*
- *in Zonen hineinspringen können*
- *von erhöhten Absprungstellen hinausspringen können*
- *hoch-weit-springen können*
- *verschiedene Sprungformen (Hopserlauf, Schrittsprung, Steigesprung, Drehsprung ...) ausführen können*
- *in Tempovariationen anlaufen und springen können*
- *aus verschiedenen Anlauflängen abspringen können.*

Bildreihe „Schrittweitsprung-Technik" (mit Treffen einer Zielfläche)

Von Beginn an verwenden die Kinder in mehr oder minder guter Ausprägung die Hocksprung- oder manche auch schon die Schrittweitsprungtechnik. Letztere ist die Zieltechnik für die Kinderleichtathletik. Für andere Ausführungsmöglichkeiten fehlen noch die konditionellen Voraussetzungen.
Die Sprungweite wird entscheidend von der Anlaufgeschwindigkeit beeinflusst. Kinder erzielen jedoch ihre Sprungleistung meist mit einem kürzeren, weniger schnellen Anlauf, da sie die Geschwindigkeit aufgrund des noch ungenügend ausgebildeten konditionellen und koordinativen Potenzials in der Absprungsituation meist nicht in die entsprechende Weite umsetzen können. Aus dem gleichen Grund können wir auch eine Unsicherheit im Gleichgewichthalten und ein noch wenig elastisches Landen beobachten.

Beachte
Auf eine strenge Methodik wird bei den Kindern verzichtet. Durch die jeweilige Aufgabenstellung und den gezielten Einsatz von Hilfsmitteln wird eine kindgemäße Weitsprungtechnik erarbeitet.

Die Schrittweitsprung-Technik ist eine relativ einfache Technik und soll bei den Kindern folgende Merkmale haben (siehe Bildreihe):

- gleichmäßig gesteigerter Anlauf
- beim Absprung guter (deutlich sichtbarer) Einsatz des Schwungbeines
- Oberschenkel bis zur Waagerechten
- Sprungbein zeigt lange gestreckt zum Absprungpunkt zurück
- Oberkörper aufrecht
- Fußstellung bei der Landung parallel

4.1.2 Methodische Hinweise

Lern- und Übungssituationen erhalten in dieser Altersstufe durch folgende Kriterien den Charakter einer Spielsituation und die Möglichkeit, die koordinativen Fähigkeiten umfassend zu schulen:

- Springen in rhythmischen Folgen
- Erleben des Flugerlebnisses durch erhöhte Absprungstellen
- Erlebnis der Spannung beim Überspringen von Hindernissen (Kartons, Gräben, Bänder usw.)
- Verändern von Aufgabenstellungen – Erleben neuer Bewegungsvarianten
- Einbau von Zielbereichen beim Landen
- Erleben einer Wettbewerbssituation durch Erhöhen der Schwierigkeiten, durch Einbau von Mannschaftsaufgaben
- Vielfältige Situationen motivieren zum Springen, nicht die mit dem Maßband gemessene Weite!

Beachte
Organisatorische Maßnahmen müssen gleichzeitig die Übungseffektivität und die Sicherheit der Kinder gewährleisten!

4.1.3 Organisatorische Hinweise

Achte auf die Sicherheit!

Die benutzten Anlagen sind grundsätzlich daraufhin zu überprüfen, dass sie sicher benutzt werden können. Folgende Bereiche sind zu beachten:

- Anlaufbahn/-fläche: trocken (besonders bei Kunststoff und Rasen), sandfrei, ohne Schäden?
- Absprungbalken: ohne Risse und Schäden, ohne Unebenheiten, gleiches Höhenniveau wie der Anlaufbelag, trocken und sandfrei?
- Sprunggrube: bis zum Rand mit Sand gefüllt, regelmäßig erneuert, Landungsbereich frisch umgegraben und nach wenigen Sprüngen eingeebnet, keine Verunreinigungen (Scherben, Steine usw.), Harke sicher abgelegt?

Achte auf die Übungseffektivität!

- Mehrere kleine statt einer großen Übungsgruppe einteilen.
- Weitsprunggrube auch von der Seite benutzen. So können mehrere Gruppen parallel springen. Vom Rasen kann auch barfuß abgesprungen werden, dies schult das Sprunggefühl und kräftigt die Fußmuskulatur.
- Genügend Geräte zur Verfügung stellen.
- Vielfalt in der Sprungauswahl!
- Sprunggrube nur nach vorn bzw. zur Seite verlassen.
- Sand nicht auf dem Anlaufbelag „abladen".

4.1.4 Praktische Umsetzung

Übungskreis für allgemeine Anlauf-Absprung-Übungen

Die Kinder springen in verschiedenen Situationen über oder auf ein Hindernis und verbinden dabei flüssig Anlauf und Absprung. Geräte dafür können sein: Gräben, Bodenmatten, Kartons, Reivo-Bänder, Langbänke, Kleine Kästen, Schaumstoffblöcke und -balken, Hochsprungmatte, Medizinbälle, kleine Kinderhürden, Markierungshütchen und vieles mehr.

Die folgenden Übungen finden im „Sprunggarten" statt. Er besteht aus vier aneinandergereihten Quadraten mit einer Seitenlänge von 6 m. Die Ecken werden durch Fahnenstangen gebildet, die mit Baustellenband, Zauberschnüren oder Reivo-Bändern in einer Höhe von etwa 30 cm verbunden werden. So bieten sich vielfältige Möglichkeiten, Sprungformen zu variieren und zu festigen. Auch große Gruppen sind kein Hindernis. Letztlich lässt sich der Sprunggarten durch Einsatz weiterer Geräte wie Kartons weiter ausbauen.

Übungskatalog: In die Weite springen

Übungskreis 1: Anlauf-Absprung-Schulung

Der Sprunggarten

Der Sprunggarten bietet vielfältige Möglichkeiten. Am einfachsten ist es, die Längsbahn zu durchlaufen und die Bänder zu überspringen. Daneben sind viele Slalomstrecken und Kombinationen mit den Querbahnen möglich (s. unten). Variationen bieten unterschiedliche Vorgaben wie z.B. auf dem Sprung-, Schwungbein oder beidbeinig landen, Partnerläufe. Zusätzlich können weitere Geräte eingebaut werden.

Laufwege im Sprunggarten

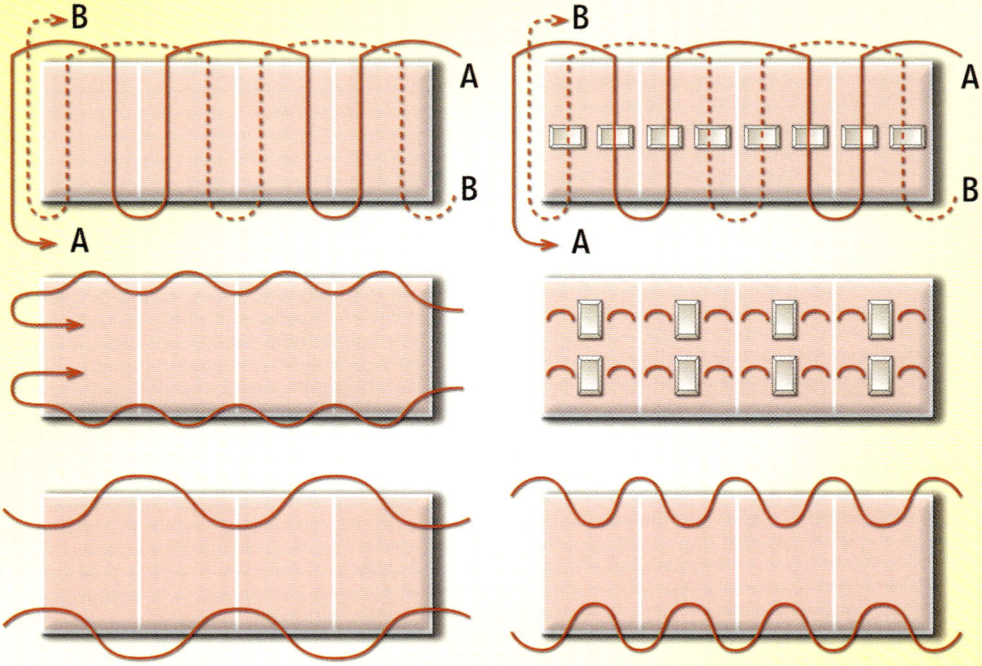

Übungskreis 2: Weitenorientierte Sprünge

1. Sprung über Bananenkartons

Weitsprungübungen haben besonders dann einen hohen Aufforderungscharakter, wenn beim Springen ein Hindernis überwunden werden soll. Besonders eignen sich Bananenkartons, die aneinandergereiht oder auch übereinandergestapelt werden. Aus Sicherheitsgründen wird der letzte Karton mit der Öffnung nach oben hingelegt. Der Absprung erfolgt aus einem alten Fahrradreifen.

Differenzierende Varianten

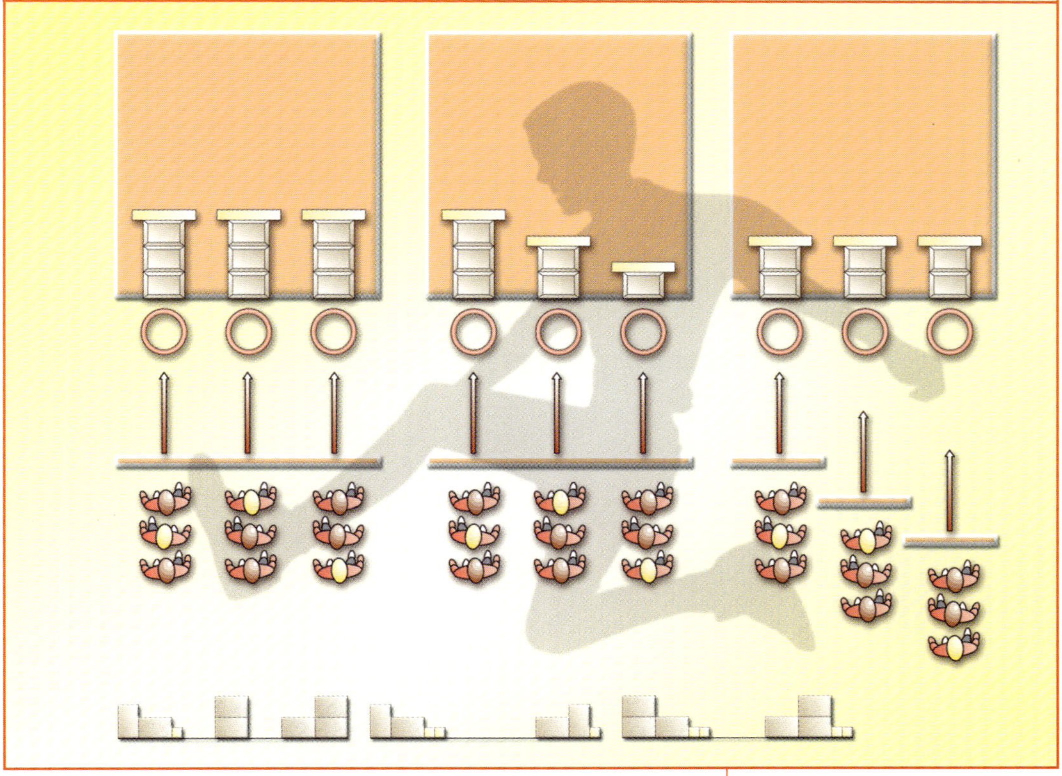

Übungskreis 2: Weitenorientierte Sprünge

2. Rhythmisches Springen ...

Die Übung ist ähnlich wie die vorhergehende. Allerdings werden auf der Anlaufbahn mehrere weitere Kartons (einzeln) oder ähnliches ausgelegt, die rhythmisch mit einem Steigesprung übersprungen werden, bevor es wie in der Vorübung aus dem Reifen über den Kartonberg in die Sprunggrube geht.

Übungskreis 2: Weitenorientierte Sprünge

3. Springen über Reivo-Bänder

Anstelle der Kartons setzen wir hier quergespannte Reivo-Bänder ein (breite elastische Bänder mit Klettverschluss).

Varianten:

- ein einzelnes Band
- zwei Bänder gleich hoch hintereinander
- drei Bänder hintereinander, das mittlere ist etwas höher als die beiden anderen.

Übungskreis 2: Weitenorientierte Sprünge

4. Das wandernde Band

Mit dieser Übung versuchen die Kinder, eine gute Landung zu erreichen. Wie in den Vorübungen springen sie über ein gespanntes Band. Mit jedem Durchgang wird dieses um 20 cm nach vorne versetzt.

Varianten

- mehrere Bänder sind im Abstand von 30 cm hintereinander gespannt, so dass sich Weitenzonen ergeben
- die Bänder in der Höhe variieren

Übungskreis 2: Weitenorientierte Sprünge

5. Zielspringen

Wer kann genau in einem im Sand liegenden Reifen landen?
Nach einem gelungenen Sprung wandert der Reifen um eine halbe Länge weiter.

Alternative

– auf parallelen Anlagen werden entsprechend versetzt angeordnete Reifen ausgelegt, sodass sich jeweils unterschiedliche Weiten ergeben.

Übungskreis 3: Flugerlebnisse

Mit erhöhtem Absprung

Wir probieren Abenteuersprünge von einer erhöhten Stelle aus (Sprungbrett, Kastentreppe), auch über größere Hindernisse wie die Schaumstoffkeile im Bild. Auch Zusatzaufgaben für den Flug sind möglich. Die Übungen vermitteln Flugerlebnisse und schulen die Sprunggewandtheit, haben aber mit der Weitsprungmethodik weniger zu tun. Sie stehen meist am freudvollen Abschluss einer Übungseinheit.

Übungskreis 4: Erlernen des Schrittweitsprungs

Halten des Schwungbeins

Bauen Sie Kartons stufenartig auf; die Kinder springen dann mit konkreten Aufgaben:
1. „Halte das Schwungbein so lange oben, bis du die Kartons überwunden hast!"
2. „Dann erst ziehst du das Absprungbein nach und landest mit beiden Füßen parallel in der Grube!"

Das Hindernis kann in der Länge ausgedehnt werden, sodass sich eine Bewegungsintensivierung ergibt. Zuerst mit kürzerem, dann mit längerem Anlauf üben!

Übungskreis 5: Anlauf/Absprung

1. Orientierung im Raum

Eine Kunst des Weitspringens ist es, am rechten Ort den Anlauf in den Sprung überzuleiten. Dazu muss zuerst die Raumorientierung geübt werden: Die Kinder laufen durcheinander und treten abwechselnd mit dem linken/rechten Fuß auf Teppichplatten.

Alternative

Genau in einem Graben aus Sprungseilen oder über einen Schaumstoffbalken springen. Wichtig: Laufrhythmus nur geringfügig ändern, keine großen Korrekturen!

Anlaufübungen

1. Wir versuchen, von einer bestimmten Ablaufmarke (7-10 m) von einer Teppichplatte Fahrradreifen) in die Grube zu springen.
2. Wir legen eine zweite Platte hinzu und versuchen, die beiden letzten Kontakte auf die Plättchen zu setzen.
3. Wir erweitern die Plattenreihe.
4. Wir nehmen eine Platte heraus.
5. Wir nehmen jede zweite Platte heraus.

Übungskreis 5: Anlauf/Absprung

2. Anlaufübungen

Ziel ist es, Teppichplatten auf der Anlaufbahn zu treffen (oder Fahrradreifen) und in die Grube zu springen:

Der systematische Aufbau immer schwieriger werdender Übungen wird in der Abbildung auf der Seite zuvor dargestellt.

Erst eine Vielzahl solcher Treffübungen, verbunden mit einer zielorientierten Laufschulung, führt zu einem kontinuierlichen Anlauf!

6. Wir nehmen zwei Platten hintereinander heraus.

7. Der drittletzte Schritt erfolgt über eine Markierung.

8. Der 11.-/9.-/7.-/5.-/3.-letzte Schritt erfolgt über eine Markierung.

9. Wie zuvor, über Schaumstoffbalken

10. Es gibt nur noch eine Ablaufmarkierung.

4.2 In die Höhe springen

4.2.1 Zielvorgaben „In die Höhe springen"

Im Handlungsfeld „In die Höhe springen" sollen die Kinder

- *über Hindernisse (Bänder, Kartons, Latten) springen können*
- *mit verschiedenen Sprungtechniken (Schere, Hocke, Roller, Wälzer, Flop ...) springen können*
- *mit Absprunghilfen (Brett, Keil, Kastenoberteil) springen können*
- *aus verschiedenen Anlauflängen springen können*
- *aus verschiedenen Richtungen (gerade, schräg) springen können*
- *den Flop als weiterführende Zieltechnik kindgemäß beherrschen.*

Verfolgen wir die motorischen Entwicklung der Kinder, so stellen wir fest, dass es ihnen im Alter von 7 bis 9 Jahren leichter fällt, in die Weite zu springen. Anders als der Weit- muss der Hochspringer die Geschwindigkeit aus dem Anlauf viel stärker umlenken, um Höhe zu erreichen. Deshalb beschränken wir uns in dieser Entwicklungsphase auf das Sammeln von Sprungerfahrungen beim Überqueren niedriger Hindernisse oder beim Aufspringen auf niedere Geräte. Ein breites Fundament an Bewegungserfahrungen erleichtert das Aneignen neuer Techniken und kommt der späteren Formung der Floptechnik entgegen.

Die wichtigste Aufgabe der Kinderleichtathletik besteht im Aufbau koordinativer Fähigkeiten, deshalb gilt der Vielfalt des Springens

- mit verschiedenen Bewegungsabläufen
- mit verschiedenen Intentionen

unser Hauptaugenmerk.

Zwar sollte bis zum 11. Lebensjahr der Flop in einer kindgemäßen Ausprägung das Hauptziel sein. Doch

Erlebnis Hochsprung

„Flugerlebnisse" machen den eigentlichen Reiz des Springens aus und kommen der Abenteuerlust der Kinder im Alter von 7 bis 9 Jahren besonders entgegen. „Schaffe ich diese Höhe?" – diese Frage ist charakteristisch für den Hochsprung und verleiht ihm den besonderen Reiz. Gelingt es dem Übungsleiter dann auch noch, durch vielseitige Aufgabenstellungen die Fähigkeiten der Kinder herauszufordern, wird der Hochsprung zu einer Disziplin, die einen besonders hohen Aufforderungscharakter hat.

Bildreihe „Floptechnik“

das Üben alternativer, auch alter, Techniken entwickelt Sprunggewandtheit und Flexibilität und darf deshalb im Hinblick auf das Hauptziel der Kinderleichtathletik nicht vernachlässigt werden. Auf eine perfekte – aber doch richtige – Ausführung alternativer Techniken sollte dabei verzichtet werden, um nicht das Erlernen und Ausführen von Zieltechniken zu behindern. So kann sich beispielsweise das Einschleifen eines gestreckten Schwungbeines beim Straddle nachteilig auf die gebeugte Schwungbeinführung beim Flop auswirken.

Im Technikerwerb der Floptechnik geht es darum, zum einen das Grobgerüst der Technik zu vermitteln und zum anderen Spielräume für individuelle Ausprägungen der Technik offenzuhalten. Unverzichtbare Elemente einer kindgemäßen Realisierung sind

- der Anlauf mit optimaler Geschwindigkeit, Konstanz von Schrittlänge und Kurvenverlauf
- die Absprungvorbereitung mit allmählichem Aufrichten und Überführen in die Sprungauslage
- der Absprung mit energischem Sprung in die Höhe mit Kopplung der Rotationen
- der Flug/die Landung mit guter Überstreckung und passendem Timing.

4.2.2 Methodische Überlegungen

Ausgangspunkt des Bewegungslernens ist die Entwicklung einer Bewegungsvorstellung beim Lernenden. Wichtige Hilfsmittel sind das Beobachten von Vorbildern und – parallel oder anschließend – die Bewegungsbeschreibung. Dadurch nimmt der Lernende die Bewegung in bzw. aus der Außensicht wahr. Durch baldiges Üben kann der Schüler eine erste Innensicht der Bewegung entwickeln, die durch gezielte Bewegungsanweisungen und Situationsgestaltung des Übungsleiters verfeinert wird. Dadurch wird eine erste Bewegungswahrnehmung, -korrektur und -steuerung ermöglicht.
Wie schon erwähnt, wird der Schwerpunkt im Alter von 7 bis 9 Jahren hauptsächlich in der Entwicklung von Sprungerfahrungen liegen. Wir bewältigen verschieden hohe Hindernisse mit verschiedenen Lösungsmöglichkeiten, wobei sich der Hock-, Roll- und Schersprung als Möglichkeiten anbieten. Im weiteren Verlauf rücken neben der Fortführung der Sprungerfahrungen in anspruchsvolleren Situationen die Sprungtechniken und vor allem die Erarbeitung der Zieltechnik Flop in den Vordergrund.

Beachte
Kinder wollen nicht stehen, sondern aktiv sein! Eine gute Stundenplanung und ein wenig Kreativität schaffen die Voraussetzungen.

4.2.3 Organisatorische Hinweise

Übungseffektivität

Meist ist das Training an der Hochsprunganlage insbesondere bei größeren Gruppen von geringer Aktivität gekennzeichnet. Zu beiden Seiten stehen zwei Reihen von Kindern an, die nacheinander versuchen, die aufgelegte Höhe zu bewältigen. So entstehen zwischen den Versuchen oft lange Wartezeiten. Je nach Übungsform und dem passenden Aufbau haben wir folgende Möglichkeiten:

- Der einfachste Weg ist, eine Großgruppe in zwei kleinere aufzuteilen und an verschiedenen Stationen zu beschäftigen (z. B. eine Gruppe Hoch, eine Gruppe Ballwurf. Oder: zusätzliche Sprungbahnen).
- Grundübungen im Sprunggarten (siehe Kapitel „In die Weite springen"), mit Bodenmatten und Bananenkartons (in diesem Kapitel) oder über zwei in der Halle längs gespannte Reivo-Bänder.

Hochspringen am Doppelkreis

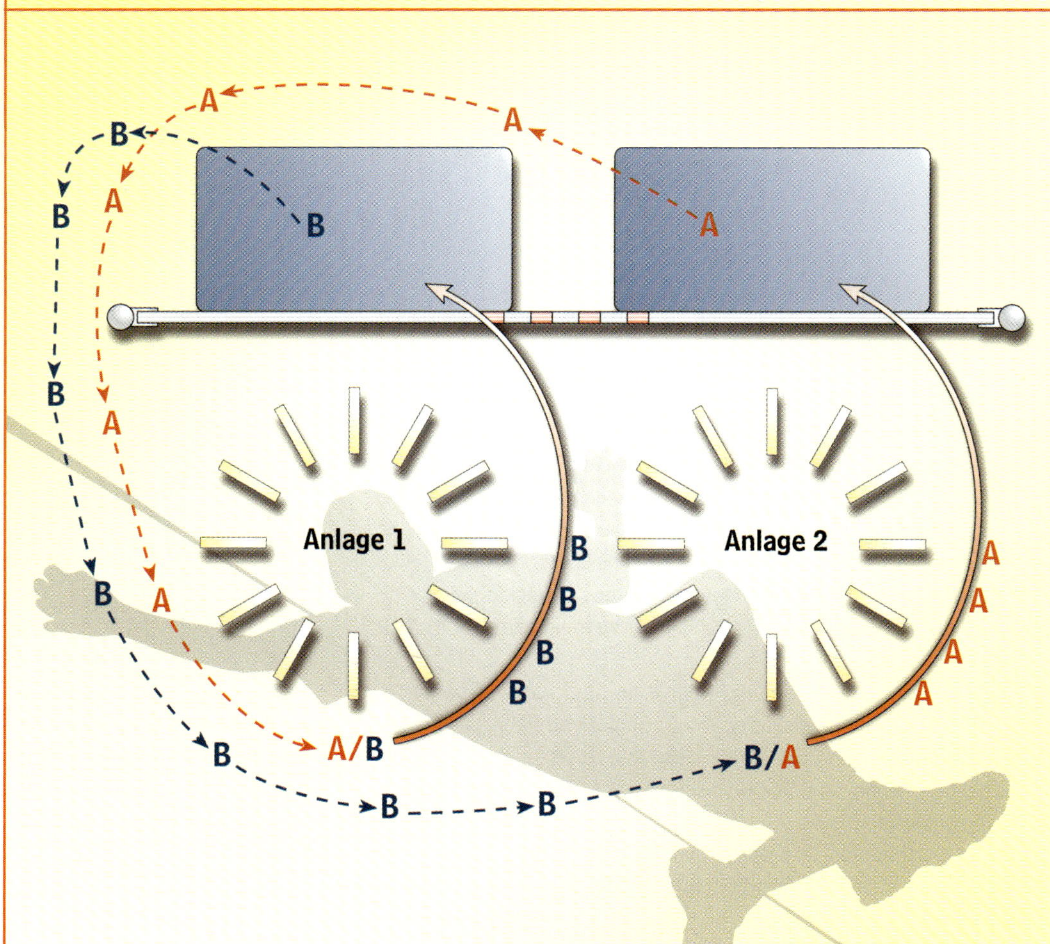

• Grundsprünge und alte Techniken an einer Weitsprunggrube: In die Ecken einer Querseite lassen sich zwei Fahnenstangen einschlagen, an der Längsseite zwei weitere. Mit dazwischen gespannten Reivo-Bändern können bis zu drei Gruppen gleichzeitig beschäftigt werden.
Eine gute Möglichkeit ist auch das unten dargestellte Hochspringen am Doppelkreis (zwei Anlagen). Wer an der ersten Anlage gesprungen ist, läuft auf dem vorgegebenen Weg zum Anlauf für die andere Anlage und führt dort seinen nächsten Sprung aus. Die meisten Übungen sind auf diese Art durchführbar.

Zum Thema „Sicherheit im Hochsprung" beachten Sie die Abbildung auf der folgenden Doppelseite.

Erlernen der Flop-Technik

Sicherheit im Hochsprung

Möglichkeiten:

1. Reivoband: In der Halle an Volleyballständern befestigen – bei beweglichen Ständern nicht einsetzbar, da sie bei Zug umkippen.
2. Zacharias-Latte: In der Halle und im Freien einsetzbar

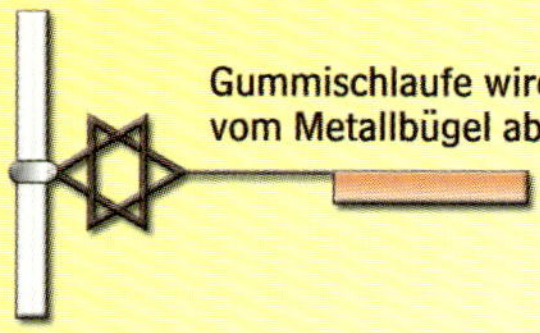

3. Bei Latteneinsatz empfiehlt sich Halterung mit Umlenkbügel.
4. Bei unterschiedlichem Leistungsniveau Lattentreppe benutzen!

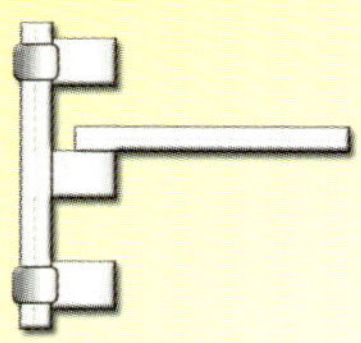

Bei Anfängern keine starre Latte nehmen. Dafür Reivoband, Zacharias-Latte (auch aufblasbar), Baustellenband mit Hosengummis an der Seite, Gummischnur mit kleinen farbigen Bändchen. Erst nach sicherem Beherrschen des Bewegungsablaufs Rundlatte benutzen! Bänder, die keinen Auslösemechanismus haben (siehe li o.), aber sehr dehnbar sind, können nur an fest arretierten Ständern befestigt werden.

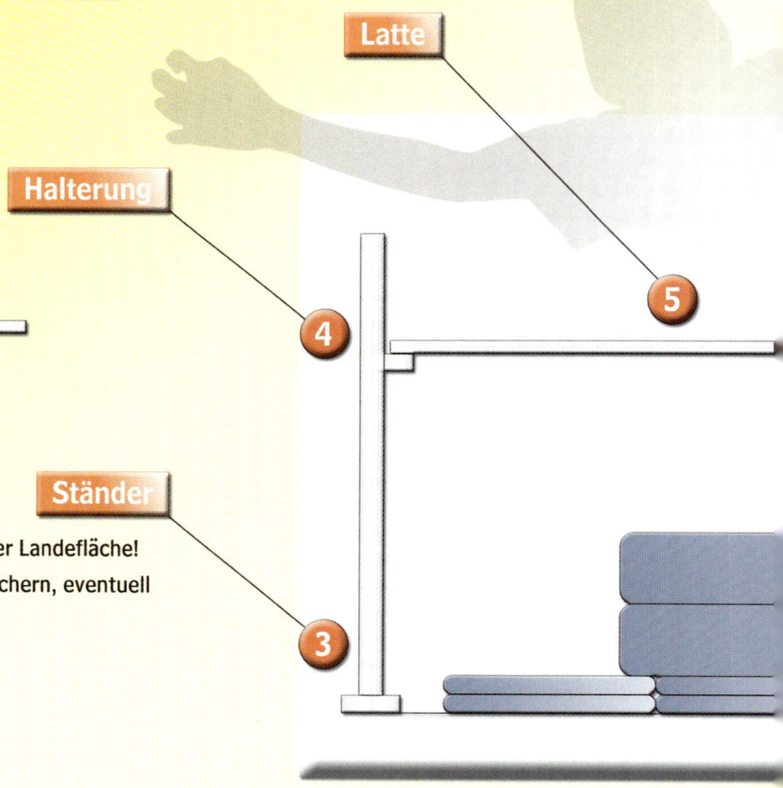

1. Genügender Abstand von der Landefläche!
2. Ständer gegen Umkippen sichern, eventuell Ständerfuß beschweren!

Kurve 7

Kurve einzeichnen oder mit Reivoplättchen bzw. Bierdeckeln kennzeichnen. Wichtig, damit die Kinder die Kurve nicht schneiden oder zu weit auslaufen und dadurch an einer falschen Stelle abspringen!

Allgemeine Sicherheitshinweise:

1. Nach dem Sprung Matte sofort verlassen und seitlich zurückgehen.
2. Zuerst springen alle Springer der einen Seite, dann die der anderen Seite!
3. Zwischen den Versuchen, Springer mit sinnvollen Zusatzaufgaben beschäftigen (Disziplin!)

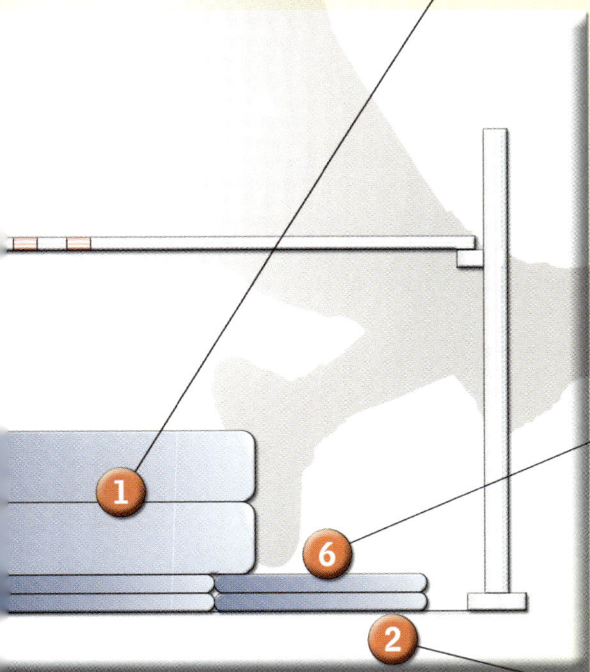

Matte

Beim Flopspringen ist eine erhöhte Landefläche erforderlich.
Erforderlich: 2 Weichböden oder 1 Weichboden mit entsprechend hohem Unterbau.
Alte Weichböden sind gut geeignet. Neue Weichböden nach DIN-Norm sind zu hart für den Flop.
Abhilfe: Alte Schaumstoffmatratzen
Am besten aber: spezielle Hochsprungmatte!
Bei den übrigen Sprungtechniken genügt ein Weichboden. Hier jedoch Vorsicht bei alten Matten! Umknickgefahr! Eventuell Bodenmatte darüber legen.
Beim Springen in eine Sandgrube auf lockeren Untergrund achten!

Sicherung

Bei Weichboden unbedingt an der Seite und dahinter Bodenmatten (im Freien Schaumstoffballen oder alte Matratzen) als Sicherung

Unterbau

Im Freien liegt die Matte meist auf einem Rost. Acht geben, dass der Springer bei einem eventuellen Rutschen beim Absprung nicht mit dem Fuß unter den Rost gerät (Abdeckung!)!
In der Halle empfiehlt es sich, unter den Weichboden rutschfeste Bodenmatten zu legen, damit der Weichboden nicht so leicht wegrutschen kann.

Absprungfläche – 8

Die Absprungfläche sollte trocken und frei von Sand sein. Rutschgefahr!

Übungskatalog: In die Höhe springen

1. Sprungerfahrungen sammeln

Aufspringen

Die Kinder springen mit einem Bein ab und landen ein-/beidbeinig auf geeigneten Geräten: Mattenstapel, kleine oder große Kästen usw. sowie Kombinationen daraus. Für eine hohe Übungsintensität mit Aufforderungscharakter bieten sich rhythmische Bahnen oder mehrere Anlagen und ein Springen im Fluss (von Anlage zu Anlage weiterlaufen) an. Die Sprunghöhen passen sich dem Können der Kinder an. Auch Bahnen, die mehrere Sprunghöhen kombinieren, bieten sich an. Beidseitig üben!

Überspringen

Der Ablauf gleicht den Übungen des Aufspringens. Nur werden hier die Hindernisse übersprungen. Als Geräte bieten sich insbesondere auch Kartons an. Sie lassen sich gut unterschiedlich hoch aufstellen oder sogar stapeln. So wird ein angemessenes Erhöhen der Hindernisse erleichtert, ohne die Aspekte der Sicherheit oder aufkommender Angst zu vernachlässigen.
Beidseitig üben!

2. Technikelemente

Grundsprünge frontal

Neben der Sprunggewandtheit sollen technische Elemente, insbesondere des Absprungs, geschult werden. Geräteaufbau: zwei Bodenmatten hintereinander, davor zwei Bananenkartons oder Schaumstoffbalken. Der Anlauf erfolgt geradlinig.

– Anlauf - Absprung - Hocksprung - beidbeinige Landung
– Anlauf - Absprung - Steigesprung - Landung auf dem Schwungbein
– Anlauf - Absprung - Vierteldrehung zur Sprungbeinseite - beidbeinige Landung
– wie zuvor, mit halber oder ganzer Drehung.

Beidseitig üben!

Bei Landungen mit den Füßen auf der Matte ist die Gefahr des Umknickens nur dann gegeben, wenn die Kinder mit hängendem Fuß landen. Geben Sie den Kindern Anweisungen, die Fußspitze anzuziehen!

Grundsprünge schräg

Jetzt befinden sich die Kartons an der Längsseite der Matten, der Anlauf erfolgt schräg von der Seite.
Die vorher genannten Übungen sind hier entsprechend möglich. Später ist auch ein bogenförmiger Anlauf möglich.
Beidseitig üben!

3. „Alte“ Techniken

Scher-, Hocksprung

Ausgehend von den Grundübungen können „alte" Sprungtechniken auch an der Hochsprunganlage geübt werden. Dazu gehören der Hocksprung (gerader Anlauf, einbeiniger Absprung, beidbeinige Landung), der Steigesprung (gerader oder schräger Anlauf – Absprung – Landung auf dem Schwungbein) und der Rollsprung (schräger Anlauf, Parallellage über der Latte, Landung auf dem Sprungbein und beiden Händen). Im Foto wird der Schersprung gezeigt: schräger oder bogenförmiger Anlauf, Absprung mit dem lattenfernen Bein, gestreckte oder gebeugte Schwungbeinführung, Scherbewegung der Beine über der Latte mit leicht vorgebeugtem Oberkörper, Landung auf dem Schwungbein.

Wälzer; Schritt 1: Vorübung „Charlie Chaplin“

- gerader oder schräger Anlauf
- Drehsprung auf die Matte (mit dem nahen Bein)
- Die Landung erfolgt als „Charlie-Chaplin-Landung": Beine leicht gebeugt, Fußspitzen und Knie zeigen nach außen.

Beachten Sie beim Erlernen des Flopsprunges: Auf das Erlernen der Grundtechniken ist großen Wert zu legen, da hier die wichtigen Faktoren Anlauf – Absprung – Steigen betont werden. Die nächste Übung

Wälzer; Schritt 2: Vorübung „Fiffi 1“

Der Ablauf ist ähnlich wie bei der Charlie-Chaplin-Übung. Die Landung erfolgt allerdings einbeinig auf dem Schwungbein, das Sprungbein/Nachziehbein wird zur Landung ausgedreht („Fiffi“-Stellung).
Als Hilfe ist es möglich, den Sportschuh des Schwungbeines zur Unterscheidung auszuziehen.

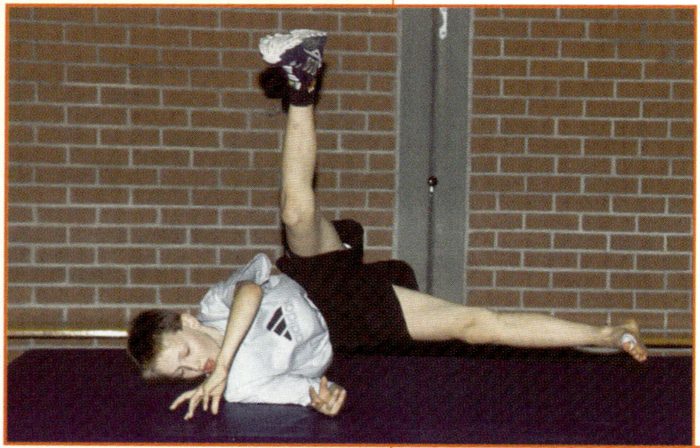

Wälzer; Schritt 3: Vorübung „Fiffi 2“

Ablauf wie bei „Fiffi 1“. Unmittelbar nach der Landung (mit fortschreitendem Können gleichzeitig) greift die Hand auf der Schwungbeinseite schnell nach unten, der Körper rollt über die gleiche Seite ab.

Wälzer; Schritt 4

– Anlauf wie bei der vorherigen Übung
– Absprung mit gebeugtem Schwungbein und Drehsprung über das schräg gespannte Reivo-Band
– fast gleichzeitiges Landen auf Schwungbein und Hand mit Abrollen

Nach Festigung des Bewegungsablaufes kann das Band waagerecht gespannt werden. Es wird später durch die Latte (Bild) ersetzt.

folgt erst, wenn die vorhergehende beherrscht wird. Die Sicherheit ist immer zu beachten: geradliniges Setzen des Sprungbeins, Nutzen einer Sprunglatte erst, wenn die Technik sicher beherrscht wird.

4. Erlernen des Flops

1. Steigesprünge auf die Matte

Sprünge aus geradem Anlauf:
- zügiger Anlauf (Anlauflänge 7 Gehschritte = 5 Laufschritte, hohe Knieführung
- Absprung (Fuß in Laufrichtung) mit schnellem Schwungbeineinsatz
- Absenken des Schwungbeines zur Landung und weiterlaufen

Danach können auch Sprünge aus kurvenförmigem Anlauf erfolgen! Vorbereitend sollten Sie Kurven-Laufübungen durchführen.

2. Bandparallele Floplandung

Kurvenförmiger Anlauf und Absprung wie in Übung 1. Dann:
- Langes Nachdrücken des Sprungbeines
- Im Flug die Beine nach vorne nehmen
- Landung erfolgt im Sitz
- Später erfolgt dann die Floplandung auf dem Rücken, parallel zum gespannten Band

Tipp: bei harten Weichböden eine Schaumstoffmatratze auflegen (s. Bild)!

3. Drehsprung/ Gesamtbewegung

Zur Vorbereitung sollten Sie Steigesprünge und Drehsprünge auf Kästen (beidbeinige Landung) mit anschließenden leichtem Absprung und Landung auf dem Rücken durchführen.

Danach erfolgt aus kurvenförmigem Anlauf und Absprung die Gesamtbewegung mit der Floplandung auf dem Rücken etwa rechtwinklig zum Band.

4.3 Mehrfach springen

Mehrfachsprünge
Mehrfachsprünge sind mehrere Sprünge hintereinander im Stand oder in der Vorwärtsbewegung ohne Pause.

4.3.1 Zielvorgaben

Alle Mehrfachsprünge sollen als „schnelle" Sprünge durchgeführt werden: aktiver Fußaufsatz in Bewegungsrichtung mit aktivem Greifen.
Die Kinder sollen in der Lage sein, mit unterschiedlichen zeitlichen Bein-Rhythmen zu springen.

4.3.2 Methodische Hinweise

Bei allen Sprüngen mit Landung auf einem Bein ist auf eine gute Vorbereitung der Rumpfmuskulatur zu achten.
Um die schnelle Durchführung der Sprünge anzuregen, sollten Orientierungshilfen wie Markierungen, Fahrradreifen, Teppichplatten immer mit kurzen Abständen eingesetzt werden.
Die Sprünge können auch über Hindernisse erfolgen. Diese müssen aber flach sein.

Mehrfach springen

Sprungläufe

Beinwechsel
- rechts - rechts - links - links
- links - links - rechts - rechts
- und andere Kombinationen

rhythmisch/unrhythmisch
- kurz - lang - kurz - lang
- und andere Kombinationen

auf der Stelle
- Hampelmann
- Rope-Skipping

Hüpfen und Springen
- um, in, aus Hindernissen

Springen mit Musik
- rhythmische Unterstützung

Übungskatalog: Mehrfach springen

Seilspringen/Rope-Skipping

Seilspringen und Rope-Skipping in vielen verschiedenen Varianten ist Mehrfachspringen in einer Form, die vielen Kindern aus dem Alltag bekannt ist.
Jedes Kind kann ein eigenes Seil benutzen, oder zwei Kinder schwingen ein Seil, in das ein oder mehrere andere hineinlaufen und dann springen.

Sprünge auf Markierungspunkte

Markierungspunkte, z. B. Teppichplatten oder Fahrradreifen, geben die Sprungweite vor. Rhythmisch wird durch die Bahnen gesprungen:
– beidbeinig
– einbeinig
– einbeinig mit Beinwechsel, z.B. rechts - rechts - links - links ...
– Kombinationen mit kleinen Hindernissen sind möglich.

Sprunglauf

Sprunglauf ist ein mehrfacher einbeiniger Sprung mit Beinwechsel bei jedem Sprung oder die Aneinanderreihung von sprunghaft ausgeführten Schritten. Markierungspunkte können eingesetzt werden, sollten aber bald etwas größere Abstände als in der vorangegangenen Übung haben.
Wichtige Bewegungsmerkmale sind ein bis zur Hüfthöhe hochgebrachtes Schwungbeinknie und ein betont langes Nachdrücken des Sprungbeines.

Sprünge über niedrige Hindernisse

Bei Mehrfachsprüngen sollten nur niedrige Hindernisse benutzt werden, z. B. Schaumstoffbalken. Die Entfernungen sind ebenfalls nicht zu anspruchsvoll zu wählen. Entscheidendes Kriterium: kontrollierte Bewegungsausführung mit schnellem Greifen des Sprungfußes.

- beidbeiniges Hüpfen und Springen
- einbeiniges Hüpfen und Springen
- einbeinig in unterschiedlichen Rhythmen: mit Beinwechsel
- Springen mit unterschiedlichem Krafteinsatz: unterschiedliche Abstände

Hüpfen und Springen in der Gruppe

Hüpfen und Springen in der Gruppe erfordert, einen gemeinsamen Rhythmus. Ein- und beidbeinige Sprünge sind möglich, es kann geradeaus, im Kreis oder slalomförmig gehen.

4.4 Mit dem Stab springen

4.4.1 Zielvorgaben

Wie keine andere Disziplin vereinigt das Stabhochspringen die Leichtathletik mit dem Turnen. Nach dem Anlauf und Absprung vom Boden sind ganz besonders die turnerischen Qualitäten gefragt, für deren Ausbildung ein langer Weg erforderlich ist, auf dem auch Turngeräte wie Reck, Barren, Boden und die Taue einen wichtigen Platz einnehmen. Zu diesen Grunderfahrungen gehört auch der Umgang mit dem starren Stab. Dabei geht es keineswegs um die Vermittlung technischer Details, die mit dem flexiblen Stab später doch ganz anders aussehen, sondern es geht um die Ausbildung koordinativer Fähigkeiten, die den späteren Lernprozess erleichtern (siehe Infografik auf der nächsten Seite). Koordinative Fähigkeiten sind im Zusammenhang mit leichtathletischen Bewegungsabläufen immer von Bedeutung. Aber beim Stabspringen sind sie alle vereint. Es sind:

- die Gleichgewichtsfähigkeit beim Hängen am labilen Stab und beim Flug durch die Luft
- die kinästhetische Differenzierungsfähigkeit beim Differenzieren von Krafteinsätzen, Kraftimpulsen und Kraftrichtungen
- die räumliche Orientierungsfähigkeit beim Schwingen mit dem Tau, beim Treffen von Einstichmarkierungen und Landeflächen sowie von Raum- und Lageorientierungen beim Flug durch die Luft, über Hindernisse (Leine, Latte) bis hin zur Landung
- die Reaktionsfähigkeit beim Reagieren auf Störeinflüsse und Bewegungsfehler
- die Rhythmus- und Rhythmisierungsfähigkeit insbesondere beim Anlauf und der Gestaltung des Übergangs von Anlauf und Absprung.

Die Ausbildung der koordinativen Fähigkeiten hat beim Springen mit dem Stab sowohl voraussetzenden als auch begleitenden Charakter. Je schwieriger und komplizierter eine Bewegung ist, desto mehr muss das voraussetzende Moment im Auge behalten werden.
In der Kinderleichtathletik können wir idealtypisch folgende Zuordnungen treffen:

- für 7- bis 8-Jährige: Schwingen am Tau
- ab dem 9. Lebensjahr parallel dazu Springen mit dem starren Stab
- gegen Ende der Kinderleichtathletik auch schwierigere Übungen wie Hexenritt oder Sprünge über eine Leine.

Beachte
Für turnerische Grunderfahrungen gilt es, die Entwicklungsphasen zu nutzen, in denen Koordinatives spielend und auf Anhieb gelernt wird. Für sie gilt erfahrungsgemäß der Satz, dass in diesem Alter Versäumtes später nur mit großer Mühe oder überhaupt nicht mehr nachgeholt werden kann.

Beachte
Der Lehrweg zum Stabspringen wird nicht so schnell am Technikmodell mit einem an der Bewegungsoptimierung orientierten Programm ausgerichtet, sondern stellt zunächst vor allem vielseitige Aufgabenstellungen mit koordinativen Schwerpunktsetzungen durch Übungen am Tau und am starren Stab. Die so vermittelten Bewegungserfahrungen sind die beste Basis für einen späteren Einstieg in eine technische Ausbildung.

4.4.2 Methodische Hinweise

Die folgenden Angebote zum Erproben des Schwingens am Tau und des Springens mit dem Stab haben genau dieses vorrangig koordinative Ziel. Die koordinativen Fähigkeiten sind nicht unabhängig voneinander vermittelbar. Durch die Aufgabenstellungen und die Verwendung besonderer Materialien können jedoch die Schwerpunkte so gesetzt werden, dass z. B. einmal mehr die Differenzierungsfähigkeit, einmal mehr die räumliche Orientierungsfähigkeit und einmal mehr die Rhythmus- und Rhythmisierungsfähigkeit angesprochen wird.

4.4.3 Organisatorische Hinweise

Als Stabmaterial eignet sich am besten der Bambusstab, der bei Gartenbaubetrieben normalerweise für wenig Geld zu erwerben ist. Die Enden der Stäbe werden mit Klebeband abgewickelt, damit sie nicht splittern können. Auch entsprechend dimensionierte Holzstäbe sind einsetzbar. Eine wichtige Rolle bei allen Übungen spielt die Sicherheit:

- Schwungtaue dürfen keinen Knoten haben
- Raum zwischen Start- und Landefläche mit Matten auslegen
- Auswahl, Umfang und Dauer der Übungen dem Kraftniveau der Kinder anpassen (Differenzierung)
- Besonders Acht geben beim Schwingen von höheren Positionen oder auf höhere Positionen, aber auch beim Hochschwingen der Beine über den Kopf (Sturzhangschwingen)
- Bei einfachen Sprungübungen auf dem Rasen auf trockenen Untergrund achten
- Beim Springen mit dem Stab von Kästen die Landefläche reichlich mit Matten absichern

Zielvorgaben „Mit dem Stab springen“

- am Tau in verschiedenen Variationen schwingen
- am Tau in den Hang springen
- mit dem Stab in die Weite springen (auf eine Matte oder in den Sand)
- mit dem Stab in die Höhe springen
- mit dem Stab wie die „Hexe” springen
- mit dem Stab in Ziele (Zonen, Reifen) springen
- mit dem Stab über Hindernisse springen (Matten, Kartons)

Übungskatalog: Mit dem Stab springen

Mit dem Tau von der Bank auf die Matte

Die Kinder schwingen am Tau hängend von einer Turnbank auf eine Matte. Für die Kleinen ist das Tau noch eine Liane, später nimmt die Übung schon stabhochsprungähnliche Züge an.
Im Verlauf des Übens sollte darauf geachtet werden, dass beim Rechtshänder der rechte (obere) Arm während des Schwingens gestreckt bleibt.

Mit dem Tau von Kasten zu Kasten

Dies ist eine erschwerte Variante der vorherigen Übung. Sie erfordert schon ein wenig mehr Mut.

Variante (für beide Übungen)
– einen Karton zwischen die Füße klemmen und von einer Seite auf die andere transportieren.

Im Sturzhang am Tau schwingen

Im Verlaufe des Schwingens werden die Beine nach oben und die Hüfte an das Tau gebracht, so dass das Schwingen im Sturzhang erfolgt. Zur Landung werden die Füße wieder nach unten gebracht.

Beachte
Diese Übung ist den älteren, schon erfahrenen Kindern vorbehalten.

Der starre Stab trägt

Anlauf, Sprunghöhe und -weite spielen hier noch keine Rolle. Es kommt vor allem auf den Einstich und das Sich-tragen-Lassen durch den Stab an.

Beachte

Die Übung sollte nur auf einem griffigen Untergrund durchgeführt werden, z. B. auf einem trockenen Rasen oder wie hier mit der Stabspitze auf einer Turnmatte. Beim Rechtshänder greift die rechte Hand oben, der Körper schwingt rechts am Stab vorbei.

Mit dem Stab über kleine Hindernisse

Ist mit der obigen Übung das Vertrauen in den Stab aufgebaut, kann es über kleine Hindernisse wie z. B. Bananenkartons gehen. Als zusätzlichen Anreiz lässt sich ein alter Fahrradreifen hinter den Kartons als Landebereich nutzen.

Beachte

Absprung aus der Schrittstellung, noch kein Anlauf! Der Rechtshänder (rechte Hand oben) springt mit dem linken Bein ab. Ansonsten wie vorher.

Mit dem Stab von Kleinkasten zu Kleinkasten

Jetzt geht es von einem kleinen Kasten auf den nächsten.

Beachte

Nur für geübte Kinder! Zwischenraum absichern!

Springen vom großen Kasten

Vor die Landefläche (Niedersprungmatte oder Sandgrube) wird ein großer Sprungkasten gestellt. Der Springer steht auf dem Kasten, die Stabspitze steht sicher auf dem Boden. Nun gilt es, den Kasten mit Hilfe des Stabes hinunterzuspringen.

Beachte

Der Übungsleiter sichert den Sprung durch Griff am Stab (beim Rechtshänder/Linksspringer von der linken Seite aus, beim Linkshänder dementsprechend von der rechten Seite; s. Bild).
Der Springer darf den Stab erst loslassen, wenn die Füße Bodenkontakt haben!

Hexenritt

Aufbau wie vorher. Um den geradlinigen Stabeinsatz und ebenso geradlinigen Sprung zu schulen, bleibt der Springer „hinter" dem Stab. Sobald der Stab zur Landung nach vorn kippt, begibt sich der Springer mit gegrätschten Beinen links und rechts vom Stab wie eine „Hexe auf dem Besen" zur Landung.

Beachte

Nur für geübte Kinder. Das einfache Springen vom Kasten herunter muss sicher beherrscht werden.

Springen über die Leine

Wer alle bisherigen Übungen gut beherrscht, kann nun auch vom großen Kasten, über eine gehaltene Leine springen.

Beachte

Der Übungsleiter sichert immer noch den Stab. Schwieriger wird es, wenn die Höhe des Kastens schrittweise reduziert wird.

5 Werfen

5.1 Entwicklungsstufen des Werfens

Verfolgen wir die Entwicklung des Werfens bei Kindern, so können wir diverse Könnensstufen, aber auch erhebliche Unterschiede in der Entwicklung feststellen. Üblicherweise lässt sich beobachten:

- Am Ende des dritten Lebensjahres: beidhändiger Schock- oder einhändiger Schlagwurf aus dem Stand, beidhändiger Schwungwurf von der Hüfte aus und beidhändiger Einwurf.
- Im vierten Lebensjahr: nur geringe Veränderungen, allerdings signifikante Geschlechts-Unterschiede: bei Jungen dominiert der Schlagwurf, oft aus der Schrittstellung unter Einbeziehen des ganzen Körpers. Bei den Mädchen erfolgt die Schlagwurfbewegung meist aus frontaler Stand- oder leichter Schrittstellung und vorwiegend auf den Einsatz des Oberkörpers beschränkt.
- Fünftes bis siebtes Lebensjahr: bei den Jungen erfolgt das Werfen vermehrt mit Rumpfeinsatz, mit gekreuzter Koordination oder mit „Zwischenhopser". Der Wurf mit Anlauf erfolgt nur vereinzelt. Die Mädchen bleiben ohne entsprechende Schulung bereits auf der erreichten Entwicklungsstufe stehen.
- Ab dem 8. Lebensjahr: es fallen die beträchtlichen individuellen und geschlechtsspezifischen Unterschiede in der Ausprägung der Bewegungsfertigkeit des Werfens und in der Wurfleistung auf. Ohne Schulung geht es kaum noch aufwärts.
- Im Altersbereich 10 bis 12/13 Jahre liegen die Wurfleistungen der Mädchen oft um 50 Prozent unter denen der Jungen.

Insgesamt bleibt als Konsequenz festzuhalten: *Im für die Kinderleichtathletik relevanten Alter entwickelt sich das Werfen ohne entsprechende nachdrückliche und effektive Schulung nur noch geringfügig.* Die erreichten Entwicklungsstufen sind nicht selten unzureichend. Insbesondere Großstadtkinder haben aufgrund mangelnder Wurfgelegenheiten erhebliche Defizite. Eine Verbesserung des Werfens bedarf eines längeren, beharr-lichen Übens. Insbesondere der Wurf aus dem Anlauf stellt hohe Anforderungen an die koordinativen Fähigkeiten.

Mit dem Flatterball können sowohl Wurferfahrungen gesammelt als auch Techniken entwickelt werden.

Beachte

Nur eine umfangreiche und vielseitige Wurfschulung führt zu entsprechenden Wurfleistungen.

5.2 Zielvorgaben „Werfen"

Kinder sollen am Ende der Etappe der Kinderleichtathletik:

- *mit unterschiedlichen Geräten (Tennis-, Flatter-, Medizinball, Wurfstab oder -holz, Fahrradreifen, Kinderspeer, Wurfrakete...),*
- *auf unterschiedliche Arten (geradlinig oder gedreht, schocken, rollen, drücken, prellen),*
- *aus unterschiedlichen Positionen (Auslage, Wechselschritt, Angehen, Anlaufen, aus dem Sitz, dem Kniestand, der Schrittstellung),*
- *mit unterschiedlichen Intentionen (in die Weite, auf Ziele, in die Höhe) und*
- *aus unterschiedlichem Rhythmus (Dreier, 2+Dreier, 4+Dreier, Fünfer) werfen (und stoßen) können.*

5.3 Methodische Hinweise

Wurferfahrungen sammeln

Kinder haben zunehmend weniger Gelegenheiten zu werfen. Dies drückt sich auch in den zu beobachtenden Wurfweiten aus. In den Trainingsstunden müssen wir daher den Schülern vielfältige Situationen bieten, in denen sie mit unterschiedlichen Wurfbewegungen und -intentionen verschiedenartige Wurfgeräte benutzen und ausprobieren können.

Im Vordergrund steht die handelnde Auseinandersetzung mit Geräten, Aufgaben und Situationen. Das Entdecken und Erfinden, das Entwickeln und Variieren sind bevorzugte Vorgehensweisen beim Sammeln von Wurferfahrungen. Erst mit zunehmendem Alter rückt immer mehr das Produkt z. B. als Weite oder als Treffer in den Vordergrund. Die Schlagwurfbewegung schält sich dabei als wichtigste Wurfart heraus.

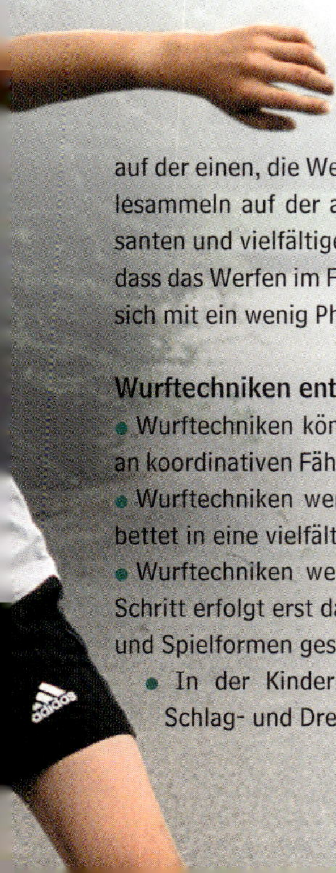

Besonders eignet sich für diese Erfahrungsstufe das Werfen in der Halle. Die Wände und Trennwände, aber auch die Geräte und zahlreiche Befestigungsmöglichkeiten für Reifen, Bänder usw. auf der einen, die Wetterunabhängigkeit und die Zeitersparnis beim Bällesammeln auf der anderen Seite lassen diesen Ort zu einem interessanten und vielfältigen Wurfschauplatz werden. Dies heißt jedoch nicht, dass das Werfen im Freien vernachlässigt werden sollte. Auch hier lassen sich mit ein wenig Phantasie motivierende Wurfsituationen schaffen.

Beachte
Leichte Geräte erleichtern das Lernen von Wurfbewegungen. Weitere Voraussetzung ist eine ausreichend hohe Zahl von Wurfgeräten.

Wurftechniken entwickeln

- Wurftechniken können erst entwickelt werden, wenn ein Grundstock an koordinativen Fähigkeiten und Wurferfahrungen zur Verfügung steht.
- Wurftechniken werden nicht isoliert behandelt, sondern sind eingebettet in eine vielfältige Wurfschulung.
- Wurftechniken werden schrittweise aufgebaut. Der jeweils nächste Schritt erfolgt erst dann, wenn der vorherige in verschiedenen Übungs- und Spielformen gesichert ist.
- In der Kinderleichtathletik werden altersgemäße Formen des Schlag- und Drehwurfs sowie des Stoßens entwickelt.

Beachte
Die gesamte Wurfschulung in der Kinderleichtathletik steht nicht unter dem Diktat von Wettkämpfen, sondern wird primär bestimmt von der Auseinandersetzung mit vielfältigen Wurfgeräten.

Freude und Spannung vermitteln

Sowohl das Sammeln von Wurferfahrungen als auch das Erlernen von Techniken sind immer eingebettet in freudvolle und interessante Wurfsituationen. Es bieten sich an:

- Übungsformen mit dem Partner und in der Gruppe
- Wurfübungen mit Höhen- und Weitenorientierern

Bildreihe „Schlagwurf aus drei Anlaufschritten“

- Einsatz vielfältiger, auch alternativer Wurfgeräte (Schweifbälle, Wurfraketen usw.)
- Kleine Spiele
- Wettkämpfe mit Punktewertungen
- Risikowettbewerbe

5.4 Organisatorische Hinweise

Ordnungsformen im Wurftraining müssen sowohl eine ausreichend hohe Wurfanzahl als auch die Sicherheit aller Beteiligten gewährleisten. Folgende Sicherheitsregeln müssen unbedingt eingehalten werden:

- Abwurf von sichtbaren Markierungslinien (vorhandene Linien, Klebeband, Kreidestrich – aber keine runden Stäbe!)
- seitlicher Abstand ca. 2 m, bei Anlaufwürfen 3 m, bei Würfen aus der Drehung muss die ganze Wurfarmseite frei bleiben
- Werfen möglichst nur in eine Richtung
- bei Gassenaufstellung keine Vollbälle oder andere harte Wurfgegenstände wie Keulen, Stäbe, Wurfraketen usw.
- Holen der Geräte ausschließlich auf Kommando des Übungsleiters, in dieser Zeit darf nicht geworfen werden.
- Bei Abwurf- und anderen Spielen, bei denen Wurfgeräte in das gegnerische Feld geworfen werden („Haltet die Seiten" frei usw.), sollten weiche Bälle oder langsam fliegende Schweifbälle benutzt werden.

Beachte

Die Attraktivität der Wurfübungen lebt auch von der Vielfalt der eingesetzten Geräte. Einige Anregungen: Tennis- und Schlagbälle, Voll- und Medizinbälle, Flatterbälle, Steine, Heuler, Wurfraketen, Reifen, Gymnastik-, Hand-, Fuß-, Volleybälle, Wurfstäbe und -kreuze ...

Aufstellungsformen beim Werfen

Werfen von einer Linie

- auch gekoppelt mit Partner- oder Reihenaufstellung

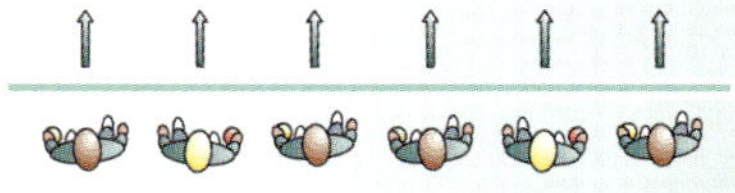

Werfen von unterschiedlichen Linien

- als Differenzierung
- bei Dreh- oder Schockwürfen

Werfen in Gassenaufstellung

- auch als Doppelgasse

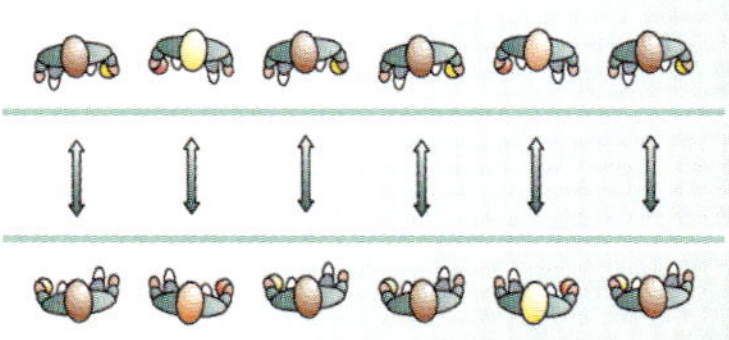

Werfen in Vierecks- oder Kreisform

- insbesondere bei Spielformen

Verschiedene Wurfgeräte

Erfahrungen sammeln und Techniken entwickeln

Freude und Spannung vermitteln/Wurferfahrungen sammeln

vielfältige Übungssituationen
- aus der Ruhe, dem Drehen, Angehen, Anlaufen...
- in der Halle, auf dem Platz, im Wald...
- allein, zu zweit, in der Gruppe...

unterschiedliche Wurfbewegungen
- Schlagwurf
- Drehwurf
- Druckwurf
- Schockwurf
- Stoß
- Überkopfwurf

vielfältige Spiel-/Wettspielformen
- Haltet die Seiten frei
- Völkerball
- Parteiball
- Burgball
- Brennball...

unterschiedliche Wurfintentionen
- hoch
- weit
- auf Ziele

Wurftechniken entwickeln

Schlagwurf
- frontal
- seitlich
- aus drei Schritten
- aus 2+3/4+4 Schritten

Drehwurf
- Flugeigenschaften testen
- aus dem Stand
- aus der Drehung
- in Zielbereiche

Stoß
- frontal
- frontal aus dem Gehen

Übungskatalog: Wurferfahrungen sammeln

Treibball

Aufbau für jede Gruppe: zwei Turnbänke stehen mit kleinem Abstand parallel nebeneinander, ein Basketball liegt am Anfang der so entstandenen „Schiene". Aufgabe der Gruppe ist es, mit Tennisbällen den Basketball so zu treffen, dass dieser über die Schienen rollt und hinten hinunterfällt.

– Welche Gruppe schafft es zuerst zehnmal?

– Welche Gruppe schafft es in vorgegebener Zeit am häufigsten?

Hütchen treffen

Auf einem großen Kasten, einer Turnbank oder ähnlichem (im Freien z. B. auf der Fußballtorlatte) stehen Hütchen, die die Kinder herunterwerfen sollen.

– Welche Gruppe benötigt die kürzeste Zeit, bis alle Hütchen unten liegen?

– Welche Gruppe kann diese Zeit im nächsten Durchgang am stärksten verbessern?

Anstelle der Hütchen können auch andere Ziele verwendet werden, z. B. Türme aus Kartons.

Punkte werfen

Von einer Abwurfmarke aus werfen die Kinder Tennisbälle gegen eine Wand. Landet der zurückprallende Ball wieder hinter der Abwurfmarke (im Bild: Turnbank) erhält der Werfer eine bestimmte Punktzahl und wechselt zu einer weiter entfernten Abwurfmarke. Je weiter entfernt die Marke ist, desto mehr Punkte gibt es.

Im Freien kann es auch eine feste Abwurfmarke mit Weitenzonen für die Punkte geben.

Achten Sie darauf, dass Sie bei Würfen in der Gruppe und bei Würfen gegen die Wand die Kinder auf die Sicherheitskriterien hinweisen.

Prellwürfe

Bei den Prellwürfen wird ein Ball auf den Boden geworfen. Der Wurfarm wird zunächst möglichst hoch in Richtung Decke geführt und vollführt dann eine Schlagbewegung Richtung Boden. Wessen Ball springt am höchsten?

Die Übung wird durch Zusatzaufgaben abwechslungsreich:

– Wer kann den Ball auffangen?
– Wer kann den Ball nach einer Körperdrehung auffangen?
– Wer kann das von einer Bank aus?
– In Partnerform üben: Jeder fängt den Ball des anderen.
– In Gruppen in Gassenaufstellung üben: Der Ball springt von einer Gruppe zur anderen (auch über eine dazwischen gespannte Leine).

Abpraller von der Wand

Jetzt prellen die Kinder den Ball nicht mehr auf den Boden, sondern werfen ihn gegen die Wand. Wessen Ball trifft danach in einen großen Kasten ohne Deckel?

Werfen von Bank zu Bank

Zwei Bänke stehen in passender Entfernung parallel zueinander. Die Kinder stehen auf den Bänken und werfen sich den Ball von Bank zu Bank zu, im Bild mit einem Schockwurf von unten nach vorn-oben.

Werfen von der Bank

Der Schüler steht auf einer Längsbank und wirft den Ball.
- unterschiedliche Wurfarten
- aus dem Stand oder aus dem Angehen
- auch auf Ziele (wie zuvor)
- wenn zwei Bänke mit kleinem, passenden Abstand hintereinander stehen, ist auch paarweises Werfen wie bei der vorangegangen Übung von Bank zu Bank möglich.

Werfen und Hinterherlaufen

Die Kinder stehen sich in Reihen gegenüber. Der jeweils Erste wirft den Ball zum gegenüberstehenden Schüler, läuft dem Ball hinterher und stellt sich hinten wieder an.
Die Laufwege können mit Zusatzaufgaben versehen werden, z. B. bezüglich des Laufweges oder des Überwindens von Hindernissen (im Bild: unter einem Barren hindurch).

Wurferfahrungen mit Fahrradreifen

Das Diskuswerfen ist eine der koordinativ anspruchsvollsten leichtathletischen Disziplinen. Grundlagen sollten deshalb schon bei den Kindern gelegt werden. Günstige Geräte sind alte Fahrradreifen.
Wie fliegt das Gerät, wenn es mit einem seitlichen Schockwurf abgeworfen wird? Fliegt es parallel zum Boden?

Variation

- Würfe über eine gespannte Leine.

Übungskatalog: Drehwürfe

Standwurf mit Fahrradreifen

Beim Wurf aus dem Stand (seitliche Ausgangsstellung) ist auf eine weite Ausholbewegung zu achten.
Das Körpergewicht wird immer vom hinteren Druckbein auf das vordere Stemmbein verlagert, letzteres bleibt fixiert. Geworfen wird aus einer Bogenspannung.

Drehwerfen mit dem Fahrradreifen

Vorbereitung: Die Kinder laufen auf dem Sportplatz und führen mit dem Reifen einzelne Drehungen aus.
Der Drehwurf erfolgt aus einer 1 1/4 Drehung: Seitstellung (beim Rechtshänder rechter Fuß hinten, linker vorn) – halbe Drehung auf links – halbe Drehung auf rechts zur Wurfauslage (wie Standwurf) mit Gewicht auf rechts – danach der bekannte Abwurf.

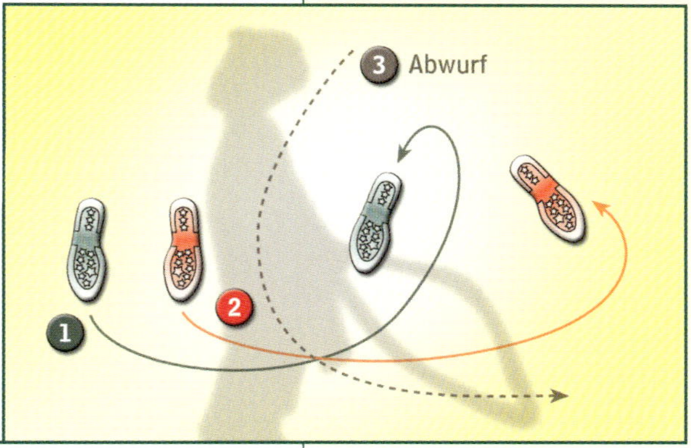

Drehwerfen auf Ziele

Der Drehwurf ist eine anspruchsvolle Bewegung. In der Kinderleichtathletik reicht aber die Grobform aus. Umso wichtiger sind freudbetonte Anwendungen in Spielform, insbesondere Zielwürfe
– in eine große „Zielscheibe" (s. Bild),
– in nebeneinanderliegende Tore aus Fahnenstangen (das mittlere gibt die meisten, die äußeren die wenigsten Punkte) und
– um Fahnenstangen.
Großzügige Abmessungen wählen!

Übungskatalog: Medizinball-Stöße

Frontaler Medizinballstoß aus dem Stand

Ein Medizinball wird mit beiden Händen frontal nach vorn gestoßen:

– aus der Schrittstellung (beim Rechtshänder linkes Stemmbein vorn)

– aus der parallelen Fußstellung mit einem Schritt des Stemmbeines nach vorn

Bodenmarkierungen erleichtern die Ausführung (siehe Bild).

Der Bewegungsbeginn erfolgt durch die Beine und der Stoß aus der Bogenspannung heraus.

Frontaler Medizinballstoß aus dem Angehen

Wenn die vorgenannte Übung beherrscht wird, kann die Ausführung auch aus dem Angehen, später leichtem Anlaufen erfolgen. Eine Reifenbahn unterstützt die Schrittfolge. Ideal ist der Dreier-Rhythmus, der schon vom Schlagwurf bekannt ist.

Methodik zum Erlernen des Schlagwurfs

1. Schritt zum Schlagwurf:

Frontal aus dem Stand

Der Wurf erfolgt aus der frontalen Schrittstellung. Ähnlich wie schon beim Drehwurf leiten die Beine mit einer Gewichtsverlagerung – vom hinteren Druck- auf das vordere Stemmbein – die Bewegung ein. Geworfen wird wieder aus der Bogenspannung.
Eine sinnvolle Hilfsübung ist, die Übung in etwa 5 Meter Entfernung zu einer Wand durchzuführen. Der Wurf erfolgt dann in Kopfhöhe gegen die Wand, der zurückprallende Ball wird, möglichst allein mit der Wurfhand, direkt wieder gefangen.

2. Schritt zum Schlagwurf:

Seitlich aus dem Stand

Im Vergleich zum 1. Schritt ist die Ausgangsstellung jetzt seitlich. Das Körpergewicht liegt anfangs auf dem hinteren Bein und wird mit gleichzeitiger Drehung nach vorne gebracht. Das Gerät wird wieder aus der Bogenspannung heraus abgeworfen. Die Endposition ist die gleiche wie in Schritt 1.
Auch hier kann wieder gegen die Wand geworfen werden. Allerdings wird der Abstand größer und der Zielbereich zunehmend nach oben verlagert.

Variation

– In der Wurfauslage (Gewicht ist hinten) reicht ein Partner den Ball an.
– In der Wurfauslage nimmt der Werfer Bälle auf, die hinter ihm auf einem großen Kasten liegen.

3. Schritt zum Schlagwurf:

3 Anlaufschritte

Ausgangsposition: Füße seitlich parallel, der Wurfarm bereits lang hinten. Beim Rechtshänder 1. Schritt mit links, 2. Schritt überholt mit rechts den Oberkörper, mit dem 3. Schritt mit links als Stemmbein wird der Abwurf wie oben eingeleitet. Technikvarianten sind zum einen ein Beginn ohne bereits zurückgenommenen Wurfarm: dann wird dieser beim 1. Schritt zurückgeführt. Der 2. Schritt (Impulsschritt) sollte so erfolgen, dass das rechte das linke überholt (kein Nachstellen oder Hopser). Bodenmarkierungen können helfen. Nach und nach werden die Schritte immer schneller durchgeführt. Der Bewegungsablauf sollte aber immer erhalten bleiben.

4. Schritt zum Schlagwurf:

2 und 3 Anlaufschritte

Die vorhergehende Übung wird mit 2 vorhergehenden Angeh-, später Anlaufschritten eingeleitet. Bei sehr weit fortgeschrittenen Kindern kann auch noch zu einer Erweiterung auf 4 und 3 Anlaufschritten übergegangen werden. Entscheidendes Kriterium ist, dass der abschließende Dreier-Rhythmus aus der Vorübung immer realisiert wird. Bodenmarkierungen helfen bei der richtigen Ausführung (siehe Bild).

Beachte

Diese koordinativ sehr anspruchsvolle Technik kann nur nach ausgiebiger, früh einsetzender Wurfschulung erreicht werden, meist nicht vor dem 11. Lebensjahr. Sie erfordert auf jeder Stufe ein umfangreiches und systematisches Lernen, Üben und Anwenden.

6 Überfachliche Inhalte

An überfachlichen Handlungskompetenzen werden nachfolgend exemplarisch die Bereiche Turnen (6.1), Spielen (6.2) sowie Rhythmisches Bewegen (6.3) dargestellt. Entsprechend den fachlichen leichtathletischen Notwendigkeiten, aber auch entsprechend den Neigungen, Erfahrungen und Fähigkeiten des Übungsleiters oder Lehrers sowie hinsichtlich der individuellen materiellen und organisatorischen Möglichkeiten bzw. Voraussetzungen können natürlich weitere überfachliche Angebote einbezogen werden: Schwimmen, Rad fahren, Skilanglauf, Inlineskating usw. zur Ausdauerentwicklung oder, um die für die Leichtathletik notwendigen koordinativen und konditionellen Fähigkeiten zu erwerben, sind z.B. Große Spiele (Basketball, Volleyball usw.) zu erlernen, damit diese Grundlagen später gezielt zur weiteren Fertigkeitsentwicklung eingesetzt werden können.

Beachte
Grundtätigkeiten des Turnens, insbesondere die, die mit den gewünschten konditionellen Beanspruchungen im Zusammenhang stehen, sind Springen, Stützen/Springen, Balancieren, Hängen/Balancieren. Mit ihrer Hilfe kann ein reichhaltiges Turnangebot zusammengestellt werden, das das leichtathletische Training der Kinder im gewünschten Sinn ergänzt.

6.1 Turnen

6.1.1 Zielvorgaben „Turnen"

Laufen, Springen und Werfen beanspruchen schwerpunktmäßig die Antriebsmuskulatur der Extremitäten und setzen die Belastbarkeit des Stütz- und Bewegungsapparates schon voraus, denn dieser ist Widerlager aller Extremitätenbewegungen. Die Entwicklung der Belastungsverträglichkeit verlangt deshalb nach einer Ergänzung, bei der vor allem die bisher vernachlässigten Funktionssysteme entwickelt werden. Bewegungsaufgaben dieser Art bietet das Turnen. Das unterstreicht die Bedeutung des Turnens für die leichtathletische Ausbildung insgesamt und nicht nur für die Ausbildung zum Stabhochsprung, die jedoch auch hier ihren Ausgangspunkt nimmt. Mit den turnerischen Übungen kommt es nicht zu einem isolierten Ansprechen der Muskeln des Rumpfes, sie werden vielmehr im Verbund miteinander in einer Gesamtbewegung mit beugenden, streckenden, bremsenden und haltenden Anteilen wirksam. Beim Turnen geht es um die ganzheitliche Körperbildung, die mit den nachfolgenden drei Schwerpunktsetzungen

- Erleben
- Koordinieren
- Kräftigen

Anregungen für die Sportpraxis geben soll.

Aus diesen Schwerpunktsetzungen ergeben sich folgende Zielvorgaben für das Anwenden und Verbessern turnerischer Grundtätigkeiten:

- *an Geräten hangeln, klimmen, klettern, schwingen, hängen*
- *Geräte überwinden*
- *auf Geräten balancieren*
- *auf Geräten oder am Boden stützen, springen/stützen*
- *Geräte überspringen*
- *einfache turnerische Übungen: Handstand, Rollen, Räder, Salto*
- *auf Geräte springen*

6.1.2 Methodische Hinweise

Die Vermittlungsstrategie ist die gleiche wie beim Laufen, Springen und Werfen. Im Mittelpunkt stehen fähigkeitsorientierte Aufgabenstellungen mit schwerpunktmäßig kraftorientierten Beanspruchungen der

Rumpfmuskulatur. Zunächst gilt es, nach den Tätigkeiten zu schauen, die die Kinder schon mitbringen und die nicht erst noch erlernt werden müssen. Sodann sind Spiel- und Übungsformen zu entwickeln, die dem fähigkeitsorientierten Ansatz gerecht werden. Turnen in der Leichtathletik ist deshalb ebenfalls kein fertigkeitsorientiertes Turnen, auch wenn es bei gelungener Ausbildung nicht schwer fällt, sogar spektakuläre turnerische Fertigkeiten auszuführen.

Gerätturnen kann eine faszinierende sportliche Tätigkeit sein, wenn die Voraussetzungen gegeben sind. Übungsleiter, die turnerische Inhalte in ihren Übungsbetrieb aufnehmen, müssen über die wesentlichen Grundzüge dieser Sportart, die wichtigsten methodischen Schritte zum Erarbeiten einzelner Bewegungen, die Funktion der Geräte und die Sicherheitsmaßnahmen Bescheid wissen und dafür sorgen, dass die Kinder konzentriert an die einzelnen Aufgaben herangehen.

Leichtsinn und Fahrlässigkeit können in diesem Bereich schlimme Folgen haben!

Inhaltlich stehen Grundtätigkeiten aller Art im Vordergrund. Die alleinige Konzentration auf Angebote, die unmittelbar zu sportartspezifischen Bewegungsabläufen führen, birgt die Gefahr, dass so umfangreiche wie reizvolle andere sportliche Bewegungsmöglichkeiten nicht genutzt werden. Bei der großen Angebotspalette, die das im folgenden vorgestellte Bewegungsgut beinhaltet, steht entsprechend nicht eine motorische Fertigkeit aus bestimmten Disziplinen im Mittelpunkt, sondern vielfältige Bewegungsgrunderfahrungen unter den oben genannten Aspekten Koordinieren, Kräftigen, Erleben sowie die Motivation der Kinder, die dieses Angebot wahrnehmen.

Die aufgeführten Beispiele geben einen Einblick in die Fülle des Übungsangebots zum Erfahren und Entwickeln von Grundtätigkeiten. Wichtig ist es, die Beispiele nicht nur nachzuahmen, sondern zu variieren! Jede Grundtätigkeit kann vielfach verändert werden:

- Alle Turngeräte müssen zu Beginn in Form eines sogenannten Hindernisturnens mit einfachen Aufgaben erkundet und erprobt werden (z. B. Barrenholme überklettern, auf Barrenholmen im Vierfüßlergang krabbeln – Hängen, Hangeln und Schwingen am Reck usw.). Erst dann kann mit Gerätekombinationen, schwierigeren Bewegungen oder mit Einsatz von Musik gearbeitet werden.
- Auch getrennt vorgestellte Grundtätigkeiten sind in beliebiger Form zu kombinieren.
- Die Schüler können Ideen entwickeln und in Einzel-, Partner-, Gruppenaufgaben erproben.

Beachte

Wie beim Laufen, Springen und Werfen wird auch beim turnerischen Angebot die Verbindung mit den koordinativen Fähigkeiten gesucht. Bestimmte Aspekte der Orientierungsfähigkeit und der Gleichgewichtsfähigkeit lassen sich mit turnerischen Aufgaben auch wesentlich besser entwickeln.

Grundtätigkeiten

Natürliche Bewegungsformen, die Alltagsbewegungen entstammen. Grundtätigkeiten sind elementare Formen der menschlichen Bewegung, von denen spezielle Tätigkeiten abgeleitet werden können. Oder umgekehrt: alle sportartspezifischen Fertigkeiten lassen sich auf Grundtätigkeiten zurückführen.

1. Übungskreis: Stützen und Springen

Stützen und Springen sind zentrale Tätigkeiten des Gerätturnens, die häufig auch in direkter Kombination vorkommen.

Beim Stützen geht es um

- aktives Abstützen des Körpergewichts mit gestreckten Armen am Boden und an Geräten
- das Erfahren des Stützverhaltens (Verlagerung des Schultergürtels, um die günstigste Stützposition herauszufinden)
- Üben an verschiedenen Geräten und in verschiedenen Situationen.

Beim Springen soll

- richtiges und schnellkräftiges Abspringen vom Boden geübt werden (Landung vom Fußballen auf den ganzen Fuß, dann zum Absprung aus dem Fußgelenk heraus strecken)
- die Sprunggewandtheit und -geschicklichkeit verbessert werden (u.a. die richtige Verlagerung des Körperschwerpunkts)
- die Steuerung des Körpers in der Luft geübt und verbessert werden.

Die direkte Kombination von Stützen und Springen soll vor allem die Koordination dieser beiden Tätigkeiten verbessern. Alle Übungen dienen auch der Kräftigung der Arm/Schultergürtel- und Bein/Hüftmuskulatur.

1. Übungskreis: Stützen und Springen

Stützübungen an der Langbank

Die Kinder stützen in Liegestützposition mit den Händen auf der Langbank, mit den Füßen auf dem Boden. Dies kann sowohl mit Blick zur Bank wie nach oben zur Hallendecke (Bild) erfolgen. Im Stütz verharren ist einfacher als Beugen und Strecken der Arme. Allerdings senkt die Ausgangsposition mit dem Stützen auf der Bank die Kraftanforderungen.

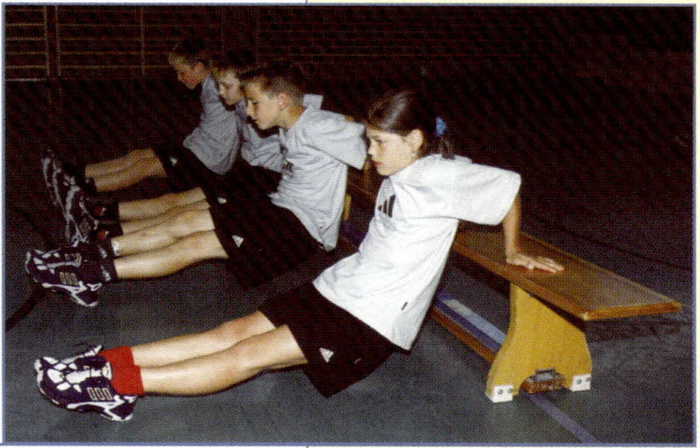

Stützen und Springen an der Langbank

Mit Stütz der Hände auf der Bank wird diese mit Hockwenden überwunden:
- quer oder längs (Bild) über die Bank
- am Ort, auch mit Zwischenfedern
- mit Raumgewinn
- mit mehreren hintereinander (Zusatzaufgabe: alle springen im gleichen Rhythmus)
- zwei Übende beginnen gleichzeitig an den beiden Bankenden. Sie teilen ihre Hockwenden so ein, dass sie ohne Unterbrechung aneinander vorbeikommen

Stützen am Barren oder Reck

- Springen und Stützen im fortlaufenden Wechsel
- mit und ohne Zwischenfedern
- auch mit Raumgewinn (am Barren)
- einzeln oder in der Gruppe.

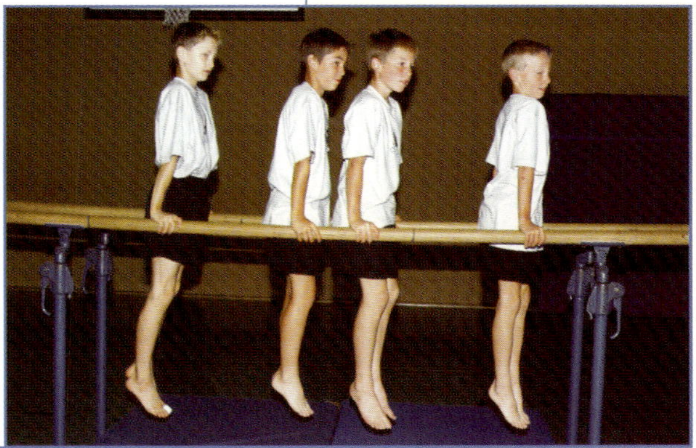

Gerade bei den turnerischen Übungen sollten Sie darauf achten, dass die Übungsstätten gut mit Matten abgesichert sind.

Hockwenden über den Kasten

Die Hockwenden sind bereits von den an der Turnbank vorgestellten Übungen bekannt. Über den Kasten sind sie natürlich schon schwieriger.

Aufhocken und Abspringen am Kasten

Als Beispiel für weitere Sprünge am Kasten stellen wir hier das Aufhocken mit anschließendem Niedersprung vor.
Durch Hintereinanderreihen mehrerer Sprunggelegenheiten (oder anderer Turnstationen) lassen sich auch rhythmische Reihen und Gerätebahnen entwickeln.

2. Übungskreis: Balancieren
Mit den folgenden Übungsbeispielen wird verdeutlicht, wie durch das Anwenden der Grundtätigkeit Balancieren die Gleichgewichtsfähigkeit verbessert werden kann. Dies ist die Fähigkeit, den Körper auf kleiner oder labiler Unterstützungsfläche ins Gleichgewicht zu bringen beziehungsweise diesen Gleichgewichtszustand aufrechtzuerhalten.
Gleichzeitig ergeben die Übungen auch eine sinnvolle Ganzkörperkräftigung durch den koordinierenden Muskeleinsatz.
Wichtig ist es, dass die Übungen so ausgewählt und gestaltet werden, dass sie im Grenzbereich der Leistungsfähigkeit der Übenden liegen. Nur so kann die Gleichgewichtsfähigkeit verbessert werden, und die Übungen sind interessant und herausfordernd.

2. Übungskreis: Balancieren

Balancieren auf der Turnbank

Zunächst über die Sitzfläche der Bank, später auch über die schmalere Unterseite (Bank umgedreht!):
– über die Bank gehen (vorwärts oder rückwärts, im Vierfüßlergang)
– Von jedem Bankende aus startet ein Kind. Sie versuchen mit verschiedenen Möglichkeiten, beim Begegnen aneinander oder über- und untereinander vorbeizukommen.
– Gehen auch mit geschlossenen Augen, dabei mit den Zehenspitzen und Fußballen das Gerät abtasten.
Schwieriger wird es an der Schrägbank (ein Ende auf einem Kastendeckel) oder an einer Bankwippe (Bank quer über einem Kastendeckel oder einer anderen Bank – Wegrutschen verhindern!).

Balancieren auf der Turnbank mit Zusatzaufgaben

Das Bankbalancieren kann durch zusätzliche Aufgaben interessant gestaltet werden:
– Das übende Kind rollt einen Ball auf der Bank entlang
– Den Ball beim Balancieren hochwerfen und wieder auffangen
– Den Ball auf oder neben der Bank prellen
– Den Ball ständig um die Hüften kreisen lassen
– Den Ball über dem Kopf tragen
– Ohne Gebrauch der Hände wird der Ball von zwei Kindern in Gemeinschaftsarbeit von einem Bankende zum anderen transportiert (z. B. zwischen die Köpfe „geklemmt")

Balancieren auf beweglichem Untergrund

Wenn die Kinder das Balancieren auf Turnbänken beherrschen, können die Anforderungen gesteigert werden, wenn der Untergrund nicht mehr fest ist, sondern sich auch leicht bewegen kann.
– Balancieren auf Kastendeckeln, die auf Medizinbällen liegen. Es kann zunächst auf Knien und Händen, dann mit Hilfeleistung balanciert werden.
– Balancieren auf einer Turnbank, die auf einer Weichbodenmatte gelagert ist (Bild).

Geben Sie Kindern, die anfangs beim Balancieren sehr unsicher sind, Sicherheitsstellung.

Bewegtes Balancieren mit Zusatzaufgaben

Nach entsprechender Vorbereitung durch die bereits genannten Übungen können auch auf beweglichen Untergründen Zusatzaufgaben eingeführt werden. Im Bild balanciert ein Kind auf der Turnbank auf der Weichbodenmatte und übersteigt dabei einen selbst gehaltenen Stab.

Balancieren auf den Barrenholmen

Auch über die Barrenholme kann balanciert werden, von einem Ende zum anderen:
– auf allen Vieren mit Blick nach unten oder nach oben
– vorwärts, rückwärts oder seitwärts

3. Übungskreis: Hängen/Hangeln/Schwingen

Durch die Grundtätigkeiten Hängen, Hangeln und Schwingen soll erreicht werden:

- Griffsicherheit der Hände verbessern
- aktive Entlastung der Wirbelsäule
- beim Hängen mit dem Kopf nach unten die Orientierungsfähigkeit in dieser ungewohnten Körperlage verbessern

Beachten Sie bei der Übungsausführung:

- aktives Hängen ist gefragt: die Übenden sollen den Körper mit Muskelkraft, nicht nur mit Sehnen und Bändern, halten
- bei allen Übungen, vor allem beim Schwingen an den Tauen und am Trapez, spielt das Bewegungserlebnis eine wichtige Rolle
- beim Hangeln auch den Griff lösen und erneuern, sich im Hang fortbewegen

3. Übungskreis: Hängeln/Hangeln/Schwingen

Hängen und Hangeln am Tau

Das Tau ist ein vorzügliches Gerät zum Hängen und Hangeln.
Die Kinder können z.B. versuchen, vom ersten hängenden Tau zum letzten am anderen Ende hinüberzuhangeln.

Hängen und Hangeln an Reck und Barren

Am Reck oder am Barren können Kinder hängen und hangeln. Dies kann einzeln oder gemeinschaftlich erfolgen, das Gerät kann so hoch sein, dass gestrecktes Hängen möglich ist, oder so niedrig, dass man Beine oder Arme anziehen muss. Das Hangeln kann vorwärts, rückwärts oder seitwärts erfolgen.
Spielform: die Kinder laufen nach Musik um die Geräte herum. Sobald die Musik aufhört, sollen alle im Hang an den Geräten sein.

Hängen kopfüber

Die Kinder rollen sich am Hang auf, sodass die Beine nach oben zeigen und der Kopf nach unten. Im Bild hängt das Kind mit Griff an zwei Tauen.

Denkbar sind diese Übungen, mit Abwandlungen, an vielen verschiedenen Geräten. Am Reck oder quer am Barren ist es auch möglich, sich mit den Kniekehlen auf die Stange zu legen und die Hände loszulassen.

Schwingen am Barren

Wer das Stützen am Barren beherrscht, kann sich an das Schwingen wagen:

- einfach schwingen
- aufgrätschen und wieder zurück
- Abgänge über den Holm
- Kehren und Wenden
- Außenquersitz

Schwingen am Seil

- hin und zurück schwingen
- Schwingen von einem Ort zum anderen: Matten, Bänke, Kästen
- Landung mit halber Drehung
- zwischen den Füßen werden Bälle transportiert
- auf der Bank liegen Bälle, die mit den Füßen heruntergestoßen werden sollen

Gruppen-Schwingen am Seil

Auch das gemeinsame Schwingen mehrerer Kinder gleichzeitig an mehreren parallelen Tauen ist möglich. Varianten wie zuvor.

Klettern an Seil oder Stange

An Tauen oder auch an Kletterstangen ist zusätzlich zum Hangeln und Schwingen auch Klettern möglich.
- mit Einsatz der Füße
- ohne Einsatz der Füße
- an einem Seil/Stange, aber auch zwischen zwei Seilen/Stangen hängend

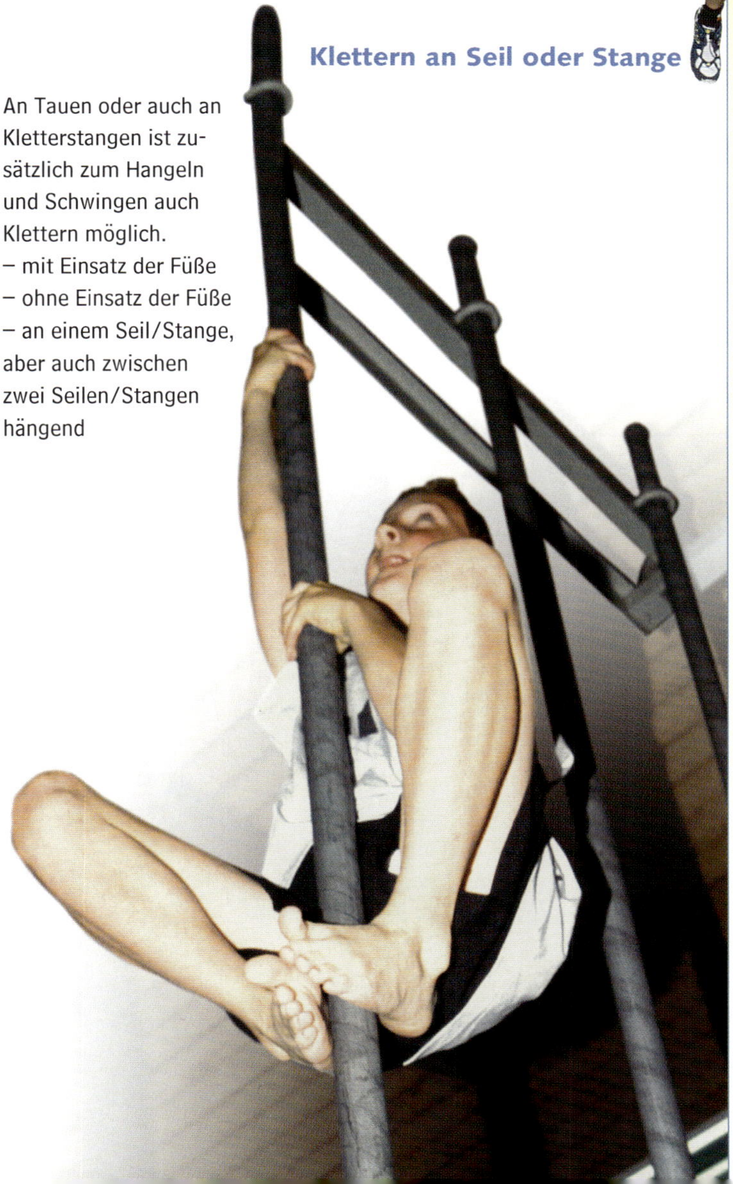

6.2 Spielen

6.2.1 Zielvorgaben „Spielen"

Beim Handlungsfeld „Spielen" kommt es wie beim Handlungsfeld „Turnen" nicht darauf an, perfekte Techniken und taktisches Spielverhalten zu erlernen, sondern mit Hilfe ausgewählter Übungen die für die Leichtathletik notwendigen koordinativen und konditionellen Fähigkeiten zu erwerben. Außerdem sollte das Ziel aller Bemühungen dabei sein, eine allgemeine Spielfähigkeit für alle Sportspiele zu entwickeln, die es erlaubt, Trainingsstunden abwechslungsreich zu gestalten. Im Einzelnen sind die Ziele:

- *spielspezifische Handlungen wie Werfen, Dribbeln, Fangen usw. erlernen*
- *Spielsituationen erkennen und entsprechend reagieren*
- *Ausdauer, Kraft, Schnelligkeit in Großen und Kleinen Spielen realisieren und verbessern*
- *einfache Regeln der Spielsportarten beherrschen.*

6.2.2 Methodische Hinweise

Als Übungs- und Wettspielformen bieten sich die „Kleinen" und „Großen" Spiele sowie zahlreiche Varianten mit dem Partner und in der Gruppe an. Durch das Variieren von Grundsituationen und Spielregeln entstehen immer wieder neue motivierende Aufgabenstellungen.

Vorübungen und Spiele mit dem Ball

Den Umgang mit dem Ball üben

– Bälle in verschiedenen Situationen rollen: um Hindernisse, mit dem Partner, in der Gruppe
– Bälle in Wettbewerbsform (wie Staffeln) rollen
– im Lauf Bälle hochwerfen und wieder auffangen (Bild)

Dribbeln mit der Hand

Dribbeln mit der Hand in verschiedenen Situationen:
– mit oder ohne zusätzliche Geräte (Hindernisse)
– als Ausdaueraufgabe
– als Schnelligkeitsaufgabe

Dribbeln mit dem Fuß

Dribbeln mit dem Fuß in verschiedenen Situationen:
– mit oder ohne Geräte
– als Ausdaueraufgabe
– als Schnelligkeitsaufgabe

Achten Sie bei den Sportspielen auf eine gerechte Mannschaftsaufteilung und auf das Fair Play – Kinder neigen oft dazu, zu wild zu spielen.

Werfen und Fangen

Werfen und Fangen in verschiedenen Situationen:

– Wanderball (in Gassenaufstellung den Ball zwischen den Reihen hin und her passen, dabei je ein Kind weiter anpassen)

– Werfer gegen Sprinter (wie vorher, gleichzeitig umsprintet ein Gegner die Gasse. Wer ist zuerst fertig?)

– Werfen und Fangen mit Zusatzaufgabe, z. B. Laufen oder wie im Bild über einen Barren passen und darunter herlaufen

Hockey

Hockey mit vereinfachten Regeln, auch mit Ersatzgeräten (Plastikschläger o.ä.).
Als Vorbereitung muss das Passen und Annehmen des Balls geübt werden. Durch den Schläger werden besondere Anforderungen an die Geschicklichkeit und die Auge-Hand-Koordination gestellt.

Basketball

Basketball mit vereinfachten Regeln.
Vorbereitend sind auch hier das Passen, Fangen und Dribbeln sowie einfache Formen des Anbietens, Freilaufens und Verteidigens (eventuell nur passives Verteidigen erlauben, um Erfolgserlebnisse zu fördern) zu üben. Dies kann auch durch den Einsatz kleiner Spiele wie Turmball oder Zehnerfang erfolgen.

6.3 Rhythmisches Bewegen

6.3.1 Zielvorgaben „Rhythmisches Bewegen"

Leichtathleten sollen keine Tänzer werden, doch es schadet nichts, wenn sie ihren Körper rhythmisch bewegen können. Die Funsportarten benutzen moderne Musik als Anreiz, sich mit ihnen zu beschäftigen. Auch die Interessen und Fähigkeiten vieler Spitzensportler liegen in diesem Bereich. Als Ziele können wir verfolgen:

- *sich zur Musik bewegen (am Ort, gehen, laufen, hüpfen, springen)*
- *leichte Schrittkombinationen (Aerobic, Step-Aerobic ...)*
- *Gymnastik- und Kräftigungsübungen im Rhythmus*

6.3.2 Methodische Hinweise

Der Stundenbeginn, der -ausklang, eine Übungspause, eine Übungsstunde im Fasching oder eine Stunde „Training einmal ganz anders" (vielleicht mit einer speziell ausgebildeten Übungsleiterin im Verein) bieten sich als Möglichkeiten an, sich ab und zu einmal mit diesen Dingen zu beschäftigen.

Rhythmisches Bewegen

Rhythmisches Bewegen nach Musik

Am Ort
- Hierbei geht es darum, zu hören und den Körper wie die Extremitäten in rhythmische Bewegungen zu versetzen. Die „Körperinstrumente" (Hände klatschen, Schnipsen, Füße stampfen usw.) begleiten die Musikvorgaben.

Gehen, Laufen, Springen
- im Rhythmus der Musik bewegen
- mit dem Partner, in der Gruppe bewegen
- Figuren gehen (120 bpm*), laufen (160 bpm), springen (120 bpm)
- Geräte tragen, übergeben
- Geräte überlaufen
- Rope-Skipping, Seilchenspringen

bpm* = beats per minute (Schläge pro Minute)

Leichte Schrittkombinationen

- leichte Schrittkombinationen ausführen
- Schrittkombinationen selbst zusammenstellen

Anwendungsgebiete: Aerobic, Step-Aerobic, kleine Tänze

Gymnastik-/Kräftigungsübungen

- Das Tempo bei der Ausführung der jeweiligen Übung passt sich dem Rhythmus der Musik an.

7 Wettkämpfe für Kinder

7.1 Der Wettkampf – Verwirklichung kindlichen Wetteifers

7.1.1 Warum Wettkämpfe?

Wer mit Schülern zu tun hat, wird immer wieder beobachten, dass sie zumeist bis ins späte Schulkindalter (Mädchen bis etwa 12 Jahre, Jungen bis etwa 13 Jahre) große Begeisterung für Leistungsvergleiche, besonders aber für Wettkämpfe entwickeln. Das Beobachten von Kindern in der Freizeit zeigt, dass sie sehr aktiv und oft mit spielerischem Kräftemessen ihre Freizeit ausfüllen. *Eine besondere Ausdrucksweise des kindlichen Bewegungsdrangs ist der Wetteifer.*

Erst im Wettkampf werden Herausforderung, Bewährung, Erlebnis, Leistung, Erfolg sichtbar. Aber auch Misserfolg, Enttäuschung, Risiko, Spannung, Freude oder Lust gehören zu diesen Elementen. *Ein zentrales Merkmal des Wettkampfs ist die Spannung, d.h. die zumindest normalerweise bestehende Ungewissheit über dessen Ausgang.* Allein dieses Abenteuer zu erleben, stellt einen ganz eigenen Reiz dar und kann damit schon Motivation genug sein, sich im Wettkampf zu engagieren.

Im Vergleich zum Hochleistungssport hat aber im Schüleralter nicht nur das Training, sondern auch der Wettkampf einen zum Teil anderen Charakter mit eigener Zielsetzung. *Die Wettkampfleistung ist im Schüleralter noch nicht das eigentliche Ziel des Trainings, der Wettkampf darf nicht zum beherrschenden Element der Planung werden!*

Wettkämpfe sind die speziellsten Trainingsformen, die ganzjährig dem kindlichen Vergleichstrieb Genüge tun und die zur Bindung an den Sport notwendigen Erfolgserlebnisse bringen sollen. Insbesondere haben sie im Schüleralter die Bedeutung von Zwischenstationen; *sie sind Stationen auf dem Weg zu höheren Leistungen* und sollen mit der Aufgabenstellung im Training verbunden werden. Nicht zuletzt sind Wettkämpfe im Schüleralter vor allem auch *Motivationsverstärker und Erfolgsstimulanzien* und dienen zusätzlich der *psychischen Stabilisierung und einer realistischen Selbsteinschätzung.*

Wetteifer

Er wird als psychischer Antrieb aufgefasst, der aus dem Bedürfnis des Kindes entspringt, sich mit anderen zu vergleichen, eigene Leistungsfähigkeiten zu kennen und zu bewerten. Dazu braucht man nicht zwangsläufig einen organisierten und streng normierten Wettkampf, sondern beliebige Formen lassen sich jederzeit und an jedem Ort durchführen.

Beachte

Wettkämpfe haben in der Kinderleichtathletik die Bedeutung von Zwischenstationen. Sie orientieren sich an den Aufgabenstellungen des Trainings, nicht umgekehrt!

Auf die Plätze – fertig – los! Auch für Kinder sind Wettkämpfe das „Salz in der Suppe".

7.1.2 Ziele von Wettkämpfen

Der Wettkampf, ein individuelles Erlebnis

Der Wettkampf soll für die Kinder folgende Zielstellungen haben:

- *Wetteifer ausleben, Spannung, Risiko und Abenteuer erleben*
- *Erproben der eigenen Fähigkeiten und Grenzen und Vergleichen mit anderen (Einstufung des eigenen Könnens)*
- *Erleben des eigenen Fortschritts, neue Motivation, neue Zielsetzung*
- *Freude, Anerkennung, Belohnung erleben*
- *Kennenlernen der speziellen Wettbewerbssituation und Gewöhnung an Wettkämpfe und Erwerb von Wettkampferfahrung*
- *Erlernen von Wettkampfverhalten und psychischer Wettkampfvor- und -nachbereitung*
- *Formulieren von Leistungs- und Erfolgserwartungen mit anschließendem Verarbeiten*

Der Wettkampf, ein gemeinschaftliches Erlebnis

Im Schülerwettkampf sollen die Kinder Gemeinschaft erleben, indem sie

- gemeinsam zum Wettkampfort fahren und dort eine längere Zeit miteinander verbringen,
- gemeinsam einen Wettkampf bestreiten und ihre Kraft für ein gemeinsames Ziel einsetzen,
- gemeinsam siegen oder verlieren,
- gemeinsam Freude, Niedergeschlagenheit erleben und ertragen,
- gemeinsam sich neue Ziele setzen.

Der Wettkampf, Instrument zur Verbesserung, Darstellung und Kontrolle des Gelernten

Auf allen Ebenen haben Wettkämpfe in irgendeiner Form immer die Darstellung von Gelerntem (= Leistung) zum Ziel. Die gezeigte Leistung wird gemäß eines feststehenden Reglements nach Rängen und in Platzierungen geordnet. Kinder und Betreuer können aufgrund der gezeigten Leistungen den Ausbildungszustand in Form von Fortschritten oder Defiziten ersehen.

Beachte

Generell dienen Wettkämpfe nicht nur der Präsentation der Leistung und der Ermittlung von Leistungsergebnissen, sie sind gleichzeitig eine Methode der Leistungsentwicklung und in diesem Sinne eine hocheffektive Trainingsform.

Wettkämpfe beinhalten aber auch Elemente der Leistungssteigerung, die nur hier geschult werden können: höchste physische und psychische Belastungen, Wettkampferfahrung usw. Deshalb sind Wettkämpfe auch in der Kinderleichtathletik unverzichtbar. Sie haben die Funktion von Trainingsformen für diese genannten Ziele.

7.1.3 Merkmale von Wettkämpfen

Drei wesentliche Merkmale kennzeichnen Wettkämpfe: Reglement, Gegner und Öffentlichkeit.

Das Reglement (die Wettkampfbestimmungen) steuert als Voraussetzung für einen möglichst objektiven Leistungsvergleich (im Sinne der Chancengleichheit) alle notwendigen Bedingungen.

Durch die Anwesenheit des Gegners erhält der Wettkampf seine typischen Merkmale wie direkter Leistungsvergleich oder taktische Varianten in der Wettkampfführung.

Die „Öffentlichkeit" von Wettkämpfen besteht bei Kindern hauptsächlich in der Anwesenheit von Eltern, Geschwistern oder Freunden. Sie führt zu typischen Emotionslagen und macht Motivationen frei, die nur

Wettkämpfe gestalten

Gestalten des Umfelds

- Spielstationen für die Kinder anbieten, die gerade nicht am Wettkampf beteiligt sind
- Ausschmücken der Örtlichkeiten, z.B. Fahnen, Luftballons, ...
- Verpflegungsstand mit Speisen und Getränken

Organisatorischer Ablauf

- attraktive, kindgerechte Auswahl der Inhalte
- Dauer maximal drei Stunden!
- offizielle Begrüßung mit kindgerechter Ansprache
- gemeinsames Aufwärmen zur Musik
- übersichtliche Informationstafeln, die auch zeitnah Zwischenstände und Ergebnisse mitteilen
- große gemeinsame Siegerehrung zum Abschluss, Fanfare, alle Teilnehmer postieren sich rund um das Siegerpodest
- Auszeichnung für alle!

in dieser speziellen Situation freigesetzt werden können und in ihren emotionalen Auswirkungen außergewöhnliche Leistungen, aber auch Wettkampferlebnisse hervorbringen.

7.1.4 Die Wirkung von Wettkämpfen

Ein Wettkampf ist nicht wiederholbar. Dies bedeutet, dass gegebenenfalls ein Misserfolg, ein schlechtes Ergebnis usw. nicht revidiert werden kann. Entsprechend wirken Wettkämpfe nach.

Zu beachten ist, dass ein Wettkampf immer mit Erwartungsdruck verbunden ist. Im einfachsten Fall betrifft dieser nur die Selbsterwartung, meist aber auch die vielen Facetten der Fremderwartung (Eltern, Mitschüler, Trainer, Funktionäre, Verband/Verein, „die Öffentlichkeit").

Solch innerer oder äußerer Erwartungsdruck kann, insbesondere bei Diskrepanzen (wenn die Fremderwartung deutlich höher ist als die Selbsterwartung bzw. wenn Leistungs- und Handlungsmöglichkeiten nicht ausreichen, um Selbst- oder Fremderwartung zu erfüllen) zu einer psychischen Beanspruchung führen. Dauerhafte Überforderungen, auch aus der subjektiven Sicht des Kindes, müssen unbedingt vermieden werden. Auch Belastungen außerhalb des Sports, im Extremfall das total verplante Kind, sind dabei mit zu berücksichtigen. Förderlich sind dagegen herausfordernde Situationen mit nicht sicher vorhersehbarem Ausgang.

Beachte
Wettkämpfe sollen herausfordern, nicht dauerhaft überfordern!

7.1.5 Die Wettkampftätigkeit der Kinder

Im Idealfall beginnen die Kinder mit 7 Jahren die Grundausbildung in der Leichtathletik und damit auch das Sich-Messen mit Gleichaltrigen in vielfältigen Wettbewerben. Zunächst sind Trainingswettkämpfe im oben dargelegten Sinn nicht nur eine wertvolle und sinnvolle Bereicherung, sondern vor allem Mittel der Wahl schlechthin in der vielseitigen Grundausbildung. Dazu kommen im Laufe der Zeit Vergleichskämpfe mit anderen Vereinen oder Mannschaftskämpfe innerhalb eines größeren regionalen Kreises. Für den Kinderbereich müssen folgende Zusammenhänge beachtet werden:

- In den Wettkämpfen kann von den Kindern nur das gefordert werden, was sie in den vorausgehenden Trainingsstunden gelernt haben.
- Wettkämpfe werden nicht speziell vorbereitet. Lediglich die Wettkampfsituation sollte im Training geübt werden, wobei eine adäquate Vorbereitung auf die unter Wettkampfbedingungen geforderten Bewegungs- und Handlungsabläufe selbstverständlich sein sollte.
- Auch bei Anfängern sind bereits Grundregeln der psychologischen Wettkampfvor- und -nachbereitung zu erlernen. Dazu gehört, dass das Verhalten am Wettkampfort, bei der Wettkampfvorbereitung und bei den Wettkämpfen besprochen und geübt wird.
- Leistungs- und Erfolgserwartungen sind möglichst individuell als Maßstab für die Verarbeitung der Geschehnisse und Erlebnisse bereits vor den Wettkämpfen anzusprechen. Die Verarbeitung des Ergebnisses unter den Aspekten von Erfolg und Misserfolg ist an den vorher gemeinsam formulierten Erwartungen zu messen.

Beachte
Vielfältige Wettkampferfahrungen sind notwendig, um die Vielzahl möglicher Wettkampfsituationen kennen und bewältigen zu lernen. Erst die Möglichkeit, begangene Fehler beim nächsten Mal nicht mehr zu machen, immer wieder eine neue Chance zu haben, macht die Wettkämpfe zu einem auch pädagogisch so wertvollen Bestandteil der Grundausbildung.

7.1.6 Besonderheiten von Wettkämpfen im Kindesalter

Wettkämpfe im Kindesalter müssen der Psyche des Kindes gerecht werden und für alle Kinder ein Erlebnis sein! Vermehrte Wettkämpfe in Mannschaftsform kommen dem Gruppenerlebnis entgegen. Auf Mindestleistungen und Normen sollte weitestgehend verzichtet werden, um niemanden von vornherein auszuschließen. Daneben kommt es auch stark auf die Umfeldgestaltung und die Gestaltung des Ablaufs an. Anregungen dazu gibt die Abbildung auf der vorhergehenden Seite. Die Planung von Wettkämpfen, insbesondere die Anzahl, muss dem Umfeld der Kinder angepasst werden. Denn wir müssen berücksichtigen, dass neben den vor allem psychischen Wirkungen die Zeitbelastung – die durch Schule, Training und sonstige Bildungs-/Freizeitangebote ohnehin schon sehr hoch ist – durch zu häufige Veranstaltungen unvertretbar gesteigert werden könnte. Für soziale Bedürfnisse in der Freizeit (mit Familie, Freunden oder Schulkameraden) bliebe keine Zeit mehr, einmal abgesehen davon, dass ein vernünftig aufgebautes Training dann ohnehin nicht mehr möglich wäre. Im Jahresverlauf ist eine Orientierung an folgenden Zahlen empfehlenswert (je nach Trainingshäufigkeit – einmal – zweimal):

- im Winter 1 bis 2 Wettkämpfe
- im Sommer 3 bis 4 Wettkämpfe
- im Herbst 1 bis 2 Wettkämpfe

Gemeint sind damit nur Wettkämpfe außerhalb des gewohnten Trainingsbetriebes. Ebenso sind eventuelle schulsportliche Wettbewerbe nicht berücksichtigt.

7.1.7 Wettkampfmöglichkeiten

Das offizielle Wettkampfwesen der Kinderleichtathletik im Deutschen Leichtathletik-Verband bietet zwei Bereiche an:

- das traditionelle Wettkampfangebot
- das ergänzende Wettkampfprogramm

Das ergänzende Wettkampfprogramm wurde 1993 vom DLV-Verbandstag verabschiedet und in die offiziellen Wettkampfbestimmungen aufgenommen. Es ist ein erster großer Schritt zu vielseitigen und kreativen Wettbewerben für Kinder, wie sie in diesem Kapitel bereits begründet wurden. Diese Inhalte können als „alternative Wettspiele" bezeichnet werden – das Einbeziehen des Begriffes „Spiel" verdeutlicht und betont den kindgerechten spielerischen Zugang. Die Resonanz auf dieses Programm kann jedoch noch nicht zufrieden stellen. Gründe mögen sein, dass noch zu viele Übungsleiter, Eltern und Organisatoren sehr den traditionellen Formen verhaftet sind, Rekorde, Meistertitel und Bestenlisten als das Wichtigste im Kinderbereich ansehen, zu wenig informiert über die neuen Formen sind oder den Aufwand scheuen, sich in die neue Materie einzuarbeiten. Der Deutsche Leichtathletik-Verband und manche seiner Landesverbände haben aber inzwischen hervorragende Angebote entwickelt. Im Folgenden finden Sie in zwei Abschnitten Anregungen zur Umsetzung der Wettkampf-Idee in der Kinderleichtathletik:

- Sie finden ein Wettkampf-Spektrum, das ausschließlich in Mannschafts- und Staffelwettspielen realisiert wird. Die in den Beispielen genannten Zusammensetzungen der Mannschaften sind nur Vorschläge und können jeweils angepasst werden. Jeder Veranstalter kann aus diesem Pool sein eigenes Wettkampfprogramm zusammenstellen, sodass sich die Kinder von Veranstaltung zu Veranstaltung immer wieder auf neue Wettbewerbe einstellen müssen. Das Training ist deshalb vielfältig und breit gefächert zu gestalten, um den Anforderungen bei den Wettkämpfen gerecht zu werden.
- Danach finden Sie praxiserprobte konkrete Wettkampfangebote aus dem Verbands- und schulsportlichen Bereich – der DLV hat auch in der Schule an entsprechenden Veränderungen mitgewirkt:
  - Fun in Athletics/Kids' Athletics (DLV/IAAF)
  - Wettkampf IV „Jugend trainiert für Olympia"
  - Neukonzeption der Bundesjugendspiele

Ausführliche Infos zu diesen Wettbewerben können Sie über die Geschäftsstelle des Deutschen Leichtathletik-Verbandes erhalten. Die Adresse finden Sie im Literaturverzeichnis.

Beachte

Wer Leichtathletik so kindgemäß im Training anbietet, wie es dieses Lehrbuch vorschlägt, benötigt zwangsläufig auch die dazu passenden Wettkampfangebote!

Schnelles Laufen

Zonensprint

Für zwei Schülerinnen und zwei Schüler. Im Abstand von je 5 m werden Zonen eingezeichnet. Der Teilnehmer startet auf Kommando im Hochstart. Die Laufzeit beträgt fünf Sekunden, deren Ende wird durch einen Pfiff angezeigt. Je nachdem, welche Zone in der vorgegebenen Zeit erreicht wird, werden mehr oder weniger Punkte vergeben.

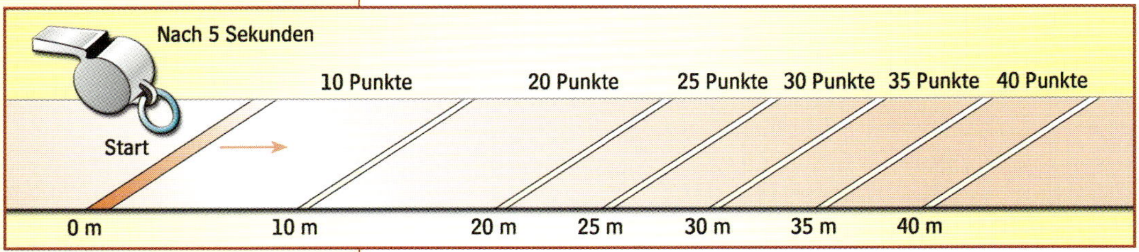

Sammelsprint

Für vier Schülerinnen und vier Schüler.
Der erste Läufer nimmt einen Tennisball oder anderen Gegenstand aus einem Startkarton, trägt ihn zum Sammelkarton und legt ihn dort ab. Dann sprintet er zum zweiten Läufer und schlägt ihn auf der Hand ab. Dies ist das Startzeichen für den zweiten Läufer usw. Sieger ist die Mannschaft, die nach zwei Minuten die meisten Bälle in ihrem Sammelkarton hat.
Der Sprint kann als Wende- oder auch als Pendelstaffel organisiert werden.

Geschicklichkeitssprint

Für vier Schülerinnen und vier Schüler.
Pendelstaffel 8 x 40 m. Nach halber Strecke muss jeweils eine Geschicklichkeitsübung als Zusatzaufgabe erfüllt werden, z. B.:
– Slalom um 5 bis 6 Stangen laufen
– durch ein Kastenteil kriechen
– in einen Fahrradreifen springen, Reifen nach oben führen, seitlich ablegen (Bild links),
bevor weiter gelaufen wird.

Laufen über Hindernisse

Hindernis-Sprint-Pendelstaffel

Das Prinzip ist das gleiche wie bei der Hindernisstaffel. Allerdings wird nur von einer Seite über die Hindernisse gelaufen, von der anderen Seite erfolgt ein Flachsprint an den Hindernissen vorbei. Jedes Kind läuft zweimal, sodass es sowohl über die Flach- als auch über die Hindernisstrecke läuft.

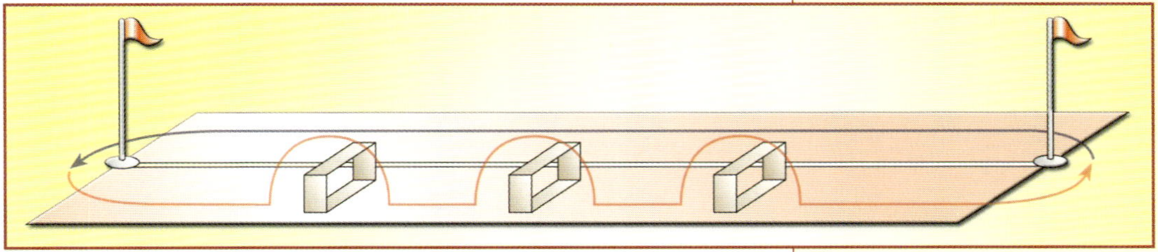

Hindernisstaffel

Für vier Schülerinnen und vier Schüler.
Durchgeführt wird eine Pendelstaffel über eine Hindernisstrecke von 40 m Länge. Die Hindernisse bestehen aus Bananenkartons. Abstände: jeweils 11 m An- und Auslauf, zwischen den vier Hindernissen jeweils 6 m (Bild unten). Übergeben wird ein Moosgummiring.
Als Ergebnis wird die Gesamtlaufzeit festgehalten.

Langes Laufen

Ausscheidungslauf

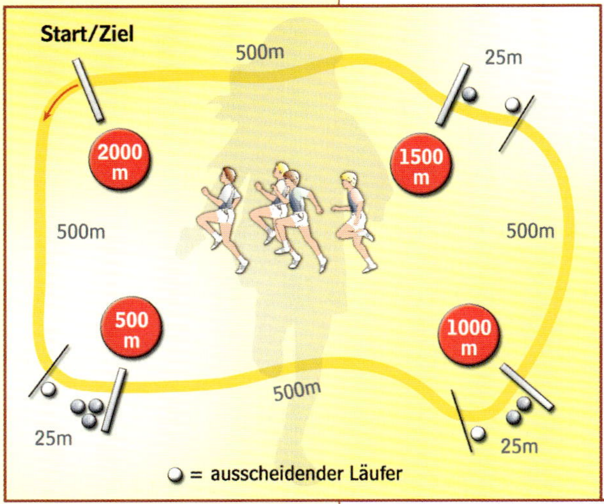

Es sind je zwei Jungen und Mädchen in einem Team. Sie starten gemeinsam zu einem 2000 m-Lauf im Gelände. Nach 500, 1000 und 1500 m scheidet jeweils der Langsamste aus. Dabei müssen sich aber alle übrigen Läufer in einem gekennzeichneten 25 m-Raum befinden. Die Ausgeschiedenen gehen zum Start zurück. Die Teams starten in zwei Minuten Abstand. Bei diesem Wettbewerb müssen die Kinder über eine gute Ausdauer (Grundwert: ca. 15 Minuten zügig laufen können) verfügen. Bis 1500 m richtet sich das Tempo nach den etwas schwächeren Läufern. Erst dann kann der Schnellere sein ganzes Können ausspielen.

Balltransportlauf

Zwei Mannschaften mit je zwei Ballstationen aus zwei Kartons starten auf einer Runde (Rundbahn oder Gelände). Jeder Läufer nimmt von seiner Station einen Tennisball mit und legt ihn an der nächsten eigenen Station ab. Dort entnimmt er dem zweiten Karton einen Ball, bis er nach einer weiteren halben Runde wieder eine eigene Station erreicht usw. Welches Team verlegt in acht Minuten die meisten Bälle?
Steht Ihnen mehr Material zur Verfügung, ist diese Übung auch mit mehreren Mannschaften gleichzeitig möglich!

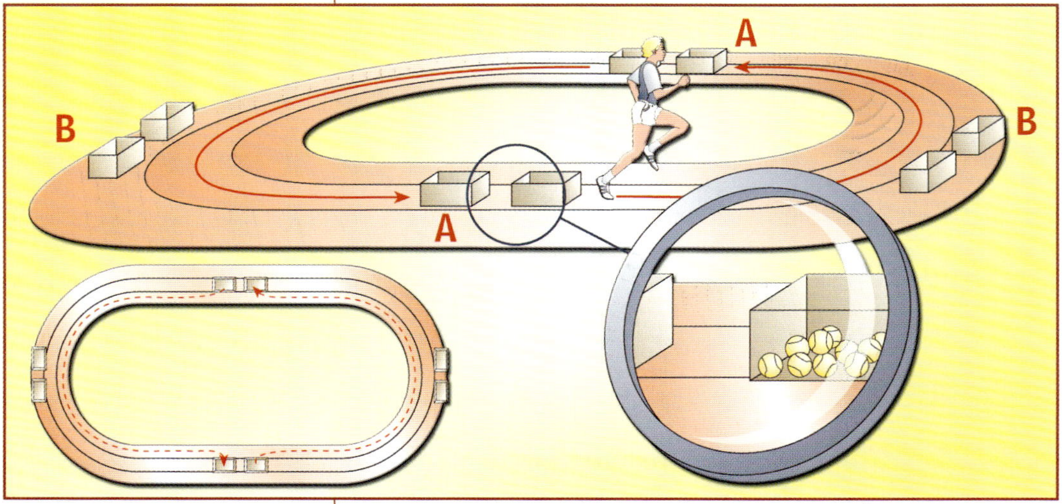

Langes Laufen

Mannschafts-Biathlon

Die Mannschaft läuft gemeinsam eine große Laufstrecke von etwa 2 km Länge. Alle ca. 400 m gibt es Zielwurfstationen. Die Aufgabe ist in frühestens 13, höchstens 15 Minuten zu erledigen. Als Mannschaftsergebnis zählt die Summe der Trefferpunkte, gegebenenfalls abzüglich Strafpunkte für zu frühes oder zu spätes Ankommen (1 Punkt je Sekunde).

Die Mannschaften starten in zweiminütigem Abstand.

Vorschläge für die Wurfstationen:

Station 1: Zielwerfen in Tonnen mit Tennisbällen, 15 Sekunden Zeit, je Treffer zehn Punkte (Bild rechts).

Station 2: Zielwerfen mit Tennisbällen in Zielscheibenkreise, jeder Kreistreffer gibt zehn Punkte. Je vier Versuche.

Station 3: Zielwerfen mit Gymnastikbällen durch ins Tor gehängte Reifen. Je vier Versuche, zehn Punkte je Treffer.

Station 4: Zielwerfen auf zehn Hütchen mit Tennisbällen, Wurfzeit 15 Sekunden (Bild unten).

In die Weite/Höhe springen

Mannschafts-Zonenweitsprung

Für je zwei Mädchen und Jungen. Aus max. 10 m Anlauf erfolgt der Absprung aus einem Fahrradreifen o.ä. in die Weitsprunggrube. Diese ist mit Zauberschnüren in Weitenzonen eingeteilt. Je weiter der Sprung ist, desto mehr Punkte erhält der Springer für seine Mannschaft.
Alternative: Nach dem Sprung weiterlaufen und in Form einer Wendestaffel das nächste Kind losschicken. Welche Mannschaft erzielt in drei Minuten die meisten Punkte?

Mannschafts-Weit-Hochsprung

Der Anlauf und der Absprung sind mit der vorangegangenen Übung vergleichbar. Allerdings ist nur ein Band in ca. 1,50 bis 2,00 m Entfernung gespannt. Aufgabe ist es, dieses Band zu überspringen. Wer es nicht schafft, scheidet aus. Nach jedem Durchgang wird das Band um 5 cm höher gespannt. Welche Mannschaft schafft die meisten gültigen Sprünge?

Mannschaftshochsprung

Für je zwei Jungen und Mädchen. Ziel ist eine möglichst große Gesamthöhe. Varianten:
– festgelegter Sprungtechnik
– festgelegte Versuchszahl (z. B. 5 Sprünge je Springer – einschließlich Fehlversuchen!)
– Rechts-Links-Schersprung: Es zählt die Höhe, die sowohl mit links als auch mit rechts übersprungen wurde.
– Differenzhochsprung: Als Ergebnis zählt nicht die übersprungene Höhe, sondern die Differenz aus Körperhöhe und Sprunghöhe.

Werfen und Stoßen

Mannschafts-Zonenwerfen

Es zählt die Summe aller Würfe. Alternative: Statt in Zonen zu werfen, wird ab einer Abwurfmarkierung über ein Hindernis, z. B. ein Fußballtor geworfen. Wer es nicht schafft, scheidet aus. Nach jedem Durchgang wird die Abwurfmarkierung zurückverlegt.

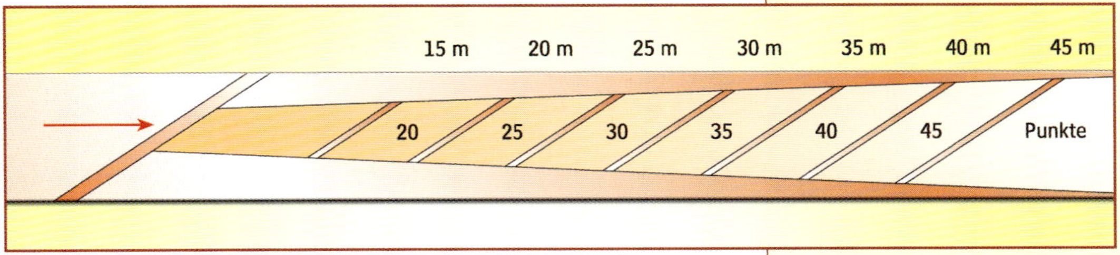

Zielscheibenwerfen

Jedes Kind hat drei Würfe auf eine Zielscheibe (z. B. kreisförmig ausgelegtes Tau). Für den innersten Kreis gibt es die meisten Punkte, für den äußersten die wenigsten. Es zählt wieder die Mannschaftssumme. Größe und Entfernung der Zielscheibe hängen vom Wurfgerät ab.
Dieser Wettbewerb kann nicht nur mit dem Schlagwurf, sondern auch sehr reizvoll mit einem seitlichen Drehwurf mit Fahrradreifen durchgeführt werden.

Risikostoßen

Der Schüler steht in Schrittstellung an einer Marke (Fahrradreifen) und stößt einen Medizinball beidhändig über ein Hindernis. Überwindet er es (max. drei Versuche), kann er jeweils eine Marke zurückgehen. Am Ende zählt die weitest entfernte Marke, von der der Ball über das Hindernis gestoßen wurde. Sieger ist die Mannschaft mit der größten Weitensumme.
Alternative: Umkehrung des Prinzips (wie Zonenwerfen).

7.1.8 Bewährte Wettbewerbsangebote aus Verband und Schule

Fun in Athletics/Kids' Athletics

Der Beschluss des DLV-Verbandstages 1993, zusätzlich zu den bestehenden traditionellen Disziplinen für Kinder die so genannten ergänzenden Wettbewerbe ausdrücklich in die offiziellen Wettkampfbestimmungen aufzunehmen, ebnete den Weg für verschiedene kinderorientierte Wettbewerbe. „Fun in Athletics" als attraktiver Hallenwettbewerb bestand bereits in Großbritannien und fand den Weg nach Deutschland. Inzwischen gibt es in Zusammenarbeit mit dem Weltverband als Freiluftvariante „Kids' Athletics". Die beiden Konzepte sind in der Anlage sehr ähnlich, deshalb werden sie im Folgenden auch gemeinsam vorgestellt.

Zielsetzungen der beiden Konzepte sind:

- *viele Kinder sind gleichzeitig aktiv,*
- *vielseitige und grundlegende leichtathletische Bewegungsformen werden geübt,*
- *nicht nur stärkere oder schnellere Kinder beeinflussen ein gutes Ergebnis,*
- *es werden altersgemäße koordinative Anforderungen gestellt,*
- *der Erlebnischarakter ermöglicht einen kindgerechten Zugang zur Leichtathletik,*
- *der Wettkampf ist einfach strukturiert, auch zur Ergebnisfindung sind keine komplizierten Wertungen notwendig,*
- *nur wenige Helfer und Kampfrichter werden benötigt,*
- *Leichtathletik wird als gemischt-geschlechtlicher Mannschaftswettbewerb angeboten.*

Ein besonderes Merkmal ist, dass Fun in Athletics und Kids' Athletics grundsätzlich als Mannschaftswettbewerbe durchgeführt werden und die soziale Interaktion der Kinder betonen. Bereits alle Laufwettbewerbe finden deshalb in Form von Staffel- bzw. Mannschaftsläufen statt, alle technischen Disziplinen (Sprünge und Würfe/Stöße) werden nur als Gesamtleistung der Mannschaft bewertet.

Beachte

Die Leichtathletik wird als attraktives Mannschaftserlebnis angeboten. Die körperlichen Anforderungen sind niedrig genug, dass sich jedem Kind die Möglichkeit bietet, sofort mitzumachen und die Leichtathletik innerhalb einer gemischten Mannschaft zu erleben. Das Wettkampfprogramm ist überschaubar und schnell realisierbar, der Motivationsaspekt steht im Vordergrund.
Die Wettbewerbe beinhalten im Sinne einer vielseitigen Ausbildung vor allem grundlegende und vielfältige Bewegungen. Die traditionellen Angebote der Bewegungsformen Sprinten, Dauerlaufen, Springen und Werfen sind entsprechend angepasst.

Würfe mit der Vortex-Wurfrakete sind für Kinder aufgrund der Flugeigenschaften sehr motivierend. – Sie zählen zum Programm von Kids' Athletics.

Die Teams werden im Sinne der Mannschaftsbildung relativ groß gehalten. Auch weniger Begabte erhalten dadurch eine Gelegenheit zur Teilnahme, tragen zur Gesamtleistung bei und werden feststellen, dass gerade auch ihr Mitwirken für das Team wichtig ist.
Im Sinne der bereits angesprochenen Forderung nach Vielseitigkeit müssen alle Mannschaftsmitglieder jeweils in mehreren Disziplinen aus jedem Bereich des Sprintens, Dauerlaufens, Springens und Werfens starten. Diese grundsätzliche Bedingung hilft, eine frühzeitige Spezialisierung zu verhindern, und ermöglicht ein variantenreiches Training.
Zum Teil werden speziell entwickelte und konstruierte Geräte eingesetzt. Diese Geräte sind leicht zusammenzusetzen, problemlos zu transportieren und ermöglichen so einen schnellen Auf- und Abbau. Dazu haben sie durch entsprechend auffällige Farbgebung oder Effekte einen hohen Aufforderungscharakter und motivieren Kinder zum aktiven Mitmachen. Alle Geräte sind unter dem Gesichtspunkt größtmöglicher Sicherheit konstruiert und hergestellt worden.
Beide Wettbewerbe werden in mehreren Altersklassen durchgeführt, die einzelnen Wettbewerbe passen sich dem Alter der Kinder an. Hier finden Sie die Möglichkeiten für die bis 9-Jährigen und die 10/11-Jährigen:
Fun in Athletics:

- Sprint: verschiedene Umkehrläufe mit Zusatzaufgabe; verschiedene Staffelläufe mit Hindernissen
- Sprung: Standweitsprung, Speed-Bounce, Vertikalsprung, Standdreierhopp, Scherhochsprung und Balance Beam
- Wurf/Stoß: Einwurf mit dem Medizinball aus dem Kniestand, Speerwurf aus dem Stand mit einem Softspeer, Zielwurf mit dem Heuler, Baumstammwurf (Softbaumstamm), Frontalstoß mit dem Medizinball
- Lauf: „Grand Prix" als Abschluss (Rundlauf mit Hindernissen).

Kids' Athletics:

- Sprint: Pendelstaffel Flachsprint/Hindernisse (ab 10 Jahre), Flach-/Hindernis-/Slalom-Sprint
- Lauf: 8-Minuten-Ausdauerlauf
- Sprung: Stabweitsprung (ab 10 Jahre), Seilchenspringen, Froschsprünge, Cross-Hopp
- Wurf/Stoß: Zielwerfen einarmig, Kid-Speer-Weitwurf, Einwurf mit dem Medizinball aus dem Kniestand (bis 9 Jahre), Drehwurf auf Ziele (ab 10 Jahre).

Auffällig sind u.a. die ungewöhnlichen Geräte, die zum Einsatz kommen. Als Beispiele seien hier der Softbaumstamm und der Softspeer oder Kid-Speer genannt. Letztere sind Geräte aus Schaumstoff, die an dicke Speere mit Stabilisationsflügeln am Ende erinnern. Er zeigt schon viele Eigenschaften des „normalen" Speeres und hat einen hohen Aufforderungscharakter. Ein weiteres interessantes „Gerät" wird in den Staffeln von Fun in Athletics eingesetzt: ein spezielles Wendebrett. Dieses wird an die Hallenwand gestellt und ist so konstruiert, dass den ankommenden Läufer ein großes Brett (Winkel zum Boden 50 Grad) erwartet, auf das er einen Fußkontakt ausübt (ein Stück weit „die Wand hochläuft") und dann die Richtung ändert.

Soziale Interaktion

Mit Nachdruck für die Leichtathletik als Mannschaftssport zu werben, spornt Kinder an, gemeinsam zu arbeiten, den Wert der Kooperation verstehen zu lernen und dieses auch mit „Fair Play" zu verbinden.

Beachte

Die räumlichen Anforderungen sind einfach: für Fun in Athletics reicht eine gewöhnliche Dreifachhalle, für Kids' Athletics wird eine ebene Fläche mit einer Mindestgröße von 40 x 20 m benötigt (z.B. Rasenfläche, Aschenplatz oder Asphalt). Die Dauer des Wettbewerbs ist überschaubar und zeitlich einzugrenzen: die Durchführung eines kompletten Wettbewerbes (= 9 Mannschaften mit je 10 Teilnehmern) ist einschließlich einer Siegerehrung in ca. zwei Stunden zu leisten.

In den Sprungdisziplinen sind besonders auffällig der Cross-Hopp und der Speed-Bounce. Beide Wettbewerbe haben die gleiche Intention: kleine schnelle Sprünge mit Richtungswechsel und hohen koordinativen Anforderungen. Beim Speed-Bounce hüpft das Kind in bestimmter Zeit möglichst oft beidbeinig über einen kleinen Schaumstoffbalken seitlich hin und her. Beim Cross-Hopp ist das Hindernis ein Sprungkreuz, in dem es nicht nur seitlich hin und her, sondern auch noch vorwärts und rückwärts zu hüpfen gilt.
Ausführliche Angaben sind über die Geschäftsstelle des Deutschen Leichtathletik-Verbandes erhältlich.

Jugend trainiert für Olympia

In diesem Bundeswettbewerb sind die Wettkämpfe für Schulmannschaften zusammengefasst. Je nach Altersklasse finden die Wettbewerbe bis zur Bundes-, Landes- oder Kreisebene statt.

Wettkampf IV Jugend trainiert für Olympia

Der Leichtathletik-Wettkampf IV Jugend trainiert für Olympia umfasst die 11- bis 13-Jährigen Schülerinnen und Schüler. Beginnend mit Erprobungen in 1993 hat sich neben dem an der traditionellen Leichtathletik orientierten Wettkampf das weiter unten angeführte Angebot offiziell etabliert, wenn auch je nach Bundesland mit unterschiedlichem Erfolg. An manchen Standorten wird der Wettbewerb sogar mit Begeisterung von Dritt- und Viertklässlern durchgeführt. Er ist ein erfolgreiches Beispiel für Vielseitigkeitswettbewerbe von Schulmannschaften und verdeutlicht gleichzeitig die in diesem Lehrbuch für die Kinderleichtathletik geforderten Prinzipien für kindgerechte Wettbwerbe.

Im Mittelpunkt stehen inhaltlich die Ausrichtung an der geforderten leichtathletikorientierten koordinativen Vielfalt und organisatorisch der Mannschaftsgedanke und eine einfache Durchführbarkeit. In der „genormten" Version für die Schulmannschaften besteht jedes Team aus fünf Jungen und fünf Mädchen zuzüglich jeweils ein Ersatzkind. (Natürlich lässt sich dies auf Ihre Situation anpassen, wenn Sie diesen Wettbewerb für Ihre Kinder durchführen wollen). Alle Übungen werden gemeinsam durchgeführt, erhoben wird jeweils nur das Mannschaftsergebnis. Folgende Wettbewerbe werden durchgeführt:

- Hindernis-Sprint-Pendelstaffel (40 m)

Der Ablauf entspricht dem unter gleichem Namen in Kapitel 7.1.7, Seite 161 geschilderten Wettbewerb.

- Zonenweitsprung

Auch diesen Wettbewerb finden Sie im o.a. Wettbewerbs-Pool (Seite 160), hier mit Absprung aus einer 80 cm-Zone.

- Scher-Hochsprung

Vorgeschrieben ist als Sprungtechnik der Schersprung. Zunächst springen die Jungen und Mädchen von rechts anlaufend mit dem linken Bein ab, die Landung muss zuerst auf den Füßen erfolgen. Jedes Teammitglied hat je Höhe nur einen Versuch. Bei einem Fehlversuch (z. B. Reißen der Latte, Absprung mit dem falschen Bein, Landung nicht zuerst auf den Füßen), scheidet das Kind sofort aus. Nachdem alle ausgeschieden sind, beginnt die gesamte Mannschaft wieder bei der Anfangshöhe, diesmal allerdings mit Anlauf von links und Absprung mit dem rechten Bein.

- Flatterball-Weitwurf

Der Ablauf entspricht dem Mannschafts-Zonenwerfen aus dem Wettbewerbskatalog, hier über ein Hindernis wie z. B. ein Fußballtor 5 m hinter der Abwurfmarke. Sechs Durchgänge für jeden sorgen dafür, dass das häufig vernachlässigte Werfen besonders gefordert wird.

In der Ursprungskonzeption wird dieser Wettbewerb mit dem Flatter- oder Schweifball durchgeführt, einem Tennisball mit daran befestigtem Baustellenband. Leider ist dieses Gerät bei wechselndem Wind und bei Kindern, die gerne das Flatterband „manipulieren", nicht immer in der Lage, für alle die gleichen Bedingungen zu liefern. So sind manche Veranstalter dazu übergegangen, anstelle des Flatterbands einen Wurfring aus Moosgummi einzusetzen.

- Medizinballstoß

Ein Medizinball wird beidhändig in Kinnhöhe vor dem Körper gehalten und aus der Schrittstellung frontal gestoßen. Von einer Abstoßmarkierung aus stoßen alle Kinder über ein 3 m entferntes flaches Hindernis, z. B. eine Turnbank, ein Reivo- oder Baustellenband. Als Fehlversuche gelten ein Übertreten, Nichterreichen oder Berühren des Hindernisses durch den Ball. Bei Fehlversuch scheidet das Kind aus. Nach jedem Durchgang wird das Hindernis um einen Meter weiter gestellt, bis letztlich alle Kinder ausgeschieden sind.

In einer Weiterentwicklung wird der Wettbewerb inzwischen teilweise in Anlehnung an die Hochsprung-Durchführung als einhändiger Stoß, aber mit zwei kompletten Durchgängen rechts und links durchgeführt.

Beachte

Die Schersprungtechnik ist hier vorgegeben, weil hierdurch das entscheidende koordinative Merkmal des Hochsprungs, nämlich der Absprung, in Reinform erfasst wird. Die geforderte Beidseitigkeit sichert die koordinative Vielfalt ab.

Beachte

Die schnelle Auswertung kommt den Interessen und der Mentalität von Kindern sehr entgegen. Das Feststellen der Mannschaftsleistung in jeder Disziplin erfolgt binnen Minutenfrist und kann schnell in die Gesamtauswertung übertragen werden. Erfolgt diese auf einem großen Plakat, können die Kinder Zwischenstände unmittelbar miterleben. Nach der letzten Disziplin ist genauso schnell auch die endgültige Rangfolge festgestellt, und die Siegerehrung kann schon nach wenigen Minuten erfolgen.

Beachte
Die zielgruppenspezifischen Ansätze der Kinderleichtathletik, wie sie in diesem Lehrbuch vorgestellt werden, finden hier Eingang in die Wettkampfkonzeption der Schulen.

Beachte
Im „Wettbewerb" führen die Kinder einen Vierkampf mit Angeboten aus dem schnellen und langen Laufen sowie aus dem Springen und dem Werfen/Stoßen durch. Für jeden Bereich stehen drei bis vier Möglichkeiten zur Verfügung, aus denen die Schule vorab jeweils eine auswählt. Altersmäßig gibt es darüber hinaus eine Veränderung im 2-Jahres-Rhythmus.

- Balltransportlauf

Die Durchführung wurde bereits weiter oben im Wettbewerbs-Pool beschrieben (siehe Seite 162).
Die Auswertung und das Feststellen der Sieger und Platzierten zeichnet sich durch Einfachheit und Schnelligkeit aus. Und so funktioniert es:

- Ergebnisfeststellung in den Disziplinen:

– Bei einem einzigen Lauf wird nur die Reihenfolge festgestellt. Bei mehreren Läufen werden wie im Lauf gewohnt Zeiten gestoppt.
– Im Hochsprung, Medizinballstoß und Balltransportlauf werden alle gültigen Versuche bzw. umgelegten Bälle gezählt.
– In den „Zonen-Disziplinen" Weitsprung und Flatterballwurf werden die Versuche in den Zonen gezählt, mit dem entsprechenden Faktor (z. B. Versuche mal 2 in Zone 2) multipliziert und diese Zahlen aufsummiert.

- Auf Basis dieser Ergebnisse wird eine Rangfolge der Mannschaften in jeder Disziplin festgestellt. Jedes Team enthält eine Punktzahl, die dem Rangplatz entspricht.
- Als Letztes werden die so ermittelten Rangzahlen über alle Disziplinen aufsummiert. Die Mannschaft mit der geringsten Summe ist dann Gesamtsieger, die mit der zweitgeringsten Zweiter usw.

Neue Konzeption Bundesjugendspiele

Mit dem Schuljahr 2001/2002 ist nach einigen Jahren der Erprobung eine neue Konzeption für die Bundesjugendspiele der Schulen in Kraft getreten. Ziel ist eine Erhöhung der Attraktivität durch Neuordnung und Modifikation des bisherigen Angebots. Diese neue Konzeption will den

Wettbewerbsangebot „Bundesjugendspiele"

Klasse/Altersstufe	schnell laufen	weit/hoch springen
1. und 2. Klasse 6 bis 8 Jahre	• Wendesprint (2 x 15 m) • Wendesprint mit Hindernissen (2 x 15 m) • Wendesprint mit Slalom (2 x 15 m) • Wendesprint mit Slalomlauf (2 x 15 m) • Wendesprint mit Slalomlauf und Hindernissen (2 x 15 m)	• Froschsprung • „Hoch"-Sprung (nach hochhängendem Gegenstand) • „Wassergraben"-Sprung (Zonensprung)
3. und 4. Klasse 8 bis 10 Jahre	• Dreieckssprint (je 12 m Seitenlänge) • Wendesprint mit Hindernissen (2 x 20 m) • Hindernissprint (35 m) • Wendesprint mit Slalomlauf und Hindernissen (2 x 20 m)	• Zielsprung • Mutsprung (Steigesprung über „flache Mauer") • Zonenhochsprung
5. und 6. Klasse 10 bis 12 Jahre	• Wendesprint (2 x 25 m) • 50 m-Sprint aus dem Hochstart (Schrittstellung) • Hindernissprint (40 m)	• Additionszonenweitsprung • Watussisprung • Stabweitsprung („Wassergraben" Weitsprung)

Anspruch einlösen, Bestandteil eines modernen Sportunterrichts zu sein. Nunmehr besteht für die Schulen die Möglichkeit, aus drei verschiedenen Angeboten zu wählen:

- „Wettkampf": Dieser beinhaltet einen sportartspezifischen Mehrkampf, so wie er bisher schon bestand.
- „Wettbewerb": Dies ist ein Vielseitigkeitswettkampf innerhalb der jeweiligen Grundsportart, in unserem Falle der Leichtathletik.
- „Mehrkampf": Dies ist ein sportartübergreifender Mehrkampf der drei Grundsportarten Leichtathletik, Turnen und Schwimmen. Die einzelnen Bestandteile lehnen sich an die Angebote aus dem Bereich „Wettbewerb" an.

Wir stellen hier den „Wettbewerb" näher vor. Neue Formen mit kreativen Ergänzungen und Neugestaltungen sollen den Kindern ähnlich wie in den bereits vorgestellten Angeboten auch in der Schule präsentiert werden – bewusst ohne Fixierung auf traditionelle Normen und Übungsformen. Dieses Programm soll die Möglichkeit bieten, die Kinder an die Bundesjugendspiele heranzuführen und sie mit dem Wettkampfgedanken vertraut zu machen. Koordinationsvermögen und Geschicklichkeit sollen besonders angesprochen werden.

Die nachfolgende Tabelle gibt Ihnen einen Überblick über das Angebot im hier interessierenden Altersbereich. Viele der Übungen finden sich so ähnlich auch in den zuvor vorgestellten Angeboten. Die Konzepte greifen deutlich ineinander. Auf der folgenden Seite finden Sie beispielhaft einige ausgewählte konkrete Übungen.

Das vollständige Handbuch für die Bundesjugendspiele steht im Internet unter www.bmfsf.de und www.dsj.de bereit.

Beachte
Die sportliche Zielsetzung ist möglichst im gemeinsamen Gespräch mit den Kindern, eventuell auch den Eltern, festzulegen!

eit werfen/stoßen	**ausdauernd laufen**
Zielweitwurf übers Tor „Fenster"-Wurf (z. B. auf ein or) Zonenweitwurf	• Lauf über sieben Minuten mit Zielwurf • „Transport"-Lauf • Lauf „über Stock und Stein"
Zielweitwurf übers Tor Zonenweitwurf über Höhen- ientierer (z. B. Tor) Medizinballstoß (1 kg)	• Lauf über 10 Minuten • „Transport"-Lauf • Stadion-Cross
Zonenweitwurf über Höhen- ientierer Medizinballstoß (1,5 kg) Gedrehter Wurf	• Lauf über 15 Minuten • „Transport"-Lauf • Zeit-Schätzlauf • Stadion-Cross

Ausgesuchte Wettbewerbe „Bundesjugendspiele“

Klasse 1/2: Lauf „über Stock und Stein“

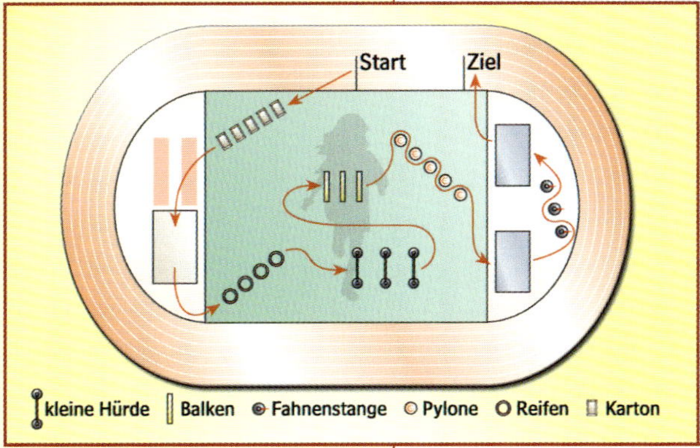

Laufen auf dem Platz über Hindernisse wie z. B. Kisten, Reifen, Matten, Treppen, Zuschauerränge, Hügel u.ä. Geräte (Streckenlänge ca. 800 bis 1000 m oder zwei Runden von je 400 bis 500 m).

Klasse 3/4: Wendesprint mit Hindernissen/Slalom

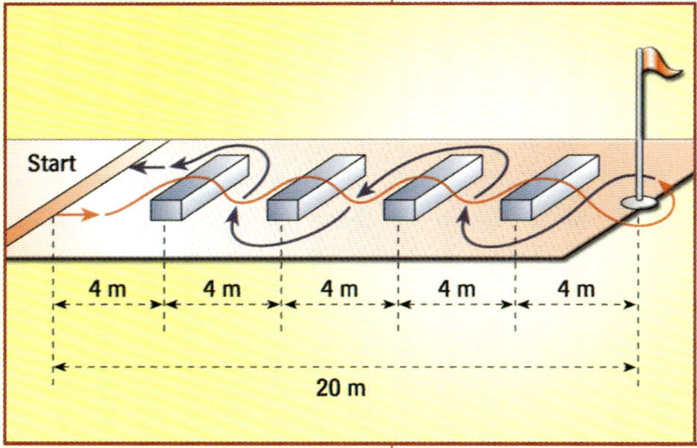

Auf dem Hinweg über vier flach gelegte Kartons (4 m Abstand, ca. 25 cm Höhe), um eine Markierungsstange herum und dann Rückweg im Slalom um die Kartons herum. Gesamtlänge 2 x 20 m.

Klasse 5/6: Watussisprung

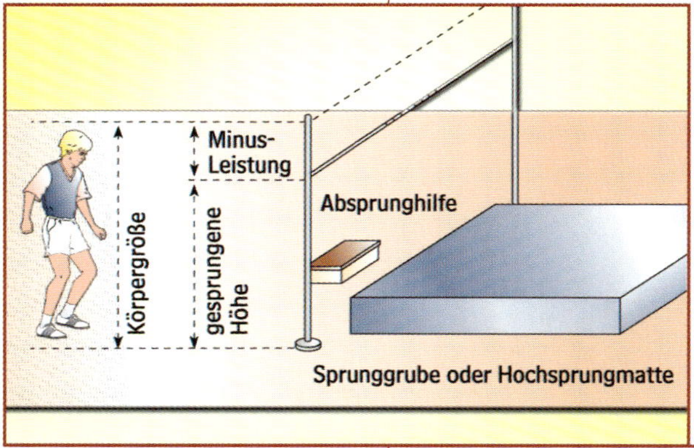

Watussihochsprung* von einer Absprunghilfe auf eine Hochsprungmatte oder in eine gut präparierte Weitsprunggrube. Jedes Kind darf insgesamt viermal springen. Sprungstil: Hock- oder Schersprung. Gemessen wird: gesprungene Höhe minus Körpergröße = „Leistung“.

*Watussi: Völkerstamm aus Ruanda in Afrika. Bei ihnen gilt es als besonderes Zeichen, die eigene Körpergröße zu überspringen.

7.2 Vorbereitung und Betreuung von Wettkämpfen

7.2.1 Langfristige Vorbereitung

Nachfolgende Ausführungen gelten vor allem für die Altersstufe der 10-/11-Jährigen. Meist herrscht bei den Kindergruppen in den Vereinen großer Andrang. Die Sichtung der sportlichen Daten sind die Basis für den Übungsleiter, langfristig Wettkämpfe zu planen: Wie sind Altersstruktur und Ausbildungsstand der Gruppe, wo liegen die Stärken und Schwächen jedes einzelnen Kindes?

Nach Beantwortung dieser Fragen erfolgt die Zielsetzung für die kommende Saison. Ein typischer Zeitpunkt dafür ist der Wechsel in das Hallentraining im Oktober. Je nach Größe und Leistungsstärke der Gruppe kristallisiert sich heraus, welche Wettkämpfe wahrgenommen werden: Liegen die Schwerpunkte in vielfältigen Wettbewerben (vor allem bei den 7- bis 9-Jährigen), in Vergleichskämpfen mit anderen Vereinen, in Mannschaftswettkämpfen mit einer unterschiedlichen Zahl von Wettbewerben und Teilnehmern, in Staffelwettbewerben usw.?

Genauere Planungen sind dann möglich, wenn die Ausschreibungen vorliegen. Gute Kontakte zu befreundeten Vereinen sind hier besonders hilfreich, um rechtzeitig Informationen zu erhalten.

Im Gespräch mit den Kindern legt der Betreuer nun die Wettkämpfe fest und erstellt für die Schüler und die Eltern einen Handzettel, aus dem die wichtigsten Informationen für die Wettkampfsaison zu entnehmen sind. Gleichzeitig sollten die Eltern auch um Mithilfe bei der Anreise gebeten werden. Es empfiehlt sich, die finanzielle Absicherung mit den Zuständigen des Vereines rechtzeitig zu klären.

Das Vereinstraining im Kinderbereich sollte trotz der Wettkämpfe möglichst vielseitig sein. Es muss darauf geachtet werden, dass das im Wettkampf Geforderte und Gezeigte das Ergebnis eines längeren Trainingsprozesses darstellt, auch wenn eine zielgerichtete unmittelbare Vorbereitung im Einzelfall möglich ist. So ist es z. B. nicht möglich, einen Anfänger mit geringer Erfahrung über Hindernisse sprinten zu lassen. Auch das Einüben der Wechseltechnik im Staffellauf bedarf längerfristiger Vorbereitung. Ein Schüler, der an Wettkämpfen teilnimmt, sollte zweimal pro Woche am Training teilnehmen. Besonders bei Kindern, die häufiger Wettkämpfe bestreiten, spielt der Gesundheitszustand eine große Rolle. Verletzungen resultieren oft aus Dysbalancen, sonstigen körperlichen Schwachstellen oder Überforderungen. Deshalb:

- Niemanden in Wettkämpfe und Belastungen hetzen, denen er nicht gewachsen ist!
- Kinder, die krank waren, vorsichtig belasten und neu aufbauen!
- Empfehlung an die Eltern: Sporttauglichkeitsuntersuchung!

Der Übungsleiter ist verantwortlich für das körperliche Wohl der Kinder. Nur ein gesundes Kind ist auch ein guter Wettkämpfer!

Beachte
In der Kinderleichtathletik bestimmt das im Training Geübte und Gekonnte die Auswahl der Wettkämpfe, nicht umgekehrt!

Beachte
Die Trainerpersönlichkeit spielt eine wesentliche Rolle, ebenso der Stellenwert auch der Kleinsten im Verein!

Beachte
Die beste kurzfristige Vorbereitung auf Wettkämpfe ist die langfristige Planung der Ausbildung und der vielseitige an den koordinativen und konditionelle Fähigkeiten orientierte Aufbau der verschiedenen Handlungskompetenzen.

7.2.2 Kurzfristige Vorbereitung

Motivierung und Zielorientierung

Ein freudvolles, vielseitiges Training, in dem die Leistungsmessung und ein permanentes Konkurrenzdenken nicht im Vordergrund stehen, erleichtert das Aufstellen einer leistungsstarken Mannschaft. Das Gemeinschaftserlebnis und die gemeinschaftliche Leistung (die Leistung des Einzelnen ist ein Mosaikstein zum Mannschaftserfolg) werden besonders betont. Das gemeinsame Ziel sollte früh in den Raum gestellt werden!
Eine Mitbeteiligung der Kinder an den Entscheidungen erhöht deren Motivation. Sie dürfen zu nichts, was sie nicht wollen, gezwungen werden.
Die gute Vorbereitung und damit der Zusammenhang mit guten Chancen erhöht die Zuversicht und den Anreiz bevorstehender Wettkämpfe. Dazu gehört, dass Verbesserungen und Fortschritte schon im Training dokumentiert und sichtbar gemacht werden (z. B. Videoaufnahmen).
Die Wettkampfauswahl muss natürlich dem Stand der Kinder angemessen sein. Mit Anfängern sollten zuerst weniger bedeutende Wettkämpfe bestritten werden, damit sie sich an die Situation gewöhnen können. Auch Wettkämpfe mit „äußeren" Attraktionen, z. B. verbunden mit Fahrten an einen anderen, unbekannten Ort, erhöhen den Anreiz!

Sportliche Basis schaffen

Kinder, die es gewohnt sind, auf Situationen vielfältig zu reagieren, werden auch in der Wettkampfsituation ein angemessenes Verhalten zeigen. Dies ist ja auch der Sinn eines breit gefächerten Wettkampfkataloges, der zur Folge hat, dass besonders die Kinder erfolgreich sind, die ein

Idealtypische Planung eines Leichtathletik-Kinderjahre

September	Oktober	November	Dezember	Januar	Februar	Mär

Sommerferien	Aufbauphase	Weihnachtsferien	Formungsphase
	• Aufbau läuferischer Ausdauer und der Kraft; vorrangig mit höheren Umfängen und niedriger Intensität • Verbesserung der Laufkoordination durch zahlreiche koordinativ vielfältige Übungen • Beschleunigung und Schnelligkeit durch Starts, Spiele, Staffeln (mittlere Intensität) • Vielfältige koordinative Arbeit • Verbesserung der Beweglichkeit durch häufiges Dehnen • Vielfältige Bewegungsschulung (u.a. Turnen, Ballspiele)		• In der Ausdauer auch leichte Tempovariationen • In der Kraft weniger Umfang, Sprünge techniknäher • Laufkoordination durch zahlreiche Übungen, Lauf-ABC • In Beschleunigung und Schnelligkeit höherer Intensität, viele Starts, Staffeln Spiele; ab März Intensität reduzieren • Beweglichkeitstraining beibehalten • Vielfältige koordinative Arbeit • vermehrt technische Elemente einbeziehen (vor Hallenwettkämpfen)

vielfältiges Training hinter sich haben. Die in diesem Lehrbuch begründete und empfohlene Vielfalt von Wettkämpfen ermöglicht es dem Trainer, passende Möglichkeiten für die Kinder zu finden. Damit verbunden ist aber die Notwendigkeit, diese Zusammenhänge von Training und Wettkampf zu beachten und zu planen. Eine idealtypische Rahmenkonzeption bietet die unten stehende Übersicht. Unabhängig, welche konkrete Entscheidung für ein Wettkampf getroffen wurde, es ist immer auch eine kurzfristige, zielorientierte Vorbereitung sinnvoll, damit die Kinder in den Wettkämpfen eine Herausforderung und keine Überforderung erleben. Hierzu folgen nun einige praktische Hinweise. Die Anwendung soll sich auf den aktuellen Könnensstand der Kinder beziehen.

Sicherstellen der sportlichen Technik:
- Anläufe, Wechselmarken usw. festigen und festlegen
- kurzfristig keine technischen Neuerungen vornehmen
- Technik in wettkampfähnlichen Situationen üben und stabilisieren (z. B. begrenzte Versuche, Wettkampfregeln beachten)
- Technik vorbereitendes Aufwärmen (technische Elemente einbauen)
- Kinder beobachten und helfen sich gegenseitig

Besprechen taktischer Verhaltensweisen
- Mannschaftsaufstellungen, Staffelreihenfolge usw.
- Verhalten am Wettkampftag (z. B. Ausrüstung, Ernährung, Kontakte mit Gegner usw.)

Beachte

Auch wenn der Übungsleiter die Kinder darauf vorbereitet, für ihre Ausrüstung selbst verantwortlich zu sein, sollte er sicherheitshalber etwas in der Hinterhand haben (Ersatzschuhband, Lappen, Markierungshilfen, Daten für Anlauflängen usw.) – ergänzt um die eigene Ausrüstung, Erste-Hilfe usw.

1 Jahre)

April	Mai	Juni	Juli	August
Leistungsphase		Pfingstferien	**Leistungsphase**	**Sommerferien**
• Intensität steigern durch häufigere Wettkampfsituationen auch im Training • Umfänge gehen langsam zurück • Auf Regeneration achten! • Psychische Einstimmung auf Wettkämpfe • Wettkampfnähere Übungen, Abläufe festigen (aber: nur zum Niveau passende Wettkämpfe)			• Prinzipiell wie zuvor • Hier finden die meisten Wettkämpfe statt • Stabilität für die angemessen ausgewählten Wettkampf-Situationen trainieren (Bewegungsablauf, Einstellung)	**Training soweit möglich, damit kein großer Substanzverlust stattfindet**

- Verhalten an der Anlage (frühzeitig eintreffen, Anzahl Probeversuche, gegenseitiges Helfen, Verhalten bei ungültigen sowie generell zwischen den Versuchen, taktisches Verhalten im Langlauf usw.)
- Verhalten zwischen den Wettbewerben (Abschalten, Verpflegung usw.) sowie bei regnerischem und heißem Wetter besprechen
- Erwartung an Fairness im Wettkampf aussprechen

Kondition
- Hohe Intensität bei Sprints und Sprüngen (Vorsicht im anaeroben Bereich!) bei gleichzeitigem Rückgang des Trainingsumfangs
- Wettkampfsituationen schaffen (Ausscheidungen, Staffeln, kleine Wettkämpfe)

Beachte
Rechtzeitige und umfassende Information beruhigt Eltern und Kinder!

Der letzte Tag vor dem Wettkampf

Am Tag vor dem Wettkampf sollte kein intensives Training mehr stattfinden. Ein leichtes Auflockern mit leichtem Dauerlauf, ein wenig Koordination und Gymnastik kann aber hilfreich sein.
Zuviel Sonne und Baden sollten die Kinder weitgehend vermeiden! Sportgerechte Ernährung (Kohlehydrate) und ausreichend Schlaf sorgen für eine gute Vorbereitung.
Die Sportausrüstung muss rechtzeitig überprüft und eingepackt werden.

Aufwärmen vor dem Wettkampf

Zeit	Sprint	Lauf
ca. 10 Minuten	**Ganzkörpererwärmung** durch Traben, Hüpfen, Gewandheitsübungen	
	für Staffelläufer auch Übungen mit dem Stab	längere Laufphasen
8 bis 10 Minuten	**Dehnungs- und Stabilisationsgymnastik**	
	keine zu langen Dehn-Phasen (Muskeltonus)	
5 bis 7 Minuten	**Koordination**	
	Lauf-ABC, Intensität steigern	wie Sprint
5 bis 7 Minuten	**Schnelligkeitsübungen**	
	Antritte, Beschleunigung aus der Bewegung, Starts bei Staffeln in Verbindung mit einem Wechsel	mehr in Steigerungsform
8 bis 10 Minuten	**Warmhalten** nur noch leicht bewegen	

Die folgende Auflistung kann helfen:

- Trainingsanzug und Wettkampf-Dress, alle notwendigen Sportschuhe, Spikes usw. (Ersatzschuhband nicht vergessen!)
- Leichtathletik-Unterziehhose, T-Shirts, Sportsocken zum Wechseln
- Regenbekleidung und -schirm, Zusatzpullover bei Kühle, Sonnenhut, -creme, -brille nach Situation (was sagt der Wetterbericht?)
- Klebeband oder Kreide für die Anlaufmarkierung, Lappen zum Trocknen der Wurfgeräte
- Notizblock für Ergebnisse, Anlaufdaten
- ausreichend passende Wettkampfverpflegung: leicht verdaulich, Mineralgetränke
- Decke für den Lagerplatz zwischendurch
- Maskottchen

Organisatorische Vorbereitungen

Die erfolgreiche Teilnahme Ihrer Gruppe an Wettkämpfen hängt auch von den gelungenen organisatorischen Vorbereitungen ab. Auf Formalia wie rechtzeitige und vollständige Meldungen sowie das Bezahlen der Meldegebühren soll hier nur der Vollständigkeit halber hingewiesen werden.

Von großer Bedeutung ist allerdings: Der Betreuer informiert Eltern und ggf. Kinder über Abfahrt, Aufenthalt, Übernachtung (evtl. Telefonnum-

Beachte

Unbekannte Situationen können belastend wirken. Der Übungsleiter macht deshalb die Kinder frühzeitig mit den wesentlichen Gegebenheiten vor Ort bekannt und hilft, die Aufmerksamkeit auf das Entscheidende zu lenken!

prung	**Wurf**
ermehrte Sprungübungen, vtl. Fallübungen auf der Matte	vermehrte Übungen für Rumpferwärmung, Gerätegewöhnung
prungmuskulatur!	auch Rumpf/Oberkörper, auch mit Gerät
auf- und Sprung-ABC, an der An- ge Laufen/Springen kombinieren	ausgewählte Lauf-, Srung-, Wurfübungen, einige kurze Sprints
inige kurze Sprints, auch als An- ufübung, Sprünge aus kurzem, chnellem Anlauf, Probedurch- änge	Probeversuche, Intensität langsam steigern, zum Schluss wettkampfähnlich

mer der Unterkunft), Verpflegung und Rückkehr usw. Für eine eventuelle Absage bei ungünstiger Witterung empfiehlt sich eine Telefonliste („Schneeballsystem").

Besonders bei großen Gruppen sind die Betreuungsaufgaben gründlich zu besprechen. Die Kinder sollten wissen, wer ist verantwortlich für die Formalitäten am Wettkampfort, als Ansprechpartner und Aufsicht für die Kinder, die gerade nicht am Wettkampf beteiligt sind, und für die Betreuung an verschiedenen Wettkampfplätzen (z. B. Verteilung der Kinder auf verschiedene Riegen). Beziehen Sie bei Ihren Planungen wenn möglich auch Trainerkollegen ein. Auch die Anreise ist zuverlässig zu planen. Rechtzeitige Anreise unter Berücksichtigung von Verzögerungen ist oberstes Gebot und gibt Sicherheit. Halten Sie die Kinder zur Pünktlichkeit an! Die Entscheidung, ob die Anreise mit PKW, Kleinbus, Reisebus oder öffentlichen Verkehrsmitteln erfolgt, ist nicht nur von finanziellen Aspekten und der gewünschten Flexibilität abhängig. Bedenken Sie auch, dass eine gemeinsame Anreise aller Kinder zu einer guten Atmosphäre und zu einem unvergesslichen Erlebnis beitragen kann.

7.2.3 Wettkampfbetreuung vor Ort

Maßnahmen unmittelbar nach der Ankunft im Stadion

Um unnötige Hektik zu vermeiden, sollten organisatorische Dinge wie Abholen der Wettkampfunterlagen, Erkunden von Änderungen im Ablaufplan usw. möglichst umgehend erledigt werden. Aktuelle Informationen können Sie gesammelt in einer „Mannschaftsbesprechung" kurz nach der Ankunft verkünden. Je nach Dauer der Anreise und der Zeitspanne bis zum Wettkampfbeginn ist jetzt vielleicht auch noch Gelegenheit, etwas zu essen oder zu trinken.

Geben Sie den Kindern frühzeitig Gelegenheit, sich auf der „fremden" Anlage zurechtzufinden: wo sind welche Anlagen, wie sind sie beschaffen, welche Windrichtung herrscht usw.? Dazu gehört auch, einen gemeinsamen Lagerplatz im Schatten als Anlaufstelle einzurichten, aber auch die Lage von Toiletten, Umkleiden usw. Auch kleine Tipps (wie z. B. nasse Wiesen meiden wegen der nassen Füße für den ganzen Tag) können sehr hilfreich sein.

Verhalten des Wettkämpfers bei der Wettkampfvorbereitung

In der Aufwärmphase direkt vor dem Wettkampf gilt es für das Kind, sich entsprechend zu konzentrieren. Ablenkung durch andere Personen (Eltern, Zuschauer) sollte weitgehend vermieden werden. Die Kinder sollten sich dazu einen ruhigen Platz zum Einlaufen suchen, je nach Situation einen kleinen Wald oder Park nebenan oder einen Nebenplatz.

Der Übungsleiter und Betreuer vermeidet ein permanentes Einreden auf das Kind. Hinweise auf die wichtigsten Fehlerquellen und die entscheidenden Konzentrationspunkte sollten aus dem Training bekannt sein und sind völlig ausreichend. Taktische Dinge können eventuell noch einmal besprochen werden, hier sind auch neue, aktualisierte Informationen angebracht.

Allgemeine Hinweise zum Aufwärmen: Die Erfahrung zeigt, dass Schüler beim wettkampforientierten Aufwärmen meist vieles vergessen, was sie im Training gelernt haben. Eine Ursache dafür ist in der nervlichen Anspannung zu sehen. Oft sind die Kinder auch unselbständig, weil der Betreuer im Training das Aufwärmen leitet und alle Übungen vorgibt. Es empfiehlt sich, die Schüler mit den Grundsätzen des Aufwärmens vertraut zu machen und das wettkampforientierte Aufwärmen schon im Training einzuüben. Anfängern sollte man grundsätzlich beim Wettkampf Hilfestellung geben. Was die Dauer des Aufwärmens betrifft, so sind der Konditionszustand des Schülers, die Witterung, die Tageszeit und die Qualifikation des Kindes zu berücksichtigen. 30 Minuten mit Einlaufen, leichten Sprungübungen, Gymnastik, Koordinationsübungen und Sprints sollten genügen. Fünf Minuten vor Beginn des Wettbewerbs halten sich die Kinder nur noch warm. Die Empfehlungen in der Übersicht auf der vorigen Doppelseite sind allgemeine Erfahrungswerte, die dem Kind und der jeweiligen Situation anzupassen sind. Das richtige Vorbereiten für einen Wettkampf ist ein wichtiges Kriterium für den Verlauf und für das erfolgreiche Abschließen des Wettkampfs.

Verhalten der Kinder während des Wettkampfs

Während des Wettkampfs halten sich die Kinder durch passende Kleidung (bei Bedarf Regenkleidung) und energiesparendes Bewegen warm. Bei ungünstiger Witterung kann das Aufsuchen von Schatten oder Regenschutz sinnvoll sein. Die Trainingsbekleidung wird nicht zu früh, aber dennoch rechtzeitig für den jeweiligen Versuch ausgezogen.

Beachte
Der Übungsleiter identifiziert sich mit dem Wettkampf. Es ist für ihn ein echtes Anliegen, nicht nur eine Pflichtaufgabe. Er beweist Engagement und Idealismus.

So ist es richtig: Der Trainer beobachtet im Hintergrund und gibt eventuell kurze Anweisungen.

Beachte
Einstellungen haben eine intensive Wirkung auf das Verhalten der Kinder. Sie sind oft nur schwer und langsam zu verändern.

Essen oder Trinken darf das Sportausüben nicht behindern. Also rechtzeitig und nur Leichtverdauliches und Mineralgetränke zu sich nehmen! Innere Anspannung vor den einzelnen Wettbewerben können die Kinder je nach Typ durch Lesen, Spazierengehen, Walkman-Hören oder Ähnliches abbauen. Dabei sollten sie aber zu langes Herumgehen oder häufiges Stehen in der Sonne vermeiden. Anteilnahme an den Wettbewerben der anderen Gruppenmitglieder ist im Sinne der Gemeinschaft zu befürworten.
Der Übungsleiter oder andere Betreuer halten sich nicht im Innenraum auf. Die Kinder helfen sich gegenseitig. Hinweise beziehen sich immer auf das, was im Training geübt wurde.

Beachte
Der Wetteifer soll in geregelte Bahnen gelenkt werden:
– angemessene Wettkämpfe aussuchen (erst im Training Technik verbessern und stabilisieren, Übungen mit hoher Konzentrationsanforderung nur bedingt einsetzen)
– Wetteifer mit kognitiven Mitteln bremsen oder entfachen
– ggf. negative Folgen des Wetteifers bewusst machen (frühere Erfahrungen)

Verhalten nach dem Wettkampf
Etwa zehnminütiges Auslaufen und Dehnübungen mit lange (15 bis 20 Sekunden) gehaltener Dehnung sollten zum Einleiten der Regeneration nach dem Wettkampf unbedingt durchgeführt werden. Auch wenn nach einzelnen Wettbewerben eine Pause bis zum nächsten Start erfolgt, ist ein verkürztes Auslaufen ratsam.
Jedes Kind soll an der Siegerehrung teilnehmen und dabei möglichst in Wettkampfkleidung erscheinen. Es gehört zum fairen Verhalten, niemals vor der Siegerehrung abzureisen. Halten Sie die Kinder an, durch entsprechendes Verhalten Gegner, Sieger wie auch Unterlegene, zu achten. Würdigen auch Sie in einer kurzen abschließenden Gruppenbesprechung die Leistungen und den Einsatz *aller* Kinder.

Psychologische Maßnahmen des Übungsleiters
Das Verhalten des Übungsleiters trägt wesentlich dazu bei, ob die Teilnahme am Wettkampf für die Kinder das gewollte Erlebnis bringt. Er muss Interesse an der Aufgabe zeigen und aussprechen. Er trägt Sieg und Niederlage mit den Kindern gefühlsmäßig mit.
- Wir-Bewusstsein schaffen

Gemeinsame Entscheidungsprozesse, Zielsetzung, Planung und Ausführung sorgen für ein Wir-Bewusstsein der ganzen Kindergruppe. Vorbereitende Gruppenbesprechungen (auch Krisensitzung), Feiern, gemeinsame Ausflüge oder Trainingslager im Vorfeld sind gute Mittel. Gemeinsame Wettkampfbekleidung oder auch ein „Schlachtruf" tragen zur Identifikation bei. Die Kameraden aus der Gruppe begleiten beim Wettkampf, feuern an, unterstützen moralisch und tragen Sieg und Niederlage genauso wie Fehler oder Fehlentscheidungen gemeinsam.
- Einstellung aufbauen

Der Betreuer muss Echtheit in seinen Meinungen, Absichten, Gefühlen und Ratschlägen zeigen. Die Aufgaben müssen für die Kinder klar gestellt, lösbar und das Ergebnis für sie wertvoll sein. Betreuerratschläge sollten zum Erfolg führen, dies schafft Vertrauen. Argumente und Ansichten der Kinder sollte der Übungsleiter unbedingt ernst nehmen.
Langfristige Einstellungen zu Training und Wettkampf haben eine intensivere Wirkung und führen eher zum Erfolg, bergen aber bei Misslingen größere Unsicherheit und Enttäuschung in sich. Einstellungen entstehen

Beachte
Ein guter Betreuer streut realistischen Optimismus, ermuntert und bestärkt, betont Positives und hält Negatives eher zurück.

durch Erfahrung, durch Übernahme fremder Meinungen, durch Vorurteile oder aufgrund von Negativerlebnissen. Änderungen der Einstellungen sind, wenn auch teilweise nur langwierig, erreichbar durch die Glaubwürdigkeit der Übungsleiter-Argumente (richtige Informationen, die zu Erfolgserlebnissen führen) und seine Vorbildwirkung, durch die Attraktivität der gestellten Aufgaben, aber auch durch Macht und Druck. Letzteres ist allerdings die schlechteste Art. Der Betreuer sollte vermeiden, durch zu starke emotionale Eingriffe („Wenn du das nicht schaffst, verlieren wir den Wettkampf") die kognitive Einstellung („Ich hab mich entschlossen, bei dem Wettkampf gut abzuschneiden.") zu beeinflussen.

- Bedürfnisse wecken

Der Übungsleiter kann soziale Bedürfnisse der Kinder ansprechen (gemeinsame Fahrt zum gemeinsamen Wettkampf, Achtung und Ansehen erlangen, Anschluss finden, gesellig sein, Gefühle anderer miterleben). Übertriebene Geltungssucht aber sollte er bremsen und in richtige Bahnen lenken. Mitläufertum sollte er nicht fördern, dagegen Angst vor Misserfolg und Blamage mildern.

Auch motorische und konditionelle Bedürfnisse können geweckt werden. Zum Beispiel: „Bei uns kannst Du ... erlernen, erwerben, verbessern" usw. Leistungsbezogene Bedürfnisse sprechen auch viele Kinder an (Leistung verbessern, in Wettstreit mit den Besten treten, dich bestätigen usw.).

- Spannung reduzieren/Sicherheit vermitteln:

Klare Informationen des Betreuers über Aufgabe, Gegner, eventuell Wettkampfverlauf oder Wettkampfanlage sowie deutliche Formulierung seiner Erwartungshaltung verleihen dem Kind Sicherheit. Zudem för-

Leistung

„Alles muss Spaß machen, dann kommt auch Leistung, und das macht dann wieder Spaß (Ingo Störmer)!"

Ausdrücklich erwünscht: Erfolgserlebnisse sollten im Team bejubelt werden.

dern Sie die Vorfreude des Kindes auf den Wettkampf und das Hoffen auf positive Erlebnisse, wenn Sie auf die Stärken des Kindes, ähnliche frühere erfolgreich verlaufene Situationen, gute Trainingsergebnisse und Probeversuche verweisen.
An einem ruhigen Platz kann das Kind zu sich selbst finden und sich auf die Aufgabe und die eigene Leistung konzentrieren. Eine zu hohe Erwartungshaltung kann so abgebaut werden.
Der Übungsleiter kann diesen Prozess durch Inhalt, Tempo und Lautstärke seines Verbalverhaltens unterstützen. Er sollte nicht permanent belehren und korrigieren (Was ist die Trainingsarbeit des Betreuers dann noch wert?) oder neue, ungewohnte Verhaltensweisen an den Tag legen. Eine freundliche hilfsbereite Atmosphäre in der Gruppe stärkt ebenfalls das einzelne Kind.

- Erfolgserlebnisse vermitteln – Frustrationen vermeiden und abbauen

Realisierbare Ziele bauen auf Erfahrungen und Erfolgserlebnisse im Training, steigern die Vorfreude auf den Wettkampf und sind ein guter Weg, Erfolgserlebnisse zu vermitteln. Dennoch kann es zu Misserfolgen kommen.
Intensive Gefühle kennzeichnen das Erleben der Kinder, sei es der Genuss des Sieges, der Bestleistung, des Geschafften, der Achtung durch andere, aber auch die Angst vor der Blamage oder das Gefühl des Misserfolgs. Übungsleiter können diese Gefühlswelt mitfühlend und akzeptierend ansprechen. Umfangreiche Informationen über eintretende Ereignisse helfen, Gefühle zu dämpfen. Behutsames Einordnen in die Gruppenleistung, erneutes Vermitteln geschaffter Situationen im nächsten Training, neue Wettkampfchancen mit realistisch hoher Erfolgswahrscheinlichkeit oder Hinweise auf die Mehrzahl erfolgreich verlaufener Situationen helfen, negative Gefühle zu beherrschen und das Kind wieder aufzubauen.

7.2.4 Wettkampfnachbereitung

Regeneration

Am Tag nach dem Wettkampf kann ein leichtes Auflockern (Dauerlauf, Dehnen) auf dem Programm stehen. Zur Wochenmitte hin kann die Belastung langsam wieder steigen. Allerdings sollten nicht an jedem Wochenende Wettkämpfe anstehen!

Analyse und Konsequenzen

Abschließend sind mögliche Ursachen für Erfolg oder Misserfolg zu untersuchen. Die Kinder können dabei einbezogen werden. Folgende Fragen können als Richtschnur genutzt werden:

- Waren die Wettkämpfe passend zum Training ausgesucht?
- Sind Trainingskonzeption und Wettkampfauswahl für die kommenden Wochen noch in Ordnung? Was muss verändert werden?
- Sind neue Schwerpunkte zu setzen oder Defizite aufzuarbeiten?

Einige Tage nach dem Wettkampf sind die Kinder meist auch gefühlsmäßig wieder besser in der Lage, das Erlebte nachzuvollziehen und konstruktiv zu verarbeiten.

8 Didaktisch-methodische Empfehlungen

8.1 Spielleichtathletik – eine kindgemäße Vermittlungsweise

Die Rückbesinnung auf diese Vermittlungsweise leichtathletischer Inhalte kann der Schlüssel sein, dieser Sportart in Schule und Verein wieder zu einem höheren Beliebtheitsgrad zu verhelfen. Doch was versteht man unter „spielerischem Handeln" in der Leichtathletik?
Sind es die „Kleinen Spiele", wie etwa „Katz und Maus" oder „Schwarzer Mann", die den Jüngsten großen Spaß bereiten, zählt man dazu die verschiedenen Staffelwettbewerbe, mit denen wir die Schnelligkeit entwickeln, oder kann man bereits das Entdecken der Flugeigenschaften eines Wurfgeräts zu diesem Bereich zählen?

8.1.1 Was heißt „spielerisches Handeln" in der Leichtathletik?

Spielerisches Handeln ist frei

Der Übungsleiter verwirklicht in seinem Training spielerisches Handeln, wenn der junge Sportler frei von unmittelbarem Meisterschafts-, Qualifikations- und Rekorddruck sowie losgelöst von sonstigen Zwängen und Interessen leichtathletisches Lernen, Üben und Trainieren vollziehen kann. Dies schließt nicht aus, dass das Spiel ernsthaft, konzentriert und leidenschaftlich, aber auch zweckvoll im Sinne eines Erwerbs oder einer Verbesserung von Fähigkeiten betrieben wird.

Spielerisches Handeln ist dauerhaft

Oft hören wir als Übungsleiter oder Lehrer die Sätze „Warum müssen wir damit schon aufhören?" oder „Schade, dass wir nicht weitermachen dürfen!". Diese Aussagen sind ein Zeichen dafür, dass unsere Gruppe vom Inhalt und vom Geschehen der ausgeübten Tätigkeit gefesselt ist und keine Veranlassung sieht, damit aufzuhören. Dies fordert natürlich, dass der Spielgegenstand oder die -situation den Menschen reizt, ihn herausfordert, sich damit zu beschäftigen.

Spielerisches Handeln in der Leichtathletik

„Es ist seit langem erkannt, dass auf einer höheren Abstraktions- und Reflexionsebene Sport auch Spiel ist. Alle Wesensmerkmale des Spiels treffen auch auf den Sport zu; es handelt sich sozusagen um Konkretisierungsmöglichkeiten oder Vollzugsvarianten desselben Phänomens. … Wenn nun Sport letztendlich Spiel ist, dann müsste man auch die Leichtathletik ‚spielerisch' betreiben können." (Prof. Söll auf dem DLV-Kongress „Jugendleichtathletik" 1987 in Mainz)

Beachte

Verstärkt wird die Scheinwelt noch, wenn Kinder in Kleinen Spielen in andere Rollen schlüpfen können, die der Phantasie freien Lauf lassen. Döbler/Döbler (Berlin 1994) führen in ihrem Buch Spiele mit den Namen „Das Schiff geht unter", „Das Meer und die Fische", „Gänsedieb", „Der Vogelhändler" usw. auf.

Spielerisches Handeln ist schwebend und schwerelos

Vielfach beobachten wir, dass Kinder unserer Gruppe oder Klasse, die im Alltag verschlossen und zurückhaltend wirken, im Spiel auftauen, Gefühle zeigen und ausleben. Sie entfernen sich von der Realität, von ihren Ängsten, ihren Hemmungen, ihren gewohnten Verhaltensmustern und bewegen sich gleichsam in einer anderen Welt, einer Scheinwelt.
Die Faszination, die vom jeweiligen Gegenstand, der gestellten Aufgabe oder der vorgegebenen Situation ausgeht, sei es die Rhythmik einer Bewegung, das beeindruckende Flugverhalten eines Wurfgeräts, das Fluggefühl beim Stabhochsprung oder die Spannung eines Wettbewerbs „entführen" insbesondere Kinder aus dem Bereich der Realität, sie sind fasziniert.

Beachte

„Spielerisches Handeln" ist im Vergleich zur „Spielerei" kein Zeitvertreib ohne bestimmte Ziele, sondern ein zielgerichtetes, effektives Handeln, dass durch bewusstes Erproben der eigenen Kräfte in unterschiedlichen Situationen ein hohes Maß an Lern- und Übungserfolg mit sich bringt.

Spielerisches Handeln ist gegenwärtig

Zugleich verlieren die Spielenden auch das Gefühl für die Zeit. Die Sätze „Was, unser Training ist schon vorbei?" oder „Das Spiel war aber kurz!" deuten an, dass das Zeitmaß nicht mehr existent war und die Gegenwart nicht mehr enden wollte. In der Spielsituation denken unsere Schüler nur an die Gegenwart. Es interessiert sie nicht, wie das Geschehene in der Vergangenheit und der Zukunft verankert ist.

Spielerisches Handeln ist spannungsgeladen

Für die Praxis bedeutet dies, dass der Übungsleiter Aufgaben stellen und Spielsituationen gestalten muss, die vom Spieler einen gewissen Einsatz verlangen, und deren Bewältigung im Bereich des Ungewissen, aber auch des Möglichen liegt. Obwohl es für den Betrachter oft scheint, dass Spiele mühelos ablaufen, erfordern sie vom Spieler selbst eine hohe Leistung.

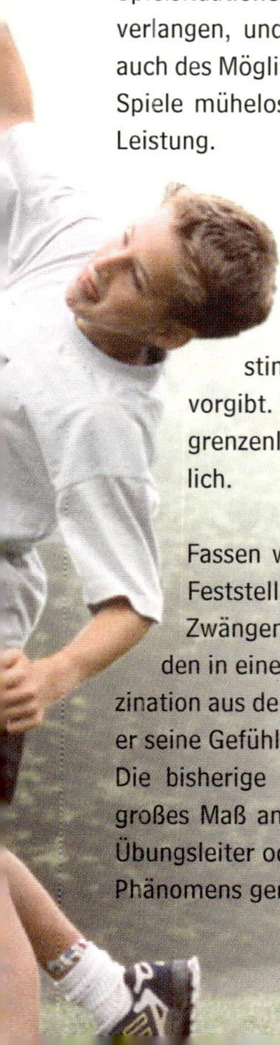

Spielerisches Handeln ist geschlossen

Jedes spielerische Handeln ist zwar frei von äußeren Zwängen, unterliegt aber gewissen „Spielregeln" wie Ordnungsformen, Vorgehensweisen, Sicherheitsbestimmungen, Spielfeldgrenzen u.ä., die der Übungsleiter vorgibt. Ohne dieses Moment der Geschlossenheit wird das Spiel grenzenlos, unüberschaubar, disziplinlos, manchmal auch gefährlich.

Fassen wir die Kennzeichen zusammen, so kommen wir zu der Feststellung, dass sich spielerisches Handeln frei von äußeren Zwängen, nach gewissen Spielregeln vollzieht und den Spielenden in einem auf die Gegenwart fixierten Spannungsfeld durch Faszination aus dem Bereich der Realität in eine Scheinwelt entführt, in der er seine Gefühle auslebt und das Maß für die Zeit verliert.
Die bisherige Betrachtung „spielerischen Handelns" zeigt, dass ein großes Maß an Erfahrung, an Können und an Menschenkenntnis vom Übungsleiter oder Lehrer gefordert wird, will er den Ansprüchen dieses Phänomens gerecht werden.

Beachte

Vom Übungsleiter oder Trainer wird ein hohes Maß an Erfahrung, Können und Menschenkenntnis gefordert, will er den Ansprüchen an das Phänomen des spielerischen Handelns gerecht werden.

8.1.2 In welchen Formen vollzieht sich spielerisches Handeln?

Das Training in der Leichtathletik hat das primäre Ziel, die koordinativen und konditionellen Voraussetzungen zur Verwirklichung einer sportlichen Leistung bereitzustellen. Das spielerische Handeln ist somit eine effektive, im Anfängerbereich dominierende Methode, die Basis für den weiteren Trainingsaufbau herauszubilden. Spielerisches Handeln vollzieht sich in folgenden Formen:

Spielerisches Handeln mit den Bewegungsmöglichkeiten des eigenen Körpers

Besonders bei Kindern ist zu beobachten, wie sie die Bewegungsmöglichkeiten ihres Körpers ausprobieren, um bestimmte Aufgaben im koordinativen Bereich zu lösen. Das Laufen über Hindernisse, das Meistern einer Höhe oder das steigernde Laufen auf Rasen kann zu einem spielerischen Handeln werden. Verstärkt werden diese Eindrücke, wenn zur Bewegung noch der Rhythmus, z. B. in Form von Musik, hinzukommt.

Spielerisches Handeln mit dem Gerät

Die Leichtathletik bietet viele Möglichkeiten, mit Geräten Spielsituationen zu gestalten:

- Experimentieren mit Wurfgeräten, um ihre Flugeigenschaften zu erkunden (z. B. Diskus, Speer)
- Abwurfspiele mit dem Ball (z. B. Jägerball)
- Wurfspiele (z. B. Zick-Zack-Wurfball, Kampf Läufer gegen Werfer, Wurfstafette)

Springen von/aus Geräten (hier Fahrradreifen) über Geräte (hier Bananenkartons) ist nur eine Spielsituation, die die Kinderleichtathletik bietet.

Beachte

Laufen, Springen und Werfen mit dem Partner oder in der Gruppe in Form von Laufaufgaben, Fangspielen, Staffelwettbewerben usw. eröffnen ein weites Spielfeld für das Lernen, Üben und Trainieren.

- Zielwürfe mit Geräten (z. B. durch Reifen, auf Hütchen, auf Zeitungen)
- Laufen mit Geräten (z. B. Tau: Wir bewegen uns wie eine Schlange)
- Springen mit dem Stab
- Springen von Geräten, über Geräte oder mit Hilfe von Geräten

Spielerisches Handeln mit dem Partner oder der Gruppe
Insbesondere im Schülerbereich wird sich Bewegung immer im Miteinander vollziehen. Einige Beispiele:
- Wir laufen, springen, werfen mit dem Partner.
- Wir fangen, verfolgen unseren Partner: z. B. Zeck-, Hasche-, Abwurfspiele
- Wir treten mit unseren Partner in einen Wettbewerb: z. B. Vorgaberennen, Hürden- gegen Flachläufer, „Wer rollt den Medizinball am weitesten", „Tag und Nacht", „Schienen-Treibball", „Ball über die Schnur"
- Staffeln: z. B. Pendel-, Umkehr-, Hindernis-, Gerätetragestaffel
- Wir leisten einen Beitrag zum Gesamtergebnis: Addieren von Zeiten, Weiten usw.

Spielerisches Handeln mit darstellendem Charakter
Besonders bei Kindern verwenden wir anschauliche Beispiele aus der Welt der Lebewesen, aus dem Alltag oder aus der Technik und regen dadurch die Phantasie der Kinder und den Nachahmungstrieb an. Insbesondere bietet der Bereich der „Kleinen Spiele" vielfältige Möglichkeiten. Gerne schlüpfen die Kinder beim Laufen und Springen in die Rolle von Katzen, Mäusen, Fröschen, Känguruhs, Wieseln, Habichten, eines Jägers, eines Kosmonauten, eines Watussis, eines „Schwarzen Mannes", eines Diebes, eines Fischers. Die Leichtathletik mit ihrer Bewegungs- und Disziplinenvielfalt bietet im Training ungeahnte Möglichkeiten, das „Prinzip des Spielerischen" zu verwirklichen.

8.1.3 Welchen Platz hat spielerisches Handeln im leichtathletischen Übungsbetrieb der Kinder?

Die Beschreibung der Phänomene des Spiels und das Ordnen der Spiele nach bestimmten Kriterien sagt noch wenig über den didaktischen Standort des Spiels im gesamten Übungsprozess aus. Dies soll Gegenstand der weiteren Ausführungen sein:

Spielerisches Handeln als Prinzip
Spielerische Leichtathletik darf nicht auf eine Stufe begrenzt werden, sondern muss als durchgängiges, zum Leistungsbereich hin abnehmendes methodisches Prinzip für die Vermittlung leichtathletischer Inhalte gelten. Wie arm wäre die Leichtathletik, würde diese Form der Auseinandersetzung mit einer Sportart nur auf die Jüngsten beschränkt!

Spielerisches Handeln ist nur eine, aber eine sehr freudvolle Möglichkeit der Vermittlung leichtathletischer Inhalte
Die Rückbesinnung auf das spielerische Handeln in der Leichtathletik soll nun nicht bedeuten, dass wir uns ab jetzt für jede Sportstunde eine

Spiel
„Es gibt weder ein Alter noch eine Könnensstufe, der das Spiel alleine zuzuschreiben ist. Spiel hat auch da seinen Platz, wo geübt und geleistet wird. Darüber hinaus ist es gerade im Individualsport wichtig, nach eben diesem Ausschau zu halten. Denn das Spiel kommt auf jeder Altersststufe der Leichtigkeit entgegen, mit der man das methodische Vorgehen gestalten möchte und mit der Kinder und Jugendliche die Ausübung von Leichtathletik empfinden sollen." (Medler 1991)

Beachte
Das spielerische Handeln kommt besonders den Lernvoraussetzungen im frühen Schulkindalter, der auf dieser Altersstufe hochgradig entwickelten Fähigkeit, neue Bewegungsfertigkeiten fast im Fluge zu erlernen, entgegen.

Beachte
Spielerisches Handeln ist nicht die einzige Möglichkeit, Bewegungsinhalte zu erfassen. Auch „straffe" Formen der Unterweisung gehören dazu!

Fülle von Spielen ausdenken müssen, um dieser Forderung gerecht zu werden. Aber es soll ein wichtiger Schieber auf dem Mischpult unserer methodischen Möglichkeiten sein, den wir bei den Jüngeren weit nach oben und im Verlauf des gesamten Trainingsaufbaus bis hinab zum Hochleistungssport immer weiter nach unten schieben.
Die Unterweisung, das gezielte Üben, das „Einschleifen" von Bewegungen, das Gewöhnen an monotonere Trainingsformen und das systematische Herausbilden einer Leistung gehören in allen Entwicklungsetappen zum methodischen Instrumentarium, das jedoch vor allem im Nachwuchsbereich mit Gefühl, Rücksichtnahme und Einfühlungsvermögen in die Psyche des Kindes eingesetzt werden soll.

Einsatzmöglichkeiten des spielerischen Handelns

Nachdem nun das spielerische Handeln als methodisches Prinzip für alle Trainingsetappen begründet ist, ist zu überlegen, in welchen Inhaltsbereichen der Kinderleichtathletik diese Vermittlungsmöglichkeit sinnvoll ist.
Die Methode des „spielerischen Handelns" lässt sich einsetzen:

- beim Aufbau koordinativer und technischer Fähigkeiten

– Lernen von Bewegungsabläufen durch Experimentieren (Lernen im „entspannten Feld", d.h. frei von äußeren Zwängen) oder beim „entdeckenden Lernen"
– Üben gelernter Bewegungsabläufe in Spielsituationen
– Anwenden gelernter Bewegungsabläufe in neuen Situationen
– Variieren von Bewegungen
– Improvisieren (d.h. während des Handelns zu neuen Lösungsmöglichkeiten oder technischen Varianten kommen)

– Erfinden von Bewegungsmöglichkeiten
– Trainieren bei technischen Schwierigkeiten oder nach Verletzungen
- beim Aufbau konditioneller Fähigkeiten
– Ausdauer, Schnelligkeit, Kraft, Beweglichkeit erwerben/stabilisieren
– Intensitäten erhöhen durch Wettbewerbsatmosphäre
- beim Beeinflussen psychischer Prozesse
– Motivation, Freude, Interesse für das Thema der Stunde erwecken
– Belastungen „verpacken"; d.h. durch die Aufgabenstellung von der Belastung ablenken
– Körpergefühl vermitteln; d.h. Lauf-, Sprung-, Flug-, Wurfbewegungen erfahren, als ästhetisch, rhythmisch empfinden
– Gefühle ausleben; d.h. abreagieren, sich entfalten, aus sich herausgehen, sich darstellen
– Spannung erleben; d.h. den schwebenden Zustand eines Spiels erleben, mit den eigenen Fähigkeiten eine Aufgabe anpacken, Misserfolg und Erfolg erleben, jemanden als „Gegner" erleben, mit ihm konkurrieren, mit ihm „kämpfen", mit ihm die Kräfte zu messen
– Ablenken vor Wettkämpfen; d.h. Wettkampfspannung auf ein vernünftiges Maß reduzieren, ein „entspanntes Feld" schaffen
– Auflockern des Trainingsprozesses; d.h. Belastungswechsel, Wechsel der Lehr- und Lernmethode,
– Erfolgserlebnisse vermitteln
– Trainieren im „entspannten Feld" bei Frustrationen, Unlust, Misserfolgen
– „Einrahmen" monotoner Trainingsphasen
- beim Fördern sozialer Prozesse
– Das Miteinander fördern
– „Wir-Gefühl" erleben
– Fair Play erlernen
– Spannungen in der Gruppe abbauen

Beachte

Allzu leicht wird der Übungsleiter oder Trainer „verführt", den frühen Erfolg „einzufahren"; denn seine Fähigkeiten werden von vielen Seiten nur nach dem „Produkt" beurteilt, das er hervorbringt. Im Nachwuchsbereich stehen außerdem die Fülle von Meisterschaften, das Führen unsinniger Rekord- und Bestenlisten einem langfristigen, ausgewogenen Trainingsaufbau entgegen, wie er den Bedürfnissen der Kinder, nicht der Trainer, Funktionäre, Veranstalter und Statistiker entgegenkommt.

- als Regenerationsmaßnahme

Auf den Übungsbetrieb angewendet bedeutet dies: physische und psychische Entspannung nach Wettkämpfen oder nach Übungsstunden mit hohen Belastungen.

- als didaktische Maßnahme für Beginn oder Ende der Trainingsstunde
  - Aufwärmprozess und Einstimmung
  - Ausklang und Entspannung
- als didaktische Maßnahme im Trainingszyklus

Das spielerische Element eignet sich innerhalb des Jahresablaufs besonders gut:

- in den Vorbereitungsphasen
- in der Übergangsphase

- als Möglichkeit zur Durchführung „alternativer Wettkämpfe"

Meist laufen die Wettkämpfe in der Leichtathletik bis in die untersten Schülerklassen „nur" nach den genormten Bestimmungen des Verbands ab. Durch Variation lässt sich leicht eine spielerische, kindgerechte Atmosphäre schaffen.

8.1.4 Durch welche Faktoren wird spielerisches Handeln beeinflusst?

Die oft technik- und leistungsorientierte Ausbildung der Übungsleiter und Lehrer sowie möglicherweise die Auffassung, spielerisches Handeln bringe im Vergleich zu einfachen Drill- und Übungsformen wenig Nutzen, mögen dazu beigetragen haben, dass spielerische Angebote in der Leichtathletik noch zu selten eingesetzt werden. So sind komplexe Wirkungszusammenhänge spielerischen Handelns zu berücksichtigen, um die Umsetzung in der Leichtathletik zu erleichtern.

Beachte

Oft erlebt man als Übungsleiter, dass Spielsituationen, obwohl sie sorgfältig geplant wurden, nicht den erwarteten Erfolg nach sich ziehen, denn der andere, das Kind, der Jugendliche, aber auch der erwachsene Sportler lässt sich nicht steuern, nicht programmieren und in seinen Reaktionen vorausberechnen.

Der Übungsleiter

Die wohl wichtigste Aufgabe in diesem komplexen Prozess kommt dem verantwortlichen Leiter als Arrangeur, Moderator, Gestalter der Trainings- oder Sportstunde zu. Er sollte folgende Anforderungen erfüllen:

- Er muss fachliche und persönliche Autorität und somit das Vertrauen seiner Gruppe besitzen.
- Er darf sich beim Einplanen von Spielsituationen nicht von sachlichen Zwängen (Meisterschaften, Rekorde, Vereins- und Sponsoreninteressen) und Gegenwartsdenken leiten lassen, sondern muss primär den langfristigen Trainingsaufbau und die Persönlichkeitsentwicklung des jungen Sportlers im Auge haben.
- Er muss über reichlich Erfahrung und Wissen verfügen, um die richtigen Spielsituationen zu gestalten und die Wirkung seiner Maßnahmen ermessen zu können.
- Er muss die Geduld aufbringen, die „Früchte" eines vielseitigen, spielerisch betonten entwicklungsgemäßen Trainings erst später oder bei Übergabe der Gruppe an einen anderen Trainer gar nicht „ernten" zu können.
- Er muss über emotionale Fähigkeiten verfügen, um seine Gruppe richtig auf spielerisches Handeln einzustimmen.

Zielwürfe (hier auf einen bei jedem Treffer wegrollenden Basketball) sind für Kinder höchst motivierend.

Die Leichtathletik als Sachgegenstand

Welchen Anforderungen müssen nun die Inhalte der Leichtathletik erfüllen, um spielerisches Handeln zu ermöglichen?

- Spielsituation und -gegenstand müssen dem physischen, psychischen und sozialen Entwicklungsstand des Kindes entsprechen.
- Spielsituation und -gegenstand müssen einen Reiz ausüben, sich damit zu beschäftigen :

– durch die Attraktivität (das Neue, Interessante, Überraschende, Erlebnishafte, Ästhetische, Rhythmische)

– durch die Vielseitigkeit (Lösungsvielfalt, Improvisiermöglichkeit, Neuschöpfungen, Anwendungsmöglichkeiten)

– durch das Veränderte

– durch die Spannung („Schweben" zwischen Erfolg und Misserfolg, Anstrengung, Wettbewerbsatmosphäre)

– durch die Sinnhaftigkeit (Einsichtigkeit, Zweckmäßigkeit)

– durch die Erfüllbarkeit (nicht zu leicht/zu schwer, aber erreichbar)

– durch mögliche positive Wirkungen (Freude, Verbesserung von Fähigkeiten, Erfolgserlebnis)

– durch die Ordnung (Spielregeln)

- Spielsituation und -gegenstand müssen didaktisch sinnvoll eingesetzt werden, damit sie nicht zu Spielerei und Zeitvertreib ausarten.

Gemeinsame Übungen in der Gruppe erfordern Teamgeist – die innere Bereitschaft, sich auf andere einzustellen.

Beachte
Effektivität in der Grundausbildung heisst, mit einem sinnvollen Aufwand und unter Berücksichtigung pädagogischer Forderungen eine solide Basis an koordinativen und konditionellen Fähigkeiten zu schaffen, aus der eine spätere Spitzenleistung entwickelt werden kann. Diese Grundlage soll aber auch dazu befähigen, eine altersgemäß optimale Leistung zu erzielen.

Der Spielende selbst (der Schüler)

Auch unsere Adressaten spielen eine Rolle bei der Umsetzung unserer Planungen. Wir sollten in unsere Überlegungen miteinbeziehen, dass:

- jeder Mensch ein Individuum ist
- in jeder Gruppe eine spezielle Gruppendynamik vorherrscht
- Kinder erst „spielfähig" werden müssen
- die Fähigkeiten der Spieler der Spielsituation gewachsen sein müssen
- die Menschen eine unterschiedliche Motivstruktur haben
- psychische Prozesse das Spielgeschehen beeinflussen
- jeder Mensch aufgrund bestimmter Erfahrungen sein Handeln ausrichtet
- Umwelteinflüsse junge Menschen in ihrem Handeln stimulieren oder hemmen (Erlebnisse in der Familie, in der Schule, im Freundeskreis).

Ziehen wir nun außerdem in Betracht, dass

- die aufgestellten Normen und Ziele (frei gewählt, akzeptiert, aufgezwungen),
- die Atmosphäre und der Zusammenhalt in der Gruppe (Achtung, Freundschaften, Harmonie, Wir-Gefühl),
- Witterung und Tageszeit (Hitze, Kälte, Regen, Vormittag, Nachmittag) sowie Ort und Raum (Ortswechsel, Geräteausstattung),
- Dauer und Häufigkeit des Trainings,

die Spielsituation beeinflussen können, wird uns bewusst, wie komplex der Bereich des spielerischen Handelns in der Leichtathletik gestaltet ist, wie vielfältig aber auch die Möglichkeiten sind, Spielprozesse zu initiieren.

8.2. Prinzipien effektiver Trainingsgestaltung

8.2.1 Prinzipien – Wozu?

In allen Bereichen der Gesellschaft, in denen Leistung gefragt ist, versucht man durch Aufstellen von Prinzipien ein optimales Ergebnis zu erreichen. Besonders gilt dies natürlich für den Sport, wo oft z. B. Hundertstel über Sieg bzw. Niederlage entscheiden. Prinzipien entstehen aus langjähriger Erfahrung von Fachleuten oder aus fundierten wissenschaftlichen Erkenntnissen. Sie beziehen daraus ihre Gültigkeit und eine gewisse Weisungsbefugnis für das Handeln in der Leichtathletik.

8.2.2 Was bedeutet Effektivität in der Grundausbildung?

Viele Trainer und Sportlehrer, die mit Kindern und Jugendlichen in der Grundausbildung arbeiten, setzen Effektivität mit Rekorden, Meistertiteln und guten Noten gleich, und werden vordergründig als die angesehen, die („Schein-")Prinzipien wohl am besten umsetzen.
Eine sinnvolle, Kindern angemessene Effektivität setzt dagegen auf langfristigen Aufbau und nicht auf schnelles Streben nach Erfolg und ist somit allen anderen Auffassungen vorzuziehen.
Was soll nun am Training effektiv sein? Drei Bereiche sind zu unterscheiden:

- Trainingsplanung. Sie fragt, was trainiert werden soll, welche Inhalte also zum Ziel führen.
- Trainingsorganisation. Sie fragt, wie trainiert werden soll, welche Methode die passendste ist.
- Leistungskontrolle (meist der Wettkampf). Sie fragt, ob die Ziele der Trainingsplanung erreicht worden sind.

Trainingsplanung, -organisation und -kontrolle, alle drei Bereiche der Trainingsgestaltung, sind steuerbar und unterliegen der Gültigkeit von Prinzipien.

Beachte
Langfristiger Aufbau ist das entscheidende Kriterium der Trainingsgestaltung in der Kinderleichtathletik, nicht der kurzfristige Schein-Erfolg!

8.2.3 Nach welchen Prinzipien richten wir unser Training aus?

In der Grundausbildung orientieren wir uns an folgenden sieben Prinzipien:

- dem Prinzip der Zielorientierung
- dem Prinzip der Strukturierung
- dem Prinzip der Motivierung
- dem Prinzip der Angemessenheit
- dem Prinzip der Aktivierung
- dem Prinzip der Leistungssicherung und -kontrolle
- dem Prinzip der Wissenschaftlichkeit

In der folgenden Checkliste finden Sie die wichtigsten Fragestellungen zu den einzelnen Prinzipien. Deren Beachtung ist für den Übungsleiter eine Grundvoraussetzung für erfolgreiches Arbeiten.

Prinzipien effektiver Trainingsgestaltung

Prinzip	Frage
Zielorientierung	• Welche Ziele verfolge ich mit meiner Gruppe über einen längeren Zeitraum hinweg? • Welche Ziele setze ich mir für ein Trainingsjahr, -monat, -woche, -einheit? • Stimmen meine Zielsetzungen mit denen des Lehrbuchs Kinderleichtathletik überein? • Beachte ich, dass es neben rein sportlichen auch persönlichkeits- und gruppenorientierte Zielsetzungen gibt?
Strukturierung	• Wie strukturiere ich einen lang- und kurzfristigen Trainingsaufbau? • Wie gliedere ich meine Unterrichtsstunde? • Wie setze ich Medien und Sozialformen ein? • Wie baue ich die Wettkämpfe sinnvoll in den Trainingsprozess ein? • Wie berücksichtige ich in meinem Aufbau allgemeine/spezielle Trainingsgesetze? • Wie organisiere ich effektiv den Geräteaufbau?
Motivierung	• Welche Inhalte, Methoden und Geräte fördern die Motivation? Wie kann ich Bekanntes verändern? • Wie beginne ich meine Trainingseinheit möglichst attraktiv? • Mit welchen Maßnahmen halte ich wärend der Stunde die Motivation aufrecht? • Wie kann ich durch mein Trainerverhalten auf die Motivation meiner Gruppe einwirken? • Durch welche Möglichkeiten lässt sich das Gruppenklima fördern? • Wie behandle ich Erfolg und Misserfolg? • Wie lassen sich Rahmenbedingungen motivierend gestalten? • Werde ich den Bedürfnissen der Einzelnen gerecht? • Wie motiviere ich zur Leistung? • Wie erreiche ich eine lang andauernde Motivation?

Prinzip	Frage
Angemessenheit	• Wie werde ich den alters- und entwicklungsgemäßen Voraussetzungen sowie den konstitutionellen Bedingungen meiner Schüler gerecht? • Wie berücksichtige ich den unterschiedlichen koordinativen und konditionellen Zustand meiner Schüler, und wie fördere ich durch organisatorische Maßnahmen Schwächere und Stärkere? • Wie werde ich den Anforderungen meiner Sportart gerecht? • Wie begegne ich dem Schüler als Mensch?
Aktivierung	• Welche Aktivitätsformen plane ich für mein Training? • Wie organisiere ich mein Training oder meinen Unterricht, sodass die Kinder ein möglichst hohes Maß an Aktivität erleben und ein möglichst umfangreiches Bewegungsrepertoire erhalten? • Wie verändere ich die Rahmenbedingungen (Geräte, Aufbauten) so, dass sie eine hohe Aktivität ermöglichen?
Leistungssicherung und -kontrolle	• Welche methodischen Schritte wähle ich, um einen hohen langfristigen Trainingserfolg zu erzielen? • Wie schaffe ich motivierende Übungsmöglichkeiten, um den koordinativen und konditionellen Zustand meiner Kinder zu mehren und zu sichern? • Kann ich auf Stoppuhr und Maßband verzichten? • Wie verhalte ich mich bei Korrekturen? • Welche Wettkämpfe wähle ich aus, damit die Kinder Gelerntes und Erworbenes unter Beweis stellen können?
Wissenschaftlichkeit	• Wie kann ich in meinem Training wissenschaftliche Erkenntnisse sinnvoll umsetzen? • Welche Sportfachbücher und Lehrgänge können meinen Wissensstand ergänzen? • Wie kann ich durch eigenes Forschen zu neuen Erkenntnissen kommen? • Stimmen meine bisherigen Ansichten und Praktiken noch mit dem aktuellen Stand der Trainingslehre überein?

8.3. Planung in der Grundausbildung

8.3.1 Planung des Ausbildungsabschnittes

Als Hauptaufgaben für den Ausbildungsabschnitt „Kinderleichtathletik" haben sich herauskristallisiert:

- das Erreichen einer individuellen Handlungskompetenz im Laufen, Springen und Werfen unter der Führung der koordinativen und konditionellen Fähigkeiten, wobei die bereits erworbenen Grundfertigkeiten im Bereich der Grundtätigkeiten Laufen, Springen und Werfen durch permanente Variierung erweitert werden,
- die Verbesserung der koordinativen Fähigkeiten, die durch das ständige Verändern der Situationen und Aufgabenstellungen angesprochen und dadurch gefördert und ausgebildet werden,
- die Verbesserung der konditionellen Fähigkeiten, die durch die verschiedenen Formen immer wieder angeregt und dadurch erweitert werden.

Für die Planung der leichtathletischen Grundausbildung für Kinder ergeben sich folgende Fragestellungen:

Wieviel trainiert ein Kind im Alter zwischen 7 und 11 Jahren?

Wenn wir Ferien, Feiertage, Krankheit, Familienunternehmungen usw. vom benannten Zeitraum abziehen, dann können wir in der fünfjährigen Ausbildung (bei einem durchschnittlichen Trainingsaufwand von 90 Minuten pro Woche) wohl mit etwa 400 Einheiten à 45 Minuten rechnen. Das ist nicht viel für die Fülle der Aufgaben und das Anspruchsniveau, das wir an diesen Ausbildungsabschnitt stellen. Deshalb ist eine genaue und effektive Planung der einzelnen Einheiten dringend notwendig.

Beachte
Wegen der Fülle der Aufgaben bei gleichzeitig begrenzter Trainingszeit ist auch in der Kinderleichtathletik eine genaue und effektive Planung des Übungsablaufs unverzichtbar!

Wie sollen in diesem Abschnitt die verschiedenen Ausbildungsinhalte angesteuert und gewichtet werden?

Kinderleichtathletik kann nicht in exakten Maßangaben erfasst werden. Dies würde die Kreativität des Übungsleiters und die Vielgestaltigkeit des Trainings zu sehr einengen.

Das systematische Erarbeiten von motorischen Grundlagen in der Kinderleichtathletik setzt etwa im 6./7. Lebensjahr an. Basis ist das individuelle Handlungsgrundniveau, d.h. die bisher erworbenenen Grundfertigkeiten in den Grundtätigkeiten Laufen, Springen und Werfen. Wie bereits beschrieben, müssen wir heute davon ausgehen, dass diese Basis nicht mehr so hoch ausgebildet ist wie früher. Der Verein übernimmt die Aufgabe, die vorhandene Basis im Verlaufe der idealtypisch etwa fünf Jahre dauernden Phase der Grundausbildung zu den bereits beschriebenen Zielen der individuellen Handlungskompetenz im Laufen, Springen und Werfen zu entwickeln. Dies ist dann die notwendige Basis für das anschließend stattfindende Grundlagen- (und später auch Aufbau-) Training.

In der Grundausbildung hat das Entwickeln der koordinativen Fähigkeiten den Vorrang vor den konditionellen Fähigkeiten. Erst im Grundlagentraining, also nach der Kinderleichtathletik, übernehmen die konditionellen Fähigkeiten Schritt für Schritt die Führungsrolle in der Trainingsgestaltung.

Wie werden in der Grundausbildung die einzelnen Bereiche der motorischen Handlungsbereiche, der koordinativen und der konditionellen Fähigkeiten gewichtet? Die folgenden Abbildungen bieten mit meist prozentualen Angaben eine Richtschnur.

Bitte, beachten Sie:

- Im Handlungsbereich „Laufen" dominiert der Umfang der Schnelligkeits- vor denen der Ausdauer-Übungen.
- Der Handlungsbereich „Spielen" umfasst hier nur Ballspiele. Da aber auch die anderen Bereiche oft spielerisch vermittelt werden, ist der Spiel-Anteil insgesamt wesentlich höher!
- „Rhythmische Schulung" meint hier v.a. musikalisch unterstützte Übungen.

Beachte

In der Kinderleichtathletik hat die Ausbildung der koordinativen Fähigkeiten die Führungsrolle!

Schwerpunkt sportmotorische Bereiche

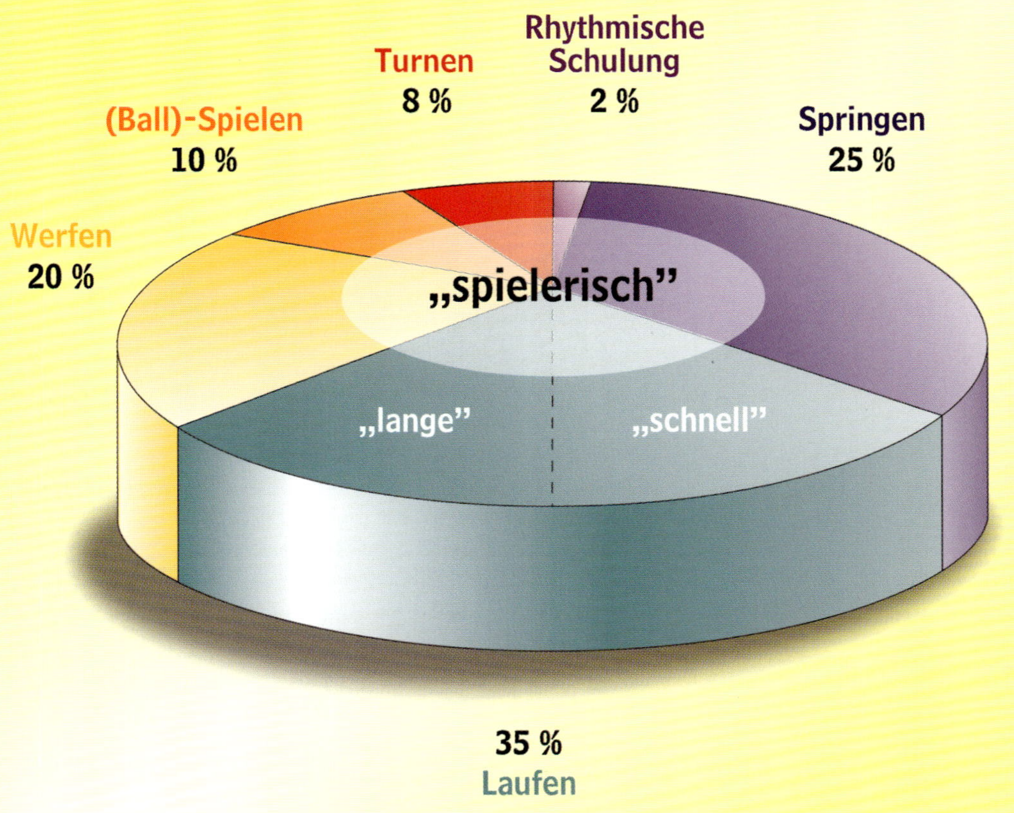

Schwerpunkt koordinative Fähigkeiten

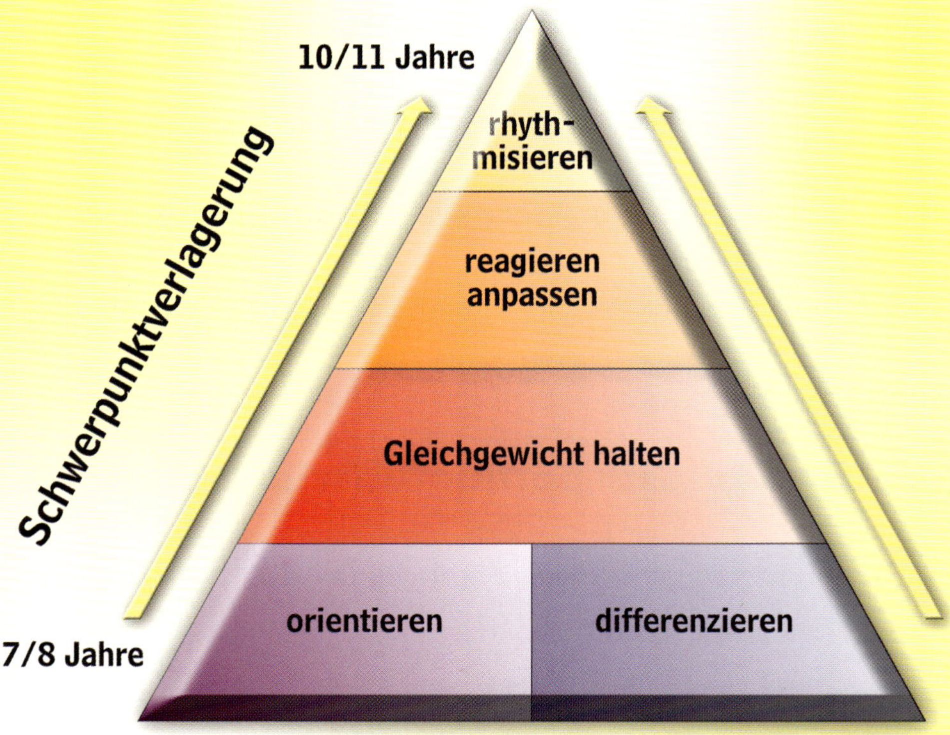

Quelle: Arturo Hotz

Die meisten Bewegungsabläufe stellen gleichzeitig Ansprüche an mehrere koordinative Fähigkeiten (selten isoliert), wenn auch mit unterschiedlichen Schwerpunkten. In jeder Altersstufe der Kinderleichtathletik sollen alle Fähigkeiten angesprochen werden. Die Schwerpunkte jedoch verschieben sich. Zu Beginn der Grundausbildung sollten Übungen zum Orientieren und Differenzieren vermehrt im Vordergrund stehen, denn sie ermöglichen es, den Körper im Gleichgewicht zu halten. Erst wenn dieser Zustand erreicht ist, kann der Körper richtig reagieren, sich Situationen anpassen und Bewegungselemente koppeln. Die höchste Fähigkeit stellt das Rhythmisieren dar, denn es vereint alle koordinativen Fähigkeiten zu einem harmonischen Ganzen.

Im Laufe der Grundausbildung können mit dem Ansteigen des Fähigkeitsgrads anspruchsvollere Aufgabenstellungen angestrebt werden. Die 7/8-Jährigen sollten Wert darauf legen, ihre Kräfte in die richtigen Bahnen zu lenken, die 10/11-Jährigen sollten versuchen, diese Bewegungen durch Rhythmisierung runder und effektiver zu machen. Es ist Aufgabe des Übungsleiters, diese durch eine angemessene Aufgabenstellung zu fördern.

Schwerpunkt konditionelle Fähigkeiten

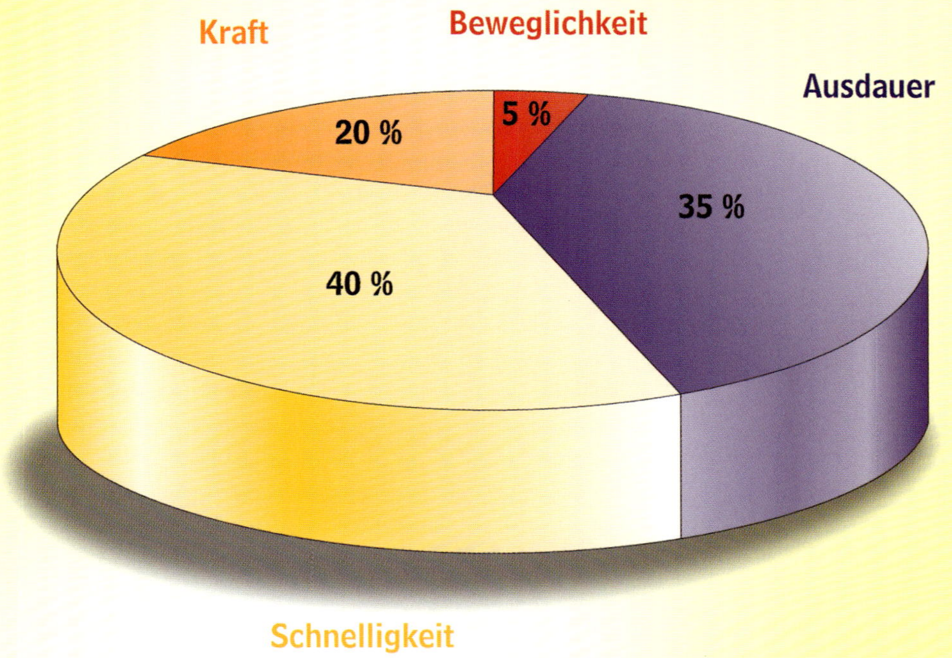

In der Praxis tauchen die drei Bereiche sportmotorische Handlungsfähigkeit, Koordination und Kondition natürlich nie getrennt voneinander auf. Deshalb ist folgendes methodische Vorgehen bei allen koordinativen Aufgabenstellungen zu beachten:

- Am Anfang steht das Lernen einer Bewegung mit einem Tempo, das ein qualitativ richtiges Ausführen ermöglicht.
- Erst wenn die Bewegungsaufgabe beherrscht wird (= mühelos flüssiges Ausführen), treten die konditionellen Fähigkeiten Schnelligkeit und Kraft vermehrt in Erscheinung.

8.3.2 Effektives Planen von Übungsstunden

Auf der Basis der Planung des Ausbildungsabschnitts Grundausbildung kann nun die einzelne Unterrichtsstunde geplant werden. Innerhalb dieses Rahmens können natürlich gewisse Schwankungen vorkommen, die sich im übers Jahr aber ausgleichen sollten. So werden beispielsweise in der Sporthalle im Winter mehr das Gerätturnen und Ballspielen im Vordergrund stehen, bei einem Training im Wald mehr die Ausdauer, auf dem Rasen und auf der Bahn mehr die schnelligkeits-, sprung- und wurf-

Beachte
Zwar werden auch Witterung, Jahreszeit, Gelände, Geräteausstattung und Zusammensetzung der Gruppe die Schwerpunkte in den einzelnen Trainingsstunden bestimmen, doch sollten in der Gesamtschau o.a. Gewichtungen angestrebt werden, um eine umfassende Ausbildung zu gewährleisten.

orientierten Übungen. Bei der Planung und Durchführung einer Trainingsstunde sollte sich der Übungsleiter von verschiedenen Überlegungen leiten lassen:

- Welchen Platz nimmt die Trainingsstunde im Gesamtkonzept ein?
- Welche Ziele möchte ich in der Stunde anstreben?
- Wo findet das Training statt?
- Wie organisiere ich mein Training?

Nähere Angaben sind der auf den nächsten Seiten folgenden Checkliste zu entnehmen. Auch die Stundenbeispiele ab der übernächsten Doppelseite dienen zur Erläuterung.

Nach dem Training sollte der Übungsleiter zum Beispiel mit Hilfe des Auswertungsbogens (s.u.) den Stundeninhalt dokumentieren. Die regelmäßige Auswertung soll vor allem verhindern, dass durch einseitige Ausrichtung der Ausbildungsinhalte Defizite entstehen. Die Gewichtung der Inhalte kann nach drei Stufen vorgenommen werden:

Auswertung Grundausbildung

Woche	**1**	**2**	**3**	**4**	**5**	**6**	**7**	**8**	**9**
Handlungsbereiche									
Laufen schnell									
Laufen ausdauernd									
Springen									
Werfen									
Turnen									
Spielen									
Rhythmik									
Koordination									
Rhythmusfähigkeit									
Differenzierungsfähigkeit									
Reaktionsfähigkeit									
Gleichgewichtsfähigkeit									
Orientierungsfähigkeit									
Kondition									
Ausdauer									
Schnelligkeit									
Kraft									
Beweglichkeit									
Wettkämpfe									
Gruppenaktivität									

(***) Entweder die ganze oder überwiegende Teil der Stunde sind auf einen gewissen Schwerpunkt festgelegt (z. B. Schulung der Rhythmisierungsfähigkeit mit Inhalten aus verschiedenen Bereichen oder Ausdauertraining im Wald)

(**) Der Inhalt beschränkt sich auf einen Schwerpunkt im Hauptteil der Stunde, z. B. 10 bis 12 Sprintbelastungen in Form von kleinen Staffeln

(*) Der Inhalt bildet im Hauptteil einen kleineren Schwerpunkt oder wird im Einlaufen oder in der Schlussphase stärker akzentuiert.

Wenn der Übungsleiter dann die Summen seines Auswertungsblatts mit den Prozentangaben vergleicht, sollte die Gewichtung ungefähr stimmen. Natürlich wird es auch vorkommen, dass er aufgrund seiner Interessen und der Interessen sowie der Fähigkeiten der Kinder individuelle Schwerpunkte setzt. Er sollte jedoch immer darauf achten, dass die Ausgewogenheit der Ausbildung insgesamt gewährleistet ist und es dem Kind aufgrund der vielseitigen Gestaltung möglich ist, weitere Trainingsetappen mit Erfolg zu bestehen.

Ausbildungsjahr: ______________

10	11	12	13	14	15	16	17	18	19	20	Summe

Gewichtung der einzelnen Bereiche: (*) = geringe Gewichtung (**) = mittlere Gewichtung (***) = Schwerpunkt

Planen und Auswerten einer Leichtathletikstunde

Bereich	Frage
Einordnung der Stunde	• Was ist der Stunde vorausgegangen? • Müssen Teile aus der vorangegangenen Stunde aufgegriffen werden? • Was folgt auf diese Stunde? • Welchen Platz nimmt die Stunde in der Gesamtplanung ein?
Zielsetzung(en) der Stunde	• Welche Bewegung soll erlernt werden? • Welches bereits Erlernte soll unter neuen Bedingungen angewendet werden? • Welche koordinative bzw. konditionelle Fähigkeit soll entwickelt bzw. verbessert werden?
Ort	• Wo realisiere ich meine Übungseinheit (im Freien, in der Halle)? • Steht mir genügend Platz zur Verfügung, um meine Inhalte zu realisieren? • Sind die zeitlichen Vorgaben für die Benutzung der Anlage passend?
Situation	• Wie ist meine Gruppe von der Altersstruktur und der Ausprägung der Fähigkeiten zusammengesetzt? • Muss ich mich mit anderen Gruppen vor Ort arrangieren? • Spielt das Wetter eine Rolle? • Wie behandele ich auffällige Kinder? • Muss ich besondere Sicherheitsmaßnahmen ergreifen?
Geräte	• Welche Geräte stehen mir zur Verfügung? • Reicht die Anzahl der Geräte aus, um einen hohen Aktivitätsgrad zu erreichen? • Sind die Geräte ohne Mängel, Schäden oder Gefahrenstellen? • Wieviel Zeit brauche ich für den Auf- und Abbau?

Bereich	Frage
Durchführung	• Wieviel Zeit benötige ich für die vorgesehenen Inhalte? • Welche Schwerpunkte setze ich in der Stunde? • Wie beginne ich meine Stunde? • Brauche ich mehrere Situationen, um verschiedene Fähigkeiten in einer Einheit effektiv zu trainieren? (z. B. Schnelligkeit mit Pendelstaffeln unter Verwendung verschiedener Geräte, Sprunggewandtheit mit verschiedenen gespannten Baustellenbändern...) • Wo setze ich besondere Motivationsschwerpunkte? • Welche Medien setze ich ein? • Benutze ich nur eine Geräteart/einen Geräteaufbau, um damit möglichst viele Fähigkeiten zu entwickeln? • Welche Differenzierungen setze ich ein, um den Fähigkeiten und Interessen der einzelnen Kinder gerecht zu werden? • Welche Kinder setze ich dabei als Gruppenleiter ein? • Welche Kinder benötigen z. B. wegen besonderer individueller Schwierigkeiten oder Vorbereitung auf besondere Aufgaben (z. B. Wettspiele) eine besondere Betreuung? • Wie lasse ich meine Stunde ausklingen? • Welche organisatorischen Hinweise, z. B. auf kommende Wettkämpfe oder Fahrten, muss ich den Kindern noch geben?
Rückblick und Auswertung	• Habe ich meine gesetzten Ziele erreicht, oder muss ich in der nächsten Stunde meine Zielsetzung weiterführen? • Sind bei der Durchführung besondere Schwierigkeiten aufgetreten, z. B. Disziplinschwierigkeiten, Über- oder Unterforderung, Geräteengpässe, Gefahrenmomente usw.? • Eintrag der Inhalte in ein Auswertungsblatt • Überlegungen für die nächste Stunde

Stundenbeispiel Koordinationsschulung

Methodik/Organisation	Zeit/Absicht
Aufwärmen	
• Rasenviereck z.B. 25 m x 15 m • Bananenkarton für jedes Kind • Hinweise zum Fair Play beim Durcheinanderlaufen 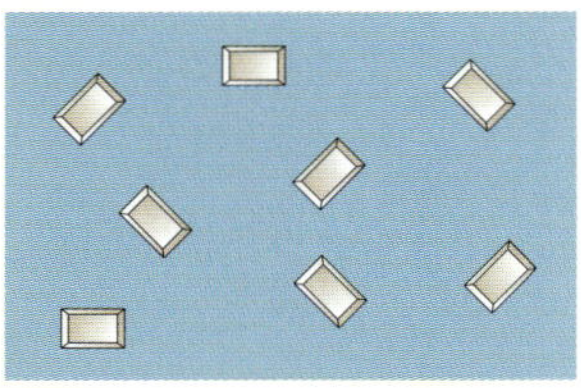	10 Minuten • Motivation • Primäre Schulung der **Handlungskompetenz Lauf** und der koordinativen Fähigkeit. • **Raumorientierung** sowie Schulung der konditionell Fähigkeit • **Ausdauer** • Gleichzeitig werden auch weitere koordinative Fähi keiten angesprochen
Dehnen und Kräftigen	5 bis 8 Minuten Beweglichkeit
Hauptteil	
1. Teil: **Rhythmisches Überlaufen von Hindernissen** Einsatz von Musik (tragbares Gerät oder Tribünenanlage) • Ausführungshinweise • 3 bis 4 Reihen Kartons je nach Stärke der Gruppe 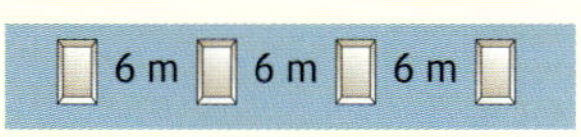 • Ausführungshinweise	20 Minuten • **Handlungskompetenz Lauf** • **Rhythmus aufnehmen, in Bewegung umsetzen** • Ansprechen weiterer koordinativen Fähigkeiten • **Rhythmus gestalten**
2. Teil: **Schnelligkeitsschulung** • Streckenlänge nicht mehr als 30 m	15 Minuten • **Handlungskompetenz Lauf** • **Schnelligkeit** • Ansprechen weiterer koordinativer Fähigkeiten
Ausklang	
Bananenkarton stapeln; Karton im Tor anbringen **Gruppe nochmals sammeln; Reaktionen entgegen-nehmen** **Hinweise für das nächste Training geben oder für anstehende Wettspiele**	15 Minuten • **Handlungskompetenz Wurf** • Motivation • Raumorientierung • Ansprechen weiterer koordinativer Fähigkeiten

Dauer ca. 80 Minuten

Inhalt

Bananenkartons liegen verstreut in einem abge-
:eckten Rasenviereck
. Durcheinanderlaufen um die Kartons
. Durcheinanderlaufen – Kartons einmal mit der
:chten, dann mit der linken Hand berühren
. Mit dem Partner in Handhaltung um die Kartons
ufen
. Mit dem Partner um die Kartons laufen – einmal
erührt der eine mit der Hand einen Karton, dann der
ndere
. Durcheinanderlaufen und Kartons überspringen
. Gleiche Übung mit dem Partner in Handhaltung –
abwechselndes Springen
7. Jedes Kind läuft und hält dabei einen Karton:
a) über dem Kopf, b) vor der Brust
8. Magnetspiel: Schüler laufen und halten Kartons vor der Brust – auf Kommando laufen zwei Kinder aufeinander zu – die Kartons werden aneinander gepresst – zusammen mit dem Partner wird nun vw, rw, sw, in der Kniebeuge, mit Drehung gelaufen, wobei die Führung nach einiger Zeit wechselt.
9. Durcheinanderlaufen – auf Kommando so viel Kartons wie möglich berühren – auf Pfiff wieder langsam traben

6 bis 8 Dehn- und Stabilisationsübungen

. Durcheinanderlaufen um die Kartons (durcheinan-
er gelegt, dabei Rhythmus der Musik beachten
. wie bei 1, Musiktempo variieren durch Pitchen
. Bananenkartons überlaufen und dabei den Rhyth-
ıus der Musik beim Laufen beibehalten (Variieren
es Tempos je nach Beherrschen des Bewegungsab-
ufs)
Rhythmus beibehalten
Hindernis schnell überwinden
Oberkörper aufrecht
– schnelles Bodenfassen nach dem Hindernis
4. Im Slalom mit Musik durch die Reihe, dabei
– Rhythmus der Musik beibehalten
– höherer Kniehub
5. Gleiche Übung mit dem Partner in Handhaltung
6. Kartons überlaufen, dabei Rhythmus der Musik beibehalten (Hinweise wie vorher)
7. Ohne Musik eigenen Rhythmus finden
8. Abstände der Kartons variieren
9. Je nach Beherrschungsgrad Tempo steigern

leine Staffeln: 6 Läufe
endelstaffel: Slalomlauf
endelstaffel: auf der Strecke einen (zwei) Bananen-
artons überlaufen
endelstaffel: auf der Strecke liegt ein Karton – beim
aufen einmal umkreisen und dann zum Mal, um den
ächsten Läufer abzuschlagen
Wendestaffel: um ein Mal sprinten mit einem Karton in der Hand – Karton an nächsten Läufer übergeben
Kartons stapeln: Jeder Schüler trägt nacheinander seinen Karton zu einem Mal – legt ihn dort ab und läuft leer wieder zurück – der zweite verfährt ebenso – anschließend werden die Kartons in gleicher Weise wieder zurückgeholt

Vurfspiele
. Aufteilen in Gruppen – jede Gruppe hat einen Kar-
ɔnstapel in einiger Entfernung (Distanz nach Wurf-
ermögen)
. Zwei offene Kartonhälften liegen in einiger Entfer-
ung mit drei Meter Distanz – Treffer im vorderen
Karton = 1 Punkt, im hinteren Karton = 2 Punkte
3. Im Fußballtor wird mit einer Schnur ein Karton als Pendel aufgehängt – Karton wird in Schwingung versetzt – Karton treffen

- Gemeinsames Aufräumen (ca. 5 Minuten)

Stundenbeispiel Barren (1. Teil)

Methodik/Organisation	Zeit/Absicht
Aufwärmen	
Barrenaufbau	10 Minuten • Handlungskompetenz im Laufen • Raumorientierung
Dehnen	5 bis 8 Minuten Beweglichkeit
Hauptteil	
1. Teil: Turnen am Barren Aufstellung in Riegen	20 Minuten • Handlungskompetenz Turnen • Kraftschulung • Raumorientierung • Gleichgewichtsfähigkeit
Aufteilung der Gruppe in vier Riegen an dem Barren	• Handlungskompetenz Turnen • Kraftschulung • Gleichgewichtsfähigkeit
Auf dem Rückweg Langbänke Zusatzaufgaben	• Ansprechen weiterer koordinativer Fähigkeiten

Inhalt

Barren verteilt in der Halle, je nach Aufstellungs-
öglichkeit
Durcheinanderlaufen und auf Kommando
auf dem Barren sitzen
an dem Barren hängen
unter dem Barren auf den Matten liegen

2. In der Reihe laufen (z.B. drei Gruppen mit 8 Kindern). Jede Reihe erfüllt auf Kommando folgende Aufgaben
- Slalom um die Barren
- unter dem Barren durch
- Barren umrunden
- durch die Barrengasse

6 bis 8 Dehn- und Stabilisationsübungen

Nacheinander zwei Barren überklettern und zum
ısgangspunkt zurück
Beim ersten Holm des ersten Barrens unten durch,
ım zweiten Holm des ersten Barrens oben drüber
Wie 2, aber beim ersten Holm drüber, beim zweiten
ıten durch
Auf beide Holme legen (Felgabzug)

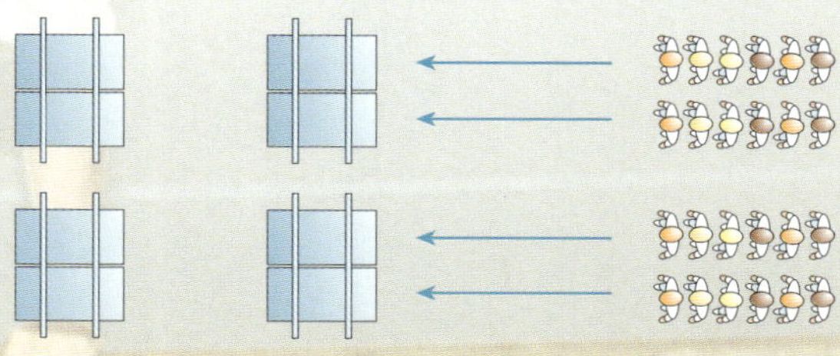

Über den Barren auf allen Vieren mit Bauch nach
ten, dann gleiche Übung mit Bauch nach oben
Auf allen Vieren, aber beide Hände auf einen Holm
auch oben und unten)
Wie 1, aber beide Hände auf dem rechten (linken)
ılm, Füße jeweils auf einem Holm
Stütz – leichter Schwung – auf dem
den mit beiden Füßen landen – Stütz usw. –
gesamt dreimal Stütz
Weit vorgreifen – ein Stütz – am Ende des Barrens
ıden
Schwung – Kehre rechts und links
Weitere Schwungformen (siehe Turnliteratur)

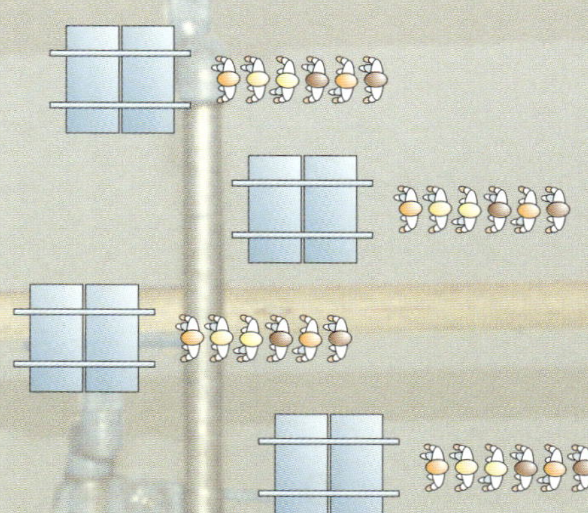

ıf dem Rückweg Übungen an Langbänken, um
erlauf zu vermeiden
Hockwende
Sprünge verschiedenster Art usw.

Stundenbeispiel Barren (2. Teil)

Methodik/Organisation	Zeit/Absicht
Hauptteil	
2. Teil: Schnelligkeitsübungen Riegeneinteilung Hinweise zum Lauf Starthütchen aufstellen	15 Minuten • Handlungskompetenz Lauf • Schnelligkeit • Raumorientierung
3. Teil: Ballgeschicklichkeit mit dem Basketball	15 Minuten • Handlungskompetenz Spiel • Raumorientierung • Kopplung • Reaktion
Ausklang	
Besprechen der Stunde Hinweise	Verschiedene konditionelle und koordinative Fähigkeiten: • Ausdauer Schnelligkeit • Orientierungs- und Reaktionsfähigkeit

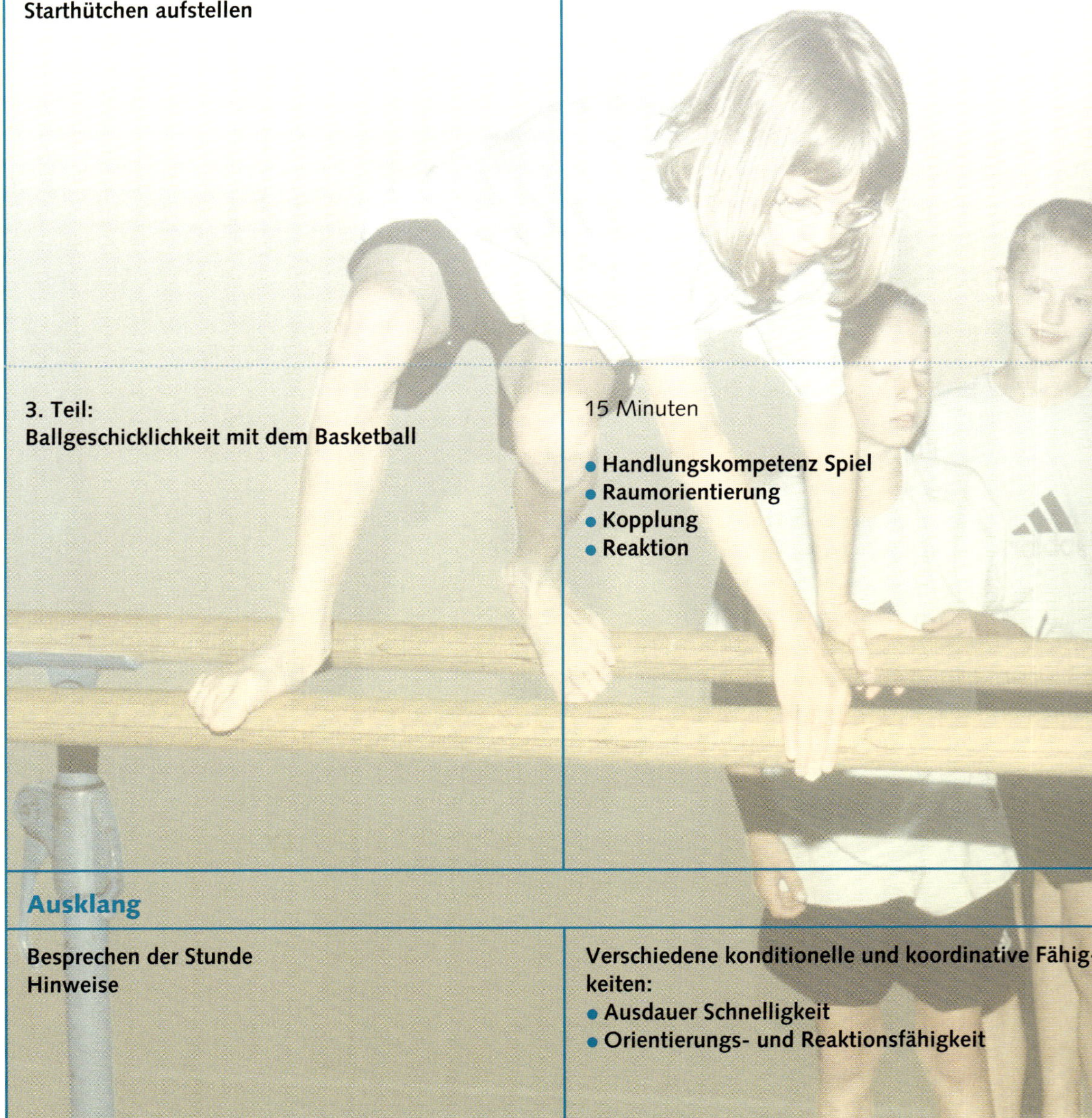

nhalt

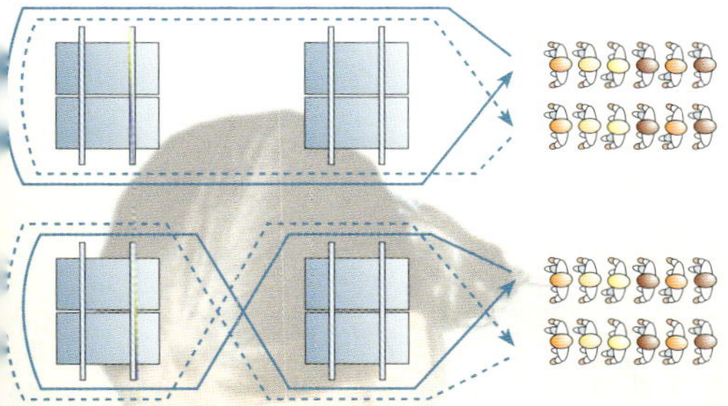

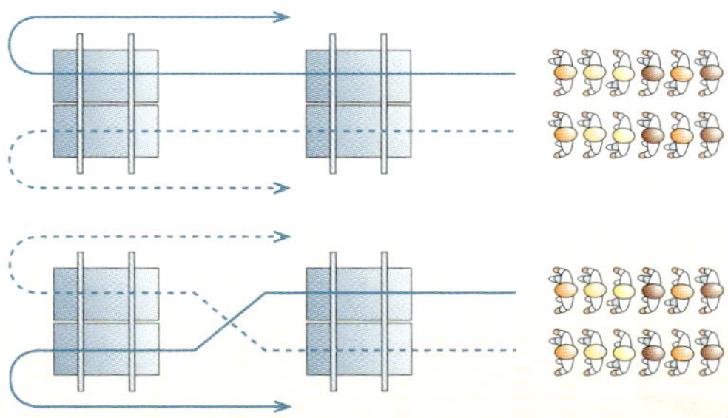

; bis 10 Läufe mit verschiedenen Aufgabenstellun-
n.
riation: Tragen eines Gegenstands, Partnerläufe
w.
Wir umkreisen die Barren mit verschiedenen Auf-
benstellungen

2. Wir laufen um die Barren eine Acht mit verschiedenen Aufgabenstellungen
3. Wir sprinten und schlüpfen dabei unter den Barrenholmen durch
4. Wir schlüpfen beim ersten Holmenpaar durch, umlaufen das zweite, schlüpfen beim zweiten unten durch und umlaufen das erste

Ball zuwerfen und nach dem Werfen unter den Hol-
en auf die andere Seite wechseln
Variation: Nach dem Werfen außen um den Barren
rumlaufen
Mit dem Basketball den Barren umdribbeln, dem
chsten übergeben – die andere Gruppe verfährt
enso
usw.

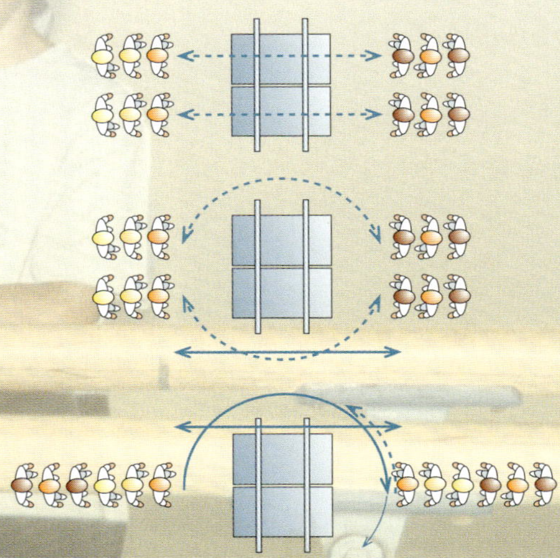

ufwärmen
oiel: Halle freiräumen
wei Bälle im Spiel – jeder kann jeden abwerfen – bis
ur ein Spieler übrig bleibt
bis 3 Durchgänge

8.4 Die Aufwärmphase – Schlüssel zu einer effektiven Übungseinheit

Kindgerechtes Aufwärmen – motivierend, grundlegend und angemessen

Diese drei Kennzeichen, die für eine schülerorientierte Leichtathletik gelten, haben natürlich auch für das Aufwärmen in einer Sportstunde ihre Bedeutung. Dieser erste Stundenbaustein unterscheidet sich jedoch in Intensität, Umfang und Gestaltung deutlich von den Aktivitäten Jugendlicher und Erwachsener. Dies beruht vor allem auf dem geringeren Trainingsaufwand von Anfängern, der geringeren Belastungsfähigkeit und der anders gearteten Motivationslage von Kindern.

Aufwärmen in der Kinderleichtathletik muss motivierend sein

Kinder sehen in ihrer sportlichen Tätigkeit eine Möglichkeit, sich auszutoben, neue Bewegungsformen zu lernen, miteinander etwas zu tun, Erlebnisse mit nach Hause zu nehmen. Sie überlegen nicht, welche physischen Notwendigkeiten im Aufwärmen liegen und welchen Nutzen die eine oder andere gymnastische Übung hat.

Leider zeigt die Realität im Trainingsbetrieb im Verein, dass die Auswahl der Übungen nicht immer kindlichen Interessen gerecht wird. Die stereotype Formel: „Jetzt laufen wir uns drei Runden ein", bedeutet für einen Übungsleiter einen geringen Aufwand an Vorbereitung, die obligatorischen Gymnastikübungen setzen die Linie fort, und die das Aufwärmen abschließenden koordinativen Standardübungen passen ins gleiche Muster. Kein Wunder, wenn dieses stereotype Aufwärmen langfristig die Kinder nicht begeistert – denn: wo bleiben hier ihre Bedürfnisse?

Die Abbildung auf der folgenden Seite zeigt auf, welche Möglichkeiten sich für die Gestaltung eines variablen Aufwärmens anbieten. Die Fülle der verschiedenen Übungen an unterschiedlichen Orten mit Klein- und Großgeräten in verschiedenen sozialen Formen bietet die Gewähr dafür, die Nachwuchsathleten auf den Hauptteil der Stunde einzustimmen.

Aufwärmen in der Kinderleichtathletik muss grundlegend sein

In der Grundausbildung wird die Basis für den weiteren Trainingsaufbau geschaffen. Ein umfangreiches Repertoire an Bewegungen ermöglicht das spätere Herausbilden einer optimalen Technik. Eine Grundvoraussetzung dafür sind die koordinativen Fähigkeiten.

Gerade die Phase des Aufwärmens bietet hierzu die besten Möglichkeiten. Inhalte aus anderen Sportarten (z. B. Ball- und Laufschulung mit dem Basketball oder Fußball) sorgen für Abwechslung. Inhalte der vorangegangenen Stunden können vertieft bzw. Elemente des kommenden Stundenschwerpunkts vorbereitet werden. Auch die konditionelle Basis, insbesondere die Ausdauer, ist gut anzusprechen.

Beachte

Sport mit Kindern und Jugendlichen erfordert in der heutigen Zeit vom Übungsleiter erheblich mehr Kreativität und Einfallsreichtum als in früheren Jahren. Freude, Erlebnis, Spannung, Abwechslung, Körpergefühl sind die Begriffe, die die heutige Übungsstunde in der Leichtathletik prägen müssen, wenn wir den Nachwuchs für unsere Sportart begeistern wollen – auch und gerade in der Aufwärmphase!

Möglichkeiten in der Aufwärmphase

Vielfältige Bewegungsformen

Gehen	Federn	Spielen	Dehnen	Überwinden	Sich bücken	Fangen
Laufen	Hüpfen	Nach Musik	Kräftigen	Klettern	Krabbeln	Abwerfen
Sprinten	Springen	Bewegen	Kämpfen	Turnen	Rollen	Reagieren

Ort

Volley-, Basket-, Hand- oder Fußballfeld, 16 m-Raum, Mittelkreis, Viereck, Vieleck, Kreisfläche, Hartplatz, Kunststoffbahn, Wald, Halle, Rasen, Weitsprunganlage

Sozialform

- Einzeln
- Mit dem Partner
- In der Gruppe

Geräte

Mit Kleingeräten:
Reifen, Stab, Seil, Tau, Ball, Karton, Teppichfliese, Zeitung, Fahrradschlauch
Mit Großgeräten:
Barren, Reck, Langbank, Matte, Leiter, Sprossenwand, Kasten, Kastenteil
Anordnung der Geräte:
Linear, kreisförmig, im Viereck, schlangenförmig, im Zickzack, rhythmisch, unrhythmisch, ungeordnet

Durchführung

Als Übung
zur Schulung konditioneller und koordinativer Fähigkeiten insbesondere in Hinblick auf den Inhalt der vorherigen und der nachfolgenden Stunde

Als Spiel
zum Schaffen einer inneren Bereitschaft und Freude zum Lernen, Üben und Leisten sowie dem Aufbau einer positiven Einstellung zur Leichtathletik

Als Wettbewerb
zur optimalen Vorbereitung der körperlichen Voraussetzungen zum Erbringen einer Leistung und zum Schutz vor Verletzungen

Unter Beachtung kindheits- und entwicklungsgemäßer, trainings- und sportartspezifischer Grundsätze

Aufwärmen in der Kinderleichtathletik muss angemessen sein

Schließlich muss das Aufwärmen für den leichtathletischen Unterricht dem Kind und der Sache angemessen sein. Diese so wichtige Phase für den Trainingserfolg sollte sich primär an den Bedürfnissen des Kindes nach Freude, Abwechslung und Bewegungsdrang orientieren, wobei die körperliche Entwicklung und der Leistungsstand zu berücksichtigen sind. Der Übungsleiter muss sich der Wirkung seiner Übungsauswahl bewusst sein und sein Vorgehen nach methodischen Grundsätzen ausrichten (s. Tabelle rechts). Die dann folgenden Beispiele auf den nächsten Seiten verdeutlichen die vielfältigen Möglichkeiten des Aufwärmens.

Basiswissen zum Aufwärmen

Durchführung

1. Anpassen der Herz-Kreislauf-Tätigkeit und Atmung: Steigerung der Blutzirkulation und der Sauerstoffaufnahmekapazität, Senkung des Blutflusswiderstands, Ökonomisierung der Atmung

2. Einstimmung der Muskeltätigkeit und des Muskelstoffwechsels: Erhöhung der Muskeltemperatur und des Energieumsatzes im Muskel, Verminderung der elastischen und viskösen Zustände

3. Einstellung der neuronalen Prozesse
Steigerung der Nervenimpuls-Leitgeschwindigkeit und der Empfindlichkeit der Rezeptorensysteme sowie dadurch der Muskelkontraktions- und Entspannungsfähigkeit, Optimierung des Muskeltonus

4. Optimierung der Funktionsbereitschaft des passiven Bewegungsapparates
Verdickung der Knorpelschicht an den Gelenkflächen, dadurch Verteilung der einwirkenden Kräfte auf eine größere Auflagefläche und Druckminderung

5. Schaffung optimaler psychischer Voraussetzungen: Einstimmung auf die Schwerpunkte der Stunde, Erleben von Freude, Befriedigung des Bewegungsbedürfnisses

Methode

1. Grundsätze:
- Vom Langsamen zum Schnellen
- Vom Allgemeinen zum Speziellen!
- Vom Leichten zum Schwierigen!

2. Vorgehensweise:
- Aktive Arbeit großer Muskelgruppen durch abwechslungsreiche und freudvolle Übungen aus dem Bereich des Laufens, des Werfens, des Spielens, der Geschicklichkeit, der Gewandtheit
- Funktionelle Gymnastik, Dehnungs- und Lockerungsübungen zu Beginn, dann Kräftigungsübungen zur Stabilisierung des Rumpfes und zur Kräftigung der Füße und der Sprunggelenke
- spezielle koordinative Übungen zur Verbesserung der Lauf-, Sprung- und Wurfkoordination (z.B. Lauf-ABC)

Empfehlung

1. Die Aufwärmzeit zu Beginn der Sportstunde sollte mindestens 5 Minuten betragen (= 50 Prozent des Aufwärmeffektes) – günstig: 15 bis 20 Minuten

2. Dauer, Intensität und Inhalt des Aufwärmens haben den Leistungszustand und die Entwicklung des Sportlers zu berücksichtigen.

3. Bei Training am Vormittag und bei kühler Witterung ist die Aufwärmzeit zu verlängern. Die Intensität ist langsam zu steigern. Nicht mit Sprint- und Sprungübungen sowie mit „schnellen" Spielen beginnen!

4. Auf witterungsangemessene Kleidung achten!
- bei kühler Witterung: Trainingsanzug, warme Sportsocken
- bei warmer Witterung: Aufwärmen auch ohne Trainingsanzug möglich – anschließend anziehen zum Warmhalten – nasse Kleidung wechseln

5. Fünf Minuten nach dem Ende der Aufwärmarbeit ist die Muskeltemperatur unverändert hoch, nach 45 Minuten ist der Aufwärmeffekt nicht mehr nachweisbar. Aktives Warmhalten bei längeren Pausen!

6. Bei Wettkämpfen ist eine längere Vorbereitungsphase notwendig!

Praxis: Aufwärmen mit der Langbank

Laufen

Laufen in der Reihe: ❶
1. Um die vier Bänke laufen
2. Slalomlaufen
3. Über die Bänke der Länge nach laufen

Reihenaufstellung rechts und links: ❷
1. Slalomlaufen mit Begegnung in der Mitte, dabei
- gegenseitig in die Hände klatschen
- einhängen und einen Dreher laufen
- Ball übergeben, zurollen, zuwerfen, im Dribbel übernehmen

2. Slalomlaufen paarweise:
- ein Paar macht während der Begegnung mit den Armen ein Tor, das andere Paar läuft unten hindurch
- ein Paar öffnet die Handhaltung, läuft rechts und links um das andere Paar herum und nimmt wieder Handfassung auf

3. Laufen und Springen über die querstehenden Bänke
- Anlauf – Absprung – landen mit dem Schwungbein auf der Bank – weiterlaufen usw.
- Anlauf – Überspringen der Bänke

Springen

Springen in der Reihe:
1. Slalomhopserlauf (auch mit Partner)
2. Slalomseitgalopp (auch mit Partner oder in der Kette)
3. Slalomseitgalopp mit halben Drehungen

Reihenaufstellung rechts und links: ❸
Slalomlaufen und dabei über Bananenkartons springen

Riegenaufstellung vor den Längsbänken: ❹
- auf der Bank in kleinen beid(ein)beinigen Sprüngen vorwärts
- Seitgalopp auf der Bank
- Hopserlauf auf der Bank
- beidbeinig auf die Bank aufspringen, auf der anderen Seite wieder hinunter usw.
- rechts stehen – rechtes Bein seitlich auf die Bank stellen – sich mit dem Bein hochdrücken – in der Luft mit dem linken auf die Bank wechseln und mit dem rechten auf dem Boden landen – dann drückt das linke Bein usw.
- Grätschstand – Aufspringen auf die Bank – landen im Grätschstand

❶

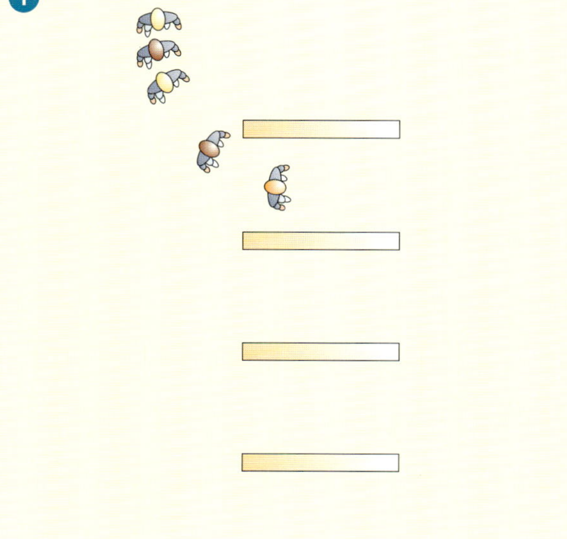

❷

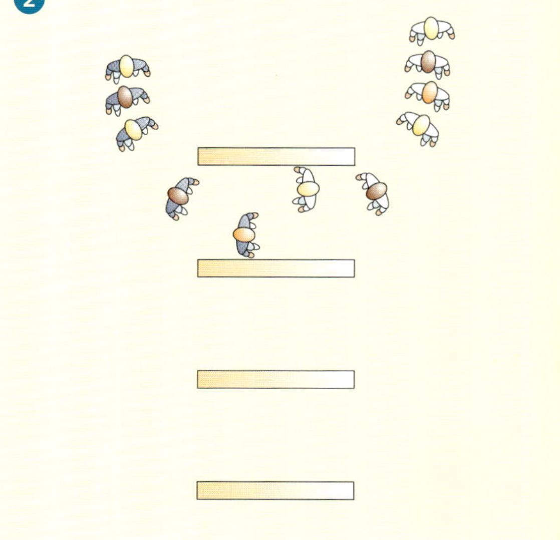

Kräftigen

In Riegenaufstellung:

- sich auf dem Bauch liegend mit den Armen über die Bank ziehen
- sich auf dem Rücken liegend über die Bank ziehen
- Hockwenden mit Zwischenstation auf der Bank
- Hockwenden ohne Zwischenstation
- auf allen Vieren über die Bank krabbeln – Bauch oben
- auf allen Vieren über die Bank krabbeln – Bauch unten

Balancieren

- auf dem Holm der umgedrehten Bank gehen
- auf dem Holm der umgedrehten Bank gehen – in der Mitte eine Drehung um die eigene Achse – weitergehen

Wettspiele

- Alle Riegenteilnehmer sitzen neben der Bank. Welche Riege sitzt auf Kommando komplett auf der anderen Seite?
- Jeder Teilnehmer der Riege hat eine Nummer – auf Kommando sprinten alle Läufer mit beispielsweise der Nummer fünf einmal um die Bank und setzen sich wieder an die gleiche Stelle.
- Gleiche Übung, aber um zwei Bänke sprinten
- Jede Bank hat die gleiche Nummer. Auf Kommando „Wechsel 3/4" oder „Wechsel 1/3" wechseln die Telnehmer der jeweiligen Bänke den Platz und haben auf der neuen Bank dann auch diese Nummer.

3

4

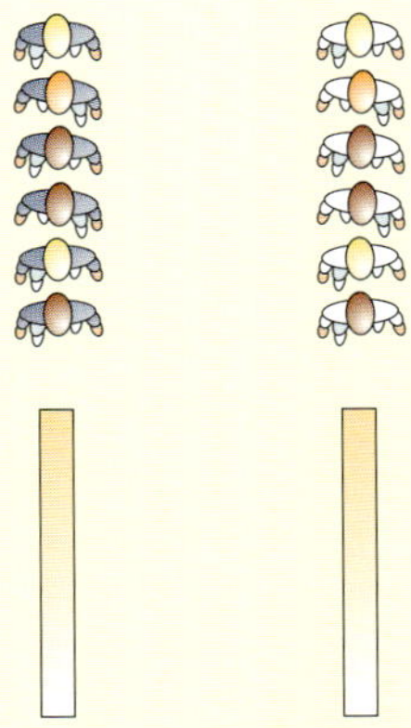

Praxis: Aufwärmen mit Sprungseilen

1. Laufen mit zwei Seilen und einem Partner (Gespann) ❶

❶

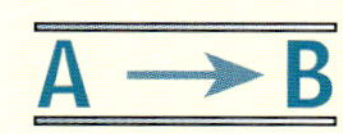

2. Frei und auf Kommando laufen

- Seil ablegen und frei im Raum laufen – auf Kommando zurück zu den Seilen laufen (eigene oder fremde) – Seile aufnehmen – weiterlaufen ❷
- Seile ablegen – umdrehen – in die Gegenrichtung laufen ❸
- Seile ablegen – Positionen tauschen – in die gleiche Richtung weiterlaufen ❹
- Seile ablegen – Positionen wechseln und drehen – in die Gegenrichtung laufen

❷

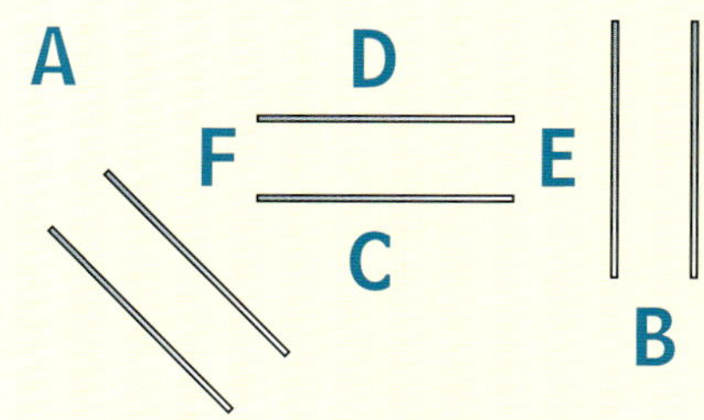

❸

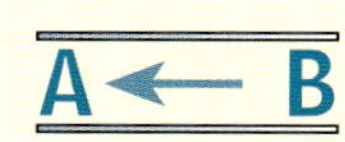

❹

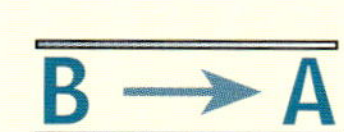

3. Laufen in der Gasse

- Seile parallel ablegen (Gasse – frei umherlaufen und durch die Gassen laufen – Variation: über die Gassen laufen
- Seile ablegen – frei umherlaufen und durch die Gassen
  a) einbeinig oder beidbeinig springen
  b) Vierfüßlergang Bauch unten (Hände und Beine in der Gasse
  c) Hände außerhalb der Gasse, Füße innen ❺
  d) Füße außen, Hände innen ❻
  e) Hände und Füße außen ❼ – Variation: Bauch zeigt nach oben

❺

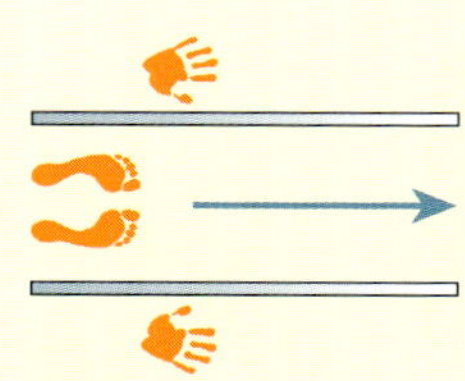

❻

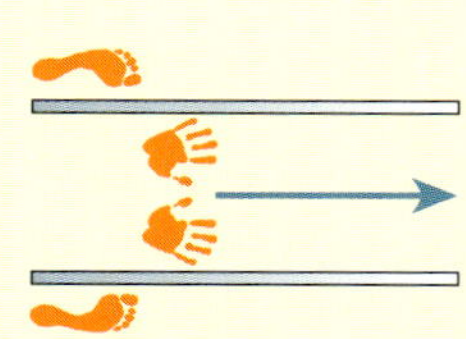

❼

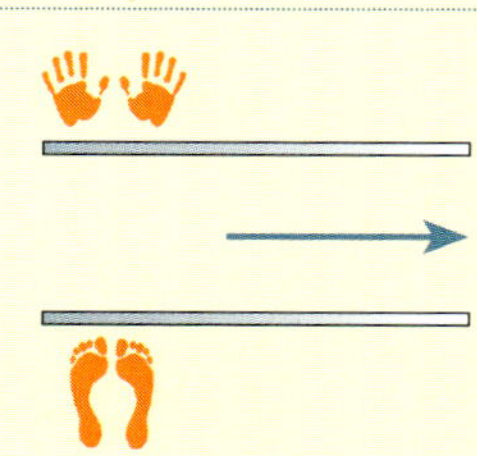

4. Springen an der Gasse

- grätschen (Füße außerhalb der Gasse) und Schließen (Füße innerhalb der Gasse) ⑧
- am rechten und dann auf dem Rückweg am linken Seil Wedelspringen ⑨
- am rechten Seil stehen – in die Mitte springen – über das linke Seil springen usw. ⑩

⑧

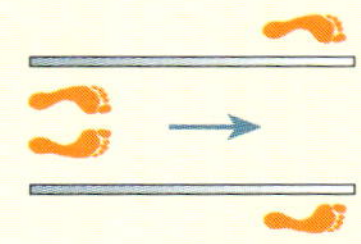

⑨

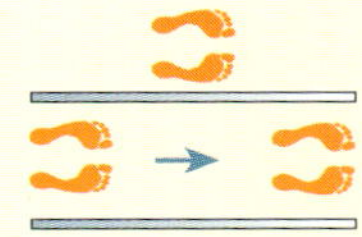

⑩

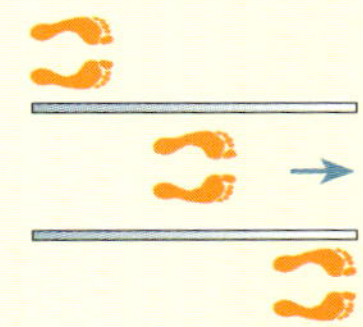

5. Hockwenden in der Gasse

- Hände innerhalb der Gasse – Füße von rechts außerhalb zur Mitte und dann nach links außerhalb bewegen ⑪ – Variation: Mitte auslassen ⑫

⑪

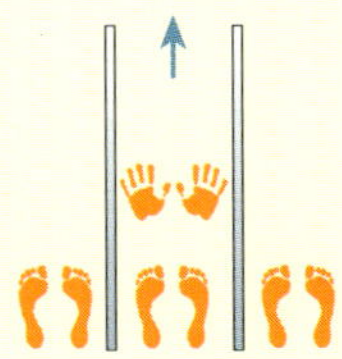

⑫

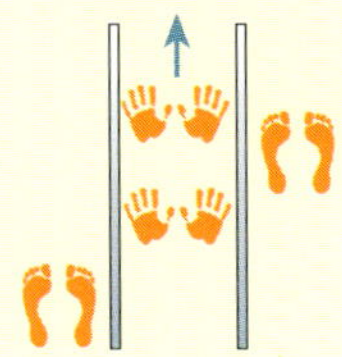

6. Fangspiele mit dem Seil

a) Die Partner traben mit zwei Seilen (siehe ①) – Auf Pfiff lassen beide das Seil fallen und der hintere fängt den vorderen. Variation: gleiche Übung – beide drehen sich und der vordere fängt den hinteren

b) mehrere Teilnehmer – die beiden ersten Läufer halten zwei Seile (siehe ⑬), laufen um ein Mal, kehren zum Start zurück und stellen sich wieder in Laufrichtung auf. Läufer 1 verlässt das Gespann, Läufer 2 geht an die erste Position und Läufer 3 an die zweite Position usw. Am Schluss läuft Läufer 1 nochmals, aber an zweiter Position ⑬

c) Jeder Läufer steckt sein dreimal gefaltetes Seil hinten in die Hose und versucht dann, möglichst viele Seile von anderen zu rauben.

d) Ein Partner schlängelt das Seil hinter sich her, der zweite Partner versucht, mit dem Fuß auf das Ende des Seils zu treten – Rollenwechsel

⑬

5 4 3 2 (3) 1 (2)

Beachte
Die Gestaltung von Übungsstunden wird von verschiedenen Faktoren beeinflusst:
- Alter und Anzahl der Kinder
- Fähigkeiten des Übungsleiters
- didaktische Zielsetzung
- methodische Notwendigkeiten
- ökonomische Notwendigkeiten
- Gerätebestand und Örtlichkeiten
- Jahreszeit und Witterung

8.5 Konkretes Gestalten von Übungsstunden

Verschiedene Faktoren beeinflussen das Gestalten der Übungsstunden. Sie sind links aufgeführt. Dabei können je nach Situation die Zugänge zur Stundenplanung unterschiedlich sein:

- Ein Gerät im Mittelpunkt der Stunde:

Insbesondere bei großen Gruppen oder bei zeitlicher Knappheit empfiehlt es sich, ein einzelnes Gerät auszuwählen und zu versuchen, damit möglichst viele koordinative und konditionelle Fähigkeiten anzusprechen. Bei Kindern bietet sich beispielsweise der Schaumstoffbalken (Faktoren: Alter und Größe der Gruppe, Gerätebestand, Zeit) an, da er auf die Kinder motivierend wirkt und mit ihm eine große Zahl von Übungen durchgeführt werden kann. Ein Praxisbeispiel finden Sie im Anschluss.

- Eine koordinative Fähigkeit im Mittelpunkt der Stunde:

Steht dagegen eine koordinative Fähigkeit (didaktisch-methodischer Faktor) im Mittelpunkt, dann wird der Übungsleiter in seiner Stunde vermehrt Übungen aus diesem Bereich anbieten. Auch dazu finden Sie im Anschluss ein Praxisbeispiel.

- Eine konditionelle Fähigkeit im Mittelpunkt:

Anders akzentuiert dagegen wird eine Stunde sein, in der ein konditionelle Fähigkeit besonders geschult wird, z. B. die Ausdauerfähigkeit. Insbesondere hierbei ist der motivationalen Komponente große Aufmerksamkeit zu schenken. Praktische Beispiele finden Sie an anderer Stelle im Buch, u.a. zum Thema Aufwärmen sowie zum Thema Ausdauer.

- Eine Technik im Mittelpunkt der Stunde:

Gut durchdacht muss eine Stunde werden, in der eine Technik (didaktisch-methodischer Faktor, Örtlichkeit) geschult werden soll. Die motorischen Lerngesetze erfordern beim methodischen Aufbau besondere Berücksichtigung. Anregungen finden Sie bei den einzelnen Technikbereichen.

- Ein Raum im Mittelpunkt der Stunde:

Ein Beispiele: Von Herbst bis Frühjahr (jahreszeitlicher Faktor) ist der Wald für Leichtathleten ein bevorzugtes Trainingsrevier. Die Gegebenheiten eignen sich besonders für das Herausbilden von konditionellen Fähigkeiten. Man muss jedoch als Übungsleiter (Faktor Fähigkeit des Übungsleiters) diese Möglichkeiten erkennen und für seine Planung nutzen. Im Anschluss folgt dazu ein konkretes Beispiel.

8.5.1 Ein Gerät im Mittelpunkt der Stunde: Der Schaumstoffbalken

Interessante Aufgabenstellungen, abwechslungsreiche Inhalte, auffordernde Geräte und spannungsgeladene Situationen prägen die Trainingsstunden mit Kindern und erfordern vom Übungsleiter Einfühlungsvermögen, Zeitaufwand und Kreativität. Eine wichtige Rolle bei der Gestaltung von Lern-, Übungs- und Spielsituationen kommt den Klein- und Großgeräten zu, die wir in der Halle oder auf dem Sportplatz vorfinden. Neben den bekannteren, vielseitig einsetzbaren Bananenkartons und Fahrradreifen stellen wir Ihnen hier als „neues" Gerät den „Schaumstoffbalken" (ca. 10 cm im Durchmesser und 1 m lang) vor.

- Der Balken als Handgerät

– Die Kinder laufen durcheinander, jedes zweite trägt einen Balken. Der Balken wird weitergegeben, sobald man auf ein Kind ohne Balken trifft.

– Wie vorher, aber der Balken wird auf den Boden gelegt und von dort vom Partner aufgenommen.

– Wie vorher, aber der Balken wird dem Partner leicht zugeworfen.

– Alle Schüler haben einen Balken und tauschen ihn durch Übergabe, durch Auf-den-Boden-Legen, durch Zuwerfen oder durch Stellen auf die kleine Fläche, die Schüler müssen dabei den Balken auffangen, bevor er umfällt

– Die Schüler tragen die Balken als „Magnete" vor der Brust – treffen auf einen anderen Magneten –- beide Magnete haften aneinander, die Partner laufen nun vorwärts (Partner 1) und rückwärts (Partner 2). Auf Kommando des Übungsleiters wird ein neuer „Magnet" gesucht.

– Die Schüler tragen den Balken beim Laufen in verschiedenen Varianten: vor der Brust, über dem Kopf, hinter dem Rücken, mit einer Hand oder mit beiden Händen.

– Zwei Schüler laufen miteinander, nebeneinander, hintereinander und halten Balken auf jeder Seite.

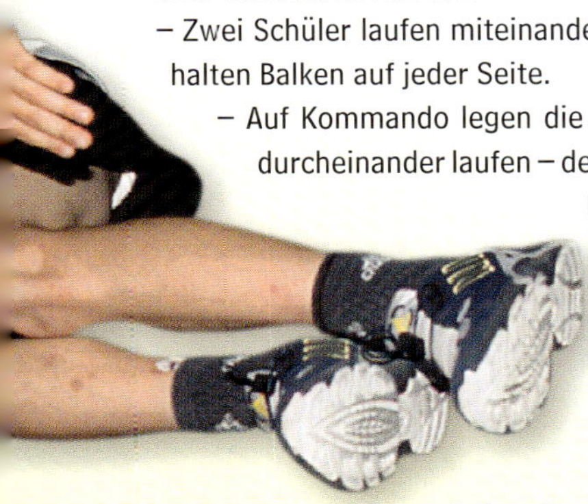

– Auf Kommando legen die Schüler den Balken in der Halle ab – durcheinander laufen – den gleichen (oder einen beliebigen) Balken auf Kommando wieder aufnehmen

- Der Balken als Hindernis

– vorwärts und rückwärts um die in der Halle verstreuten Balken laufen Balken so überlaufen, dass er sich beim Überlaufen zwischen den Füßen befindet

–mit dem Partner an der Hand um die Balken laufen

– hintereinander mit den Händen auf den Schultern des Vordermannes um die Balken laufen

– Laufen und auf Pfiff über den Balken verschiedene Stellungen einnehmen (Grätsche, Brücke usw.)

Schaumstoffbalken

Können Sie sich günstig beim Händler oder Polsterer zuschneiden lassen oder selbst aus alten Schaumstoffmatratzen z. B. vom Wertstoffhof mit einem scharfen Messer herstellen.

Mit dem Schaumstoffbalken springen

– Balken überspringen (durch zwei Balken im Abstand hintereinander können auch breitere Hindernisse geschaffen werden)

– mit dem Partner laufen – einmal überspringt der eine, dann der andere einen Balken

- Mit dem Balken springen

Aus der Anordnung der Balken (Sprünge an einem oder an mehreren Balken) ergibt sich eine Fülle von ein- und beidbeinigen Sprüngen, mit und ohne Partner. Balkenanordnungen siehe Abbildung.

- Mit dem Balken kräftigen

Der Schaumstoffbalken lässt sich in diesem Zusammenhang im Kindertraining vor allem bei Stützkraftübungen einsetzen, indem in verschiedenen Varianten im Vierfüßlergang (Bauch nach unten oder nach oben) eine Balkenreihe oder eine Strecke mit mehreren parallelen Balken ohne Berührung überwunden werden muss.

Kräftigen mit dem Balken

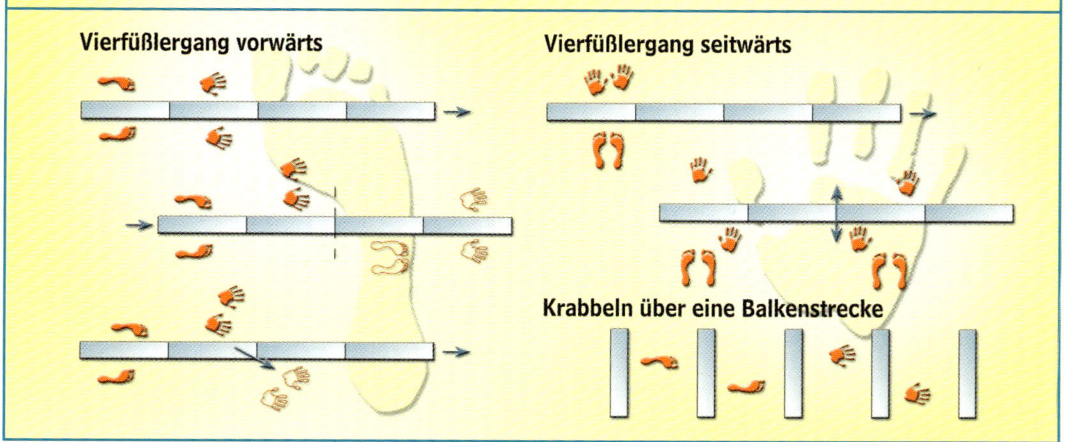

Gleichgewichtsschulung an der Turnbank

8.5.2 Eine koordinative Fähigkeit im Mittelpunkt der Stunde: Gleichgewichtsfähigkeit

Die Gleichgewichtsfähigkeit ist eine Grundvoraussetzung für viele leichtathletische Disziplinen. Ob beim Angleiten beim Kugelstoß, beim Andrehen im Diskuswerfen, beim Überqueren der Hürde, bei den Sprüngen – ohne Gleichgewichtsfähigkeit ist ein Erlernen oder Verbessern der Bewegungen nur mit Schwierigkeiten zu realisieren.

- Übungsmöglichkeiten im Bereich Gerätturnen:

Das Gerätturnen eignet sich besonders zur Entwicklung und Verbesserung der Gleichgewichtsfähigkeit. Hier einige Beispiele an der Turnbank: Als weitere Geräte zur Gleichgewichtsschulung bieten sich der Kasten, Kastenteile, der Barren, das Reck, der Stufenbarren sowie Gerätekombinationen an.

- Übungsmöglichkeiten aus dem Bereich der Funsportarten

Gleichgewichtsschulung mit Funsportarten

8.5.3 Ein Raum im Mittelpunkt der Stunde: Der Wald

Training im Wald

8.6 Leichtathletik in der Schule

Seit 1998 (Band 1) und 2001 (Band 2) geht der DLV mit seinem Programm „Leichtathletik in der Schule" in die Schulsportoffensive. Seitdem werden den unterrichtenden Lehrkräften der 3. bis 6. Klassenstufen „Rezeptbausteine" angeboten, die eine effektive Vorbereitung und Durchführung von leichtathletikorientierten Sportstunden unterstützen. Die Handreichungen zeigen attraktive – in der Schule bewährte – Spiel-, Übungs- und Wettbewerbsformen zum Laufen, Werfen und Springen auf und berücksichtigen die methodisch-didaktische Forderung, die jungen Schülerinnen und Schüler auch eigene Gestaltungsmöglichkeiten finden zu lassen. Es ist dabei ein besonderes Anliegen, den Schülerinnen und Schülern vielfältige Bewegungserfahrungen zu ermöglichen und den Lehrerinnen und Lehrern eine wertvolle Hilfe bei der effektiven Planung und Realisation von Unterricht zu bieten, die aber genauso auch den Übungsleiter im Verein bei der Gestaltung seiner Übungseinheiten unterstützen können.

Im folgenden Stundenbeispiel wird aufgezeigt, wie man sich aus den Handreichungen ein „Menü einer Kinderleichtathletik-Schulsportstunde" zusammenstellen kann. Die Rezeptbausteine lassen sich auch von Quereinsteigern zusammenfügen. Selbstverständlich können Ziele und Inhalte auch verfeinert und erweitert werden. Die Berücksichtigung der kreativen Fähigkeiten der Kinder und der organisatorischen Rahmenbedingungen (z.B. Raum, Zeit, Gerätschaften) sind wichtige Faktoren für die Gestaltung des Schulsportunterrichts. Somit lassen sich die Inhalte (wie im nachfolgenden Stundenbeispiel) aneinander reihen, aber auch parallel in einem Stationsbetrieb methodisch aufbereiten.

Beispiel einer doppelten Schulsportstunde (etwa 70 Minuten) aus den DLV-Handreichungen

Ziele und Inhalte der Stunde

Die Schüler sollen ihre Laufkoordination verbessern und mit dem Schlagwurf Ziele mit verschiedenen Geräten treffen.

Nach einer moderaten Erwärmung in Form von Zeitschätzläufen und einer Gymnastikrunde folgen im ersten Hauptteil schnelle Koordinationsläufe unter Zuhilfenahme von Bodenorientierern. Diese Läufe werden schließlich weiterentwickelt (bis hin) zum freien Sprinten.

Zweites Thema in der Stunde ist das Werfen aus dem Stand in verschiedene Zielbereiche unter Beachtung der aufgezeigten Beobachtungsmerkmale. Ein kurzes Mannschaftsspiel zum Anwenden des Zielwurfs rundet die Schulsportstunde schließlich ab.

Stundenablauf
Aufwärmen
15 Minuten: **„Rechtecklauf"** **(Baustein aus Band 1, S. 47)**
Hauptteil
1. Teil (30 Minuten): **– „Vom Knieheber zum Kniehebelaufen"** **(Baustein aus Band 1, S . 17)** **– „Vom Frequenzlaufen zum freien Sprinten"** **(Baustein aus Band 1, S. 18)** **2. Teil (20 Minuten):** **– „Aufsetzer und Abpraller"** **(Baustein aus Band 2, S. 52)**
Abschluss-Spiel
5 Minuten: **„...wir treffen den Ball im Flug"** **(Baustein aus Band 2, S. 56)**
In den nachfolgenden Abbildungen auf den Seiten 224 bis 226 sind exemplarisch die Bausteine „Rechtecklauf", „Vom Knieheber zum Kniehebelaufen" und „...wir treffen den Ball im Flug" dargestellt.

Beispiel 1 aus „Leichtathletik in der Schule“

ausdauernd-laufen 4

„Rechtecklauf“

4 - 5 minuten

Inhalt

Die Klasse verteilt sich gleichmäßig um ein Rechteck mit 50 m Umfang, dessen vier Eckpunkte durch Hütchen markiert sind (siehe Skizze).

Die Schüler laufen um das Rechteck und regulieren ihr Tempo so, daß sie nach gleichen vorgegebenen Zeitintervallen (Signal) immer wieder ihren Ausgangspunkt überlaufen.

Ziel

Tempogefühl / Einschätzen von Durchgangszeiten

Hinweise

Dauer: 3 min

Tempo: 20 sec pro Runde von 50 m entsprechen 6:40 min pro km.

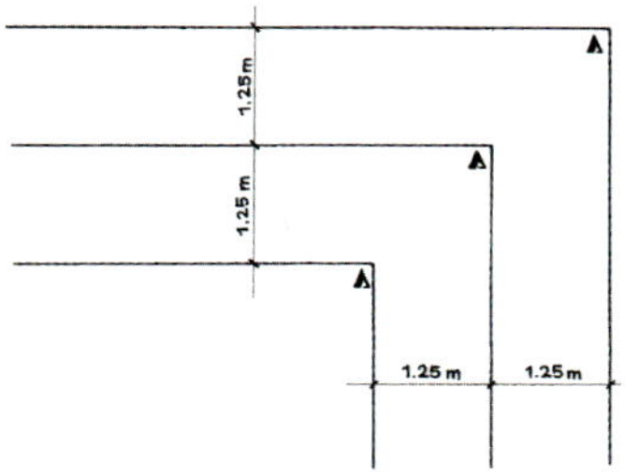

► **Atmung**
- **durch Mund und Nase**
- **länger aus als ein**
- **Wie verändert sich die Atmung, wenn man schneller läuft?**
- **Hinweis auf S. 44 beachten**

► **Im Freien entsprechen doppelte Längenmaße doppelten Zeiten pro Runde.**

Mittel

12 fähnchen oder markierungs-kegel stoppuhr

Variation

Obiges Rechteck mit 50 m Umfang wird um 2 weitere Rechtecke mit 60 bzw. 70 m Umfang nach außen erweitert. Nach je 2 Minuten (6 Runden) besteht die Möglichkeit, auf die nächste Bahn zu wechseln.

Tempo:
7:30 min pro km auf dem 45 m-Rechteck
6:40 min pro km auf dem 50 m-Rechteck
5:30 min pro km auf dem 60 m-Rechteck
4:50 min pro km auf dem 70 m-Rechteck

Bildungsplan/ Lehrplan ....

47

Beispiel 2 aus „Leichtathletik in der Schule“

schnell-laufen 6

„Vom Knieheber zum Kniehebelaufen“

bis 20 minuten

Inhalt

Die Schüler laufen durch die „Reifen-, Karton-, Schaumstoffquaderbahnen“ mit einen Kontakt pro Reifen / Karton / Zwischenraum.

Ziel

Sprinten mit Betonung des Kniehubs

Hinweise

Strecke:	12 bis 14 Reifen, Kartons usw.
Wiederholungen:	4 bis 5 pro Bahn
Pause:	ca. 1 min langsames Zurückgehen

- ►Ballenlauf
- ►Arme helfen mit
- ►Nase vorn
- ►angezogene Fußspitze
- ►Kniehub
- ►hohe Hüfte

Mittel

12 - 14 softbälle
reifen
tennisringe
kartons
pappdreiecke
schaumstoff-quader

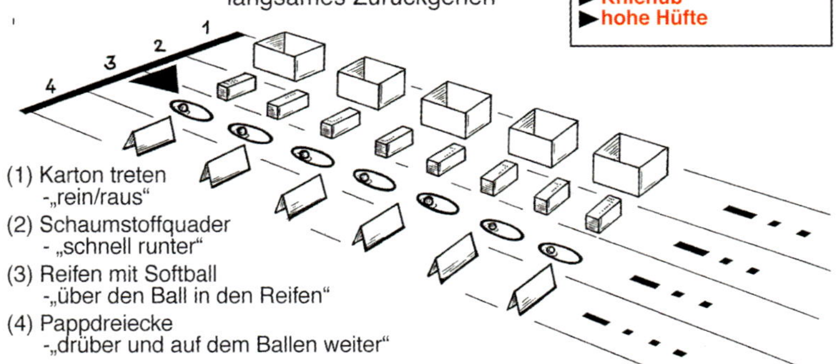

Weiterführung

Die Schüler sprinten mit hohem Knie durch den „Sprintparcours“ **mit zunehmenden Abständen.**

Weiterführung

Im Sprintparcours wird die **Höhe der Sprinthindernisse reduziert** bei gleichzeitiger weiterer **Vergrößerung der Abstände.**

Bildungsplan/ Lehrplan ....

17

Beispiel 3 aus „Leichtathletik in der Schule“

5 wurf-feld

„...wir treffen den Ball im Flug“

10-12 minuten

Inhalt

Die Klasse wird in 2 Gruppen geteilt, jeder Schüler nimmt sich einen Tennisball. Der Lehrer wirft für die Mannschaft A einen Wasserball nach oben. Die Kinder versuchen dieses Ziel mit ihrem Tennisball im Flug zu treffen. Für jeden Treffer erhält die Gruppe einen Punkt.
Anschließend wird der Ball für Mannschaft B geworfen. Sieger ist das Team mit den meisten Trefferpunkten.

Ziel

Werfen auf bewegliche Ziele

Hinweise

Durchgänge: 8 bis 10

- **aus dem Stand**
- **im „Anschlag“ (Vorspannung), hoher gestreckter Arm, in der Wurfauslage**

Mittel

flatterbälle
tennisbälle
sockenbälle
wasserball
sitzpezziball
bänke
kästen
weichboden

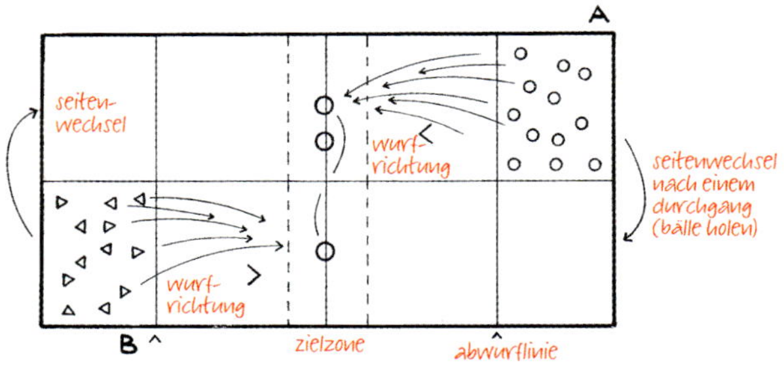

Variation

Der Lehrer wirft den Ball **hinter der „Kulisse“ hervor** (senkrecht gestellter Weichboden).

9 Der Übungsleiter – ein Pädagoge

Situationsanalyse

Kinderleichtathletik trifft heute auf veränderte Rahmenbedingungen. Muss sich unser Angebot da auch verändern, wenn es attraktiv bleiben soll?

Der Übungsleiter und seine Kindergruppe werden durch die Sache Kinderleichtathletik in der Institution Verein auf eine bestimmte Zeit miteinander verbunden. Nachdem in den vorausgegangenen Kapiteln die Kinder im Mittelpunkt standen, gilt nun das Hauptaugenmerk dem Übungsleiter und seinem pädagogischen Wirken.

9.1 Was muss der Übungsleiter für seine Tätigkeit mitbringen?

Fachwissen

Ohne gute theoretische Kenntnisse keine erfolgreiche Praxis! Nach der Methode „Versuch und Irrtum" zu arbeiten bedeutet, leichtfertig mit den Anlagen und Interessen der jungen Menschen umzugehen. In der Übungsleiterausbildung erhalten Sie eine Fülle von Wissen und praktischer Erfahrung. Diese Basis bedarf aber einer ständigen Fortbildung.

Eigenerfahrung in der Sportart

Vieles kann man sich aus Büchern anlesen, doch nicht einmal ein Stapel bedeutender Werke kann die Eigenerfahrung in dieser Sportart ersetzen. Sie gibt letztlich ein besseres Einfühlungsvermögen.

Zeit

Von Anfang an müssen Sie sich darüber klar werden, dass die Leichtathletik eine zeitraubende Sportart ist. Solange Sie mehr im Breitensport und im unteren Schülerbereich tätig sind, trifft dies weniger zu. Je weiter Sie jedoch mit Ihren Schützlingen die Erfolgsleiter emporsteigen, umso mehr Zeit müssen Sie für Ihr Hobby opfern.

Pädagogische und psychologische Fähigkeiten

All Ihre Bemühungen als Übungsleiter werden nur dann Erfolg haben, wenn das Verhältnis zu den Kindern auf einer positiven Basis beruht. Kann ich bei jungen Menschen Vertrauen erwerben? Gelingt es mir, Kinder und Jugendliche zu begeistern? Besitze ich eine natürliche Autorität? Habe ich Verständnis für die Probleme anderer? Prüfen Sie sich in einem Praxisjahr, das Sie vor Ihrer Ausbildung absolvieren sollten, ob Sie geeignet sind und auf junge Menschen einwirken können.

Idealismus

Man kann sich nur für eine Sache voll einsetzen, wenn sie für den, der sie betreibt, einen Wert darstellt. Der Übungsleiter muss überzeugt sein, dass seine Tätigkeit dazu beiträgt, dass sich das Kind entfalten und mit Hilfe der Leistung ein Stück Persönlichkeitsbildung erreichen kann.

Engagement

Im Bewusstsein dieser Werte wird sich ein echter Übungsleiter voll für seine Aufgaben engagieren, d. h., er wird persönliche Belange von Zeit zu Zeit zurückstellen, um sich anderen widmen zu können. In dem Engagement steckt auch, dass Ihr Tun und Handeln primär den Ihnen Anvertrauten zugute kommt. Ihre Tätigkeit sollte nicht von Eigeninteressen bestimmt sein. Kinder spüren dies, und somit hat die gemeinsame Arbeit keine Vertrauensgrundlage mehr.

Organisationsgeschick

Wo auch immer Sie Ihre Arbeit als Übungsleiter beginnen, Sie werden kaum wohlgeordnete Verhältnisse vorfinden. Es

Beachte

Einige wichtige Charaktereigenschaften des Übungsleiters sind:

- Optimismus: Damit soll er an seine Aufgaben herangehen, seine Arbeit positiv sehen.
- Geduld: Die er braucht, bis ein Talent sich so entwickelt, wie es seinen Vorstellungen entspricht.
- Gerechtigkeit: Sie wird verlangt beim Bewerten von Leistungen oder Verhaltensweisen.
- Humor: Er lockert die Atmosphäre.
- Güte und Wärme schaffen Vertrauen.
- Rücksicht, Ehrlichkeit und Bescheidenheit gehören ebenso wie Selbstbeherrschung zu den Tugenden, von denen das Wirken eines Übungsleiters bestimmt werden soll.

wird von Ihnen die Fähigkeit des Organisierens gefordert. Die Info-Grafik „Aufgaben des Übungsleiters" zeigt Ihnen die verschiedenen Organisationsfelder. Wenn Sie Erfolg haben wollen, sollten Sie organisieren können.

Vorbild sein

Junge Menschen lernen sehr viel an Verhaltensweisen von Erwachsenen. „Der Trainer hat dem jungen Athleten Vorbild zu sein, um seine Einwirkungen glaubwürdig erscheinen zu lassen. Wer den Athleten mit den von ihm gesetzten Zielen fordern will, hat als Trainer auch bereit zu sein, von sich selbst etwas zu fordern. An der vorbildlichen Haltung, Einstellung und Tätigkeit, wie sie der Trainer dem Athleten quasi vorzuleben hat, soll dieser wachsen" (FÜHRER 1977).

Aufgaben des Übungsleiters

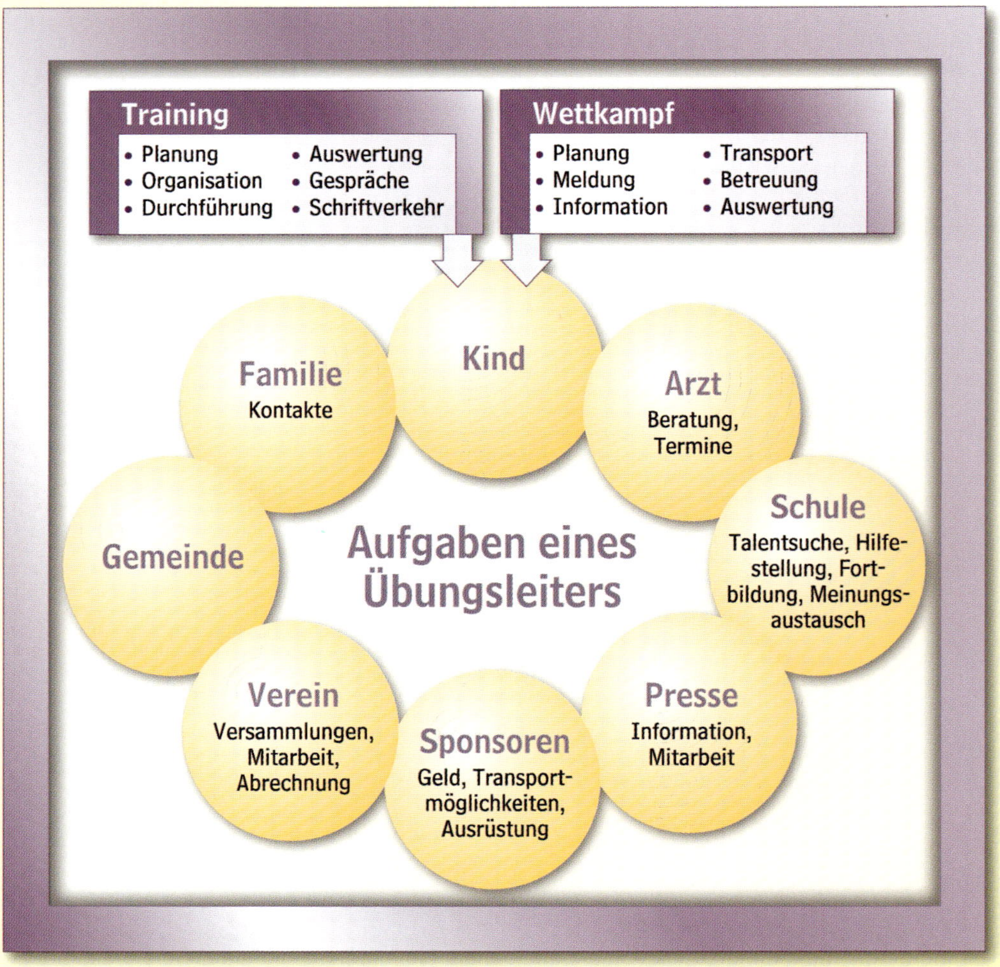

9.2 Welche Aufgaben haben Sie als Übungsleiter?

Als Übungsleiter erwartet Sie eine Vielzahl von Aufgaben, die Sie überblicksartig aus der untenstehenden Abbildung ersehen können.

Training und Wettkämpfe

Den größten Teil Ihrer Zeit müssen Sie für den Bereich Übungsstunden und Wettkämpfe verwenden. Die systematische Planung, Organisation, Durchführung und Auswertung der Trainingsstunden und der Wettkampfergebnisse bestimmen die Qualität des angestrebten Zielniveaus am Ende der Etappe „Kinderleichtathletik".

Kontakte zur Familie

Vergessen Sie nicht das Gespräch mit den Eltern Ihres Athleten und versuchen Sie, in Abstimmung mit den familiären Gegebenheiten ein vertrauensvolles Klima zu schaffen.

Beachte
Geschicktes Arbeiten im Team und in Kooperation mit anderen Vereinsmitarbeitern entlastet Ihren zeitlichen Aufwand!

Zusammenarbeit mit Ärzten

Bereits im Kindesalter sollten Sie der Gesundheit der Kinder Aufmerksamkeit schenken. Auffälligkeiten in der Haltung, der Fußstellung und der körperlichen Reaktion auf Belastungen sollten Sie im Gespräch mit den Eltern und einem Arzt klären. Es wäre sehr ratsam, schon bei den Kindern einen Sporttauglichkeitscheck durchführen zu lassen.

Kontakt Schule – Verein

Intensiv sollten Sie den Kontakt zu den schulischen Einrichtungen pflegen, denn Sie sind bei der Suche nach talentierten und interessierten Kindern auf die Mithilfe der Sportlehrer angewiesen. Als Möglichkeiten bieten sich an:

- die Anforderung von Bundesjugendspielkarten und Auswertung der Ergebnisse
- das Anbieten von Hospitationsmöglichkeiten für Lehrer
- die Schulung von Lehrkräften durch Verbandstrainer
- die Einladung von Schulkindern zu Vereinswettkämpfen
- die Einladung von Talenten zu Trainingsabenden
- gemeinsame Sportfeste mit Schulen

Kontakte zur Gemeinde

Der Übungsleiter muss sich darum kümmern, dass der Verein in Sporthallen und Stadien geeignete Zeiten für ein effektives Training belegt.

Pressearbeit

Informieren Sie den zuständigen Sportjournalisten von den Ergebnissen Ihrer Arbeit! Manche Redaktionen sind froh, wenn Sie die Berichte über die Sportfeste selbst verfassen und als sogenannter „freier Mitarbeiter" tätig sind.

Verbindungen zu Sponsoren schaffen

- Beschaffung von preisgünstiger Ausrüstung
- Eröffnen von Transportmöglichkeiten durch Firmenbusse
- Anregen eines Förderkreises
- Finanzielle Unterstützung durch Werbemaßnahmen

Arbeit im Verein

Neben Ihren Aufgaben als Trainer müssen Sie bisweilen auch Zeit für Ihren Verein opfern. Um Ihre Trainingsarbeit effektiv gestalten zu können, ist es oft notwendig, im Verein bestimmte Aufgaben zu übernehmen. Oft werden dadurch Ihre Voraussetzungen für Ihre Übungsleitertätigkeit positiv beeinflusst.

9.3 Pädagogische Aspekte der Übungsleitertätigkeit

9.3.1 Entwicklung eines „Mängelwesens"

Der Mensch wird als „Mängelwesen" geboren und entwickelt sich dann permanent zu einem vollwertigen Mitglied der menschlichen Gemeinschaft. Die Veränderungen eines Menschen können wir beispielsweise wahrnehmen an seinem Wachstum, an seinen sprachlichen Äußerungen, an seinem Bewegungskönnen, an seinem Trainingsfleiß usw. Entwicklung lässt sich demnach von verschiedenen Seiten betrachten:

- körperlich (Wachstum, Kraft, Schnelligkeit usw.)
- kognitiv (Denkfähigkeit, geistige Flexibilität usw.)
- emotional (Gefühle, Empfindungen, Stimmungen usw.)
- motivational (Interessen, Neugierde, Bedürfnisse usw.
- sozial (Kommunikations-, Kooperationsfähigkeit usw.)

Diese Entwicklung vollzieht sich in der Lebenswelt des Kindes, deren Einflüsse sie nachhaltig beeinflussen.

Soziale Bedürfnisse

Kinder kommen in den Verein, um Gleichaltrige zu treffen und Gemeinschaftserlebnisse zu haben. Daneben brauchen sie die individuelle Anerkennung durch die Gruppe und die vertrauensvolle Hilfestellung durch den Übungsleiter.

9.3.2 Die Lebenswelt des Kindes

Die rechtsstehende Abbildung zeigt uns, dass der junge Mensch in verschiedenen Gruppierungen verankert ist:

Die erste Gruppierung, in die der junge Mensch hineinwächst, ist die Familie. Wichtige Akzente für die weitere Entwicklung erhält er von der Schule, den Lehrern und den Mitschülern. Die Freizeit wird in lockerer Form mit Freunden verbracht oder in verbindlicher Form in festgelegten musischen Stunden, in Gruppenstunden kirchlicher Organisationen oder in Trainingsstunden bei einem Sportverein.

9.3.3 Die Lebensumwelt schafft Rollenkonflikte

In jeder Gruppierung hat der junge Mensch eine mehr oder minder wichtige Rolle zu spielen, Rollenerwartungen zu erfüllen. Es ist nicht einfach, den unterschiedlichen Anforderungen gerecht zu werden: Den Eltern bei der Gartenarbeit helfen, mit den Geschwistern spielen, in der Schule nicht versagen, mit Freunden auf eine Party gehen, für die Musikstunde

üben und sich intensiv auf den Wettkampf vorbereiten. Nicht selten entwickeln sich daraus Rollenkonflikte: In der Schule schlechtere Ergebnisse oder das Training reduzieren, eine reizvolle Party besuchen oder Training vorziehen. Oft sind es Konflikte, die zum Abbruch einer sportlichen Karriere führen. Andererseits besteht natürlich auch die Gefahr, dass die anderen Bereiche durch die intensive Beschäftigung mit dem Sport an den Rand gedrückt werden.
Trotz dieser verschiedenen Sichtweisen ist der Mensch immer als Ganzes zu betrachten, denn jede Veränderung in irgendeinem Bereich hat auch Auswirkungen auf die anderen.

Beachte
Die Entwicklung des jungen Menschen wird durch viele Faktoren beeinflusst, und der Übungsleiter kann hierzu einen großen Anteil beisteuern, da er Teil der Lebenswelt des jungen Menschen ist.

9.3.4 Erziehung als Lebenshilfe

Ich möchte dieses „Beisteuern", diese Art Lebenshilfe „Erziehung" nennen. Von Geburt an ist der Mensch auf Erziehung und somit auf jemand angewiesen, der ihm dabei hilft, sich in seinem Dasein zurechtzufinden

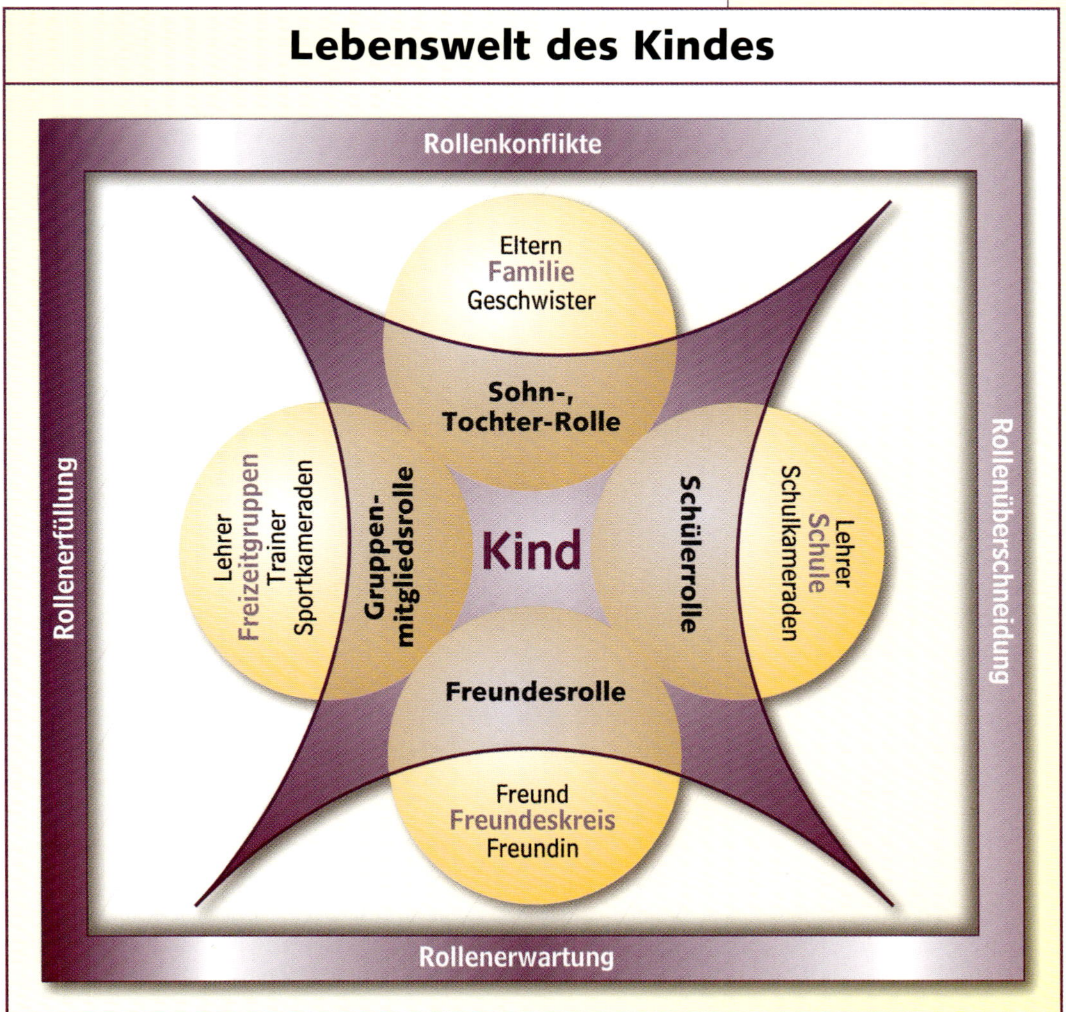

und sich zu einer Persönlichkeit zu entwickeln. Bei dieser Lebenshilfe ist der Mensch immer als Ganzes und als Mitglied des jewiligen Gesellschaftssystems zu sehen (siehe Abbildung „Sportliche Entwicklung als Erziehungsprozess" auf S. 237).
Als Trainer laufen wir ständig Gefahr, den jungen Menschen nur unter dem Aspekt seiner Leistungsfähigkeit zu betrachten. Wir entwerfen ausgeklügelte Trainingspläne, um aus den Sportlern noch mehr herauszuholen, und wundern uns, wenn dies bisweilen nicht ganz funktioniert. „Menschliches" kommt dazwischen: Die Sorge um die schulischen Noten, die Neigung zu musischen Tätigkeiten, die Freude am Austoben mit Freunden, Konflikte im Elternhaus usw.
Übungsleiter sein heißt also wesentlich mehr, als nur die sportlichen Fähigkeiten der Kinder zu entwickeln. Wir sollten uns klar darüber sein, dass wir junge Menschen auf dem Weg zur Persönlichkeitswerdung (= Selbstverwirklichung) ein Stück begleiten und uns der Verantwortung wohl bewusst sein.

9.3.5 Erziehen heißt auch, Werte zu vermitteln

Wer erzieht, muss die Richtung kennen, in die er Erziehung realisieren will. Dazu trifft er Entscheidungen, was anzustreben oder abzulehnen, was höher oder niedriger einzustufen, was vorzuziehen oder zurückzustellen ist. Kurzum, der Erzieher muss sich an Werten orientieren.
Die jeweils vorherrschende Wertvorstellung wird stark von gesellschaftlichen Einflüssen bestimmt. Der Sport ist ein Teilbereich der Gesellschaft und somit ebenfalls allen zeitlichen Strömungen ausgesetzt. Wir können nun nicht in diesem Rahmen eine große Wertediskussion führen, sondern müssen uns bei jedem jungen Sportler individuell überlegen, was für ihn wichtig ist: Hat das jeweilige angestrebte Ziel für meinen Schützling einen Wert, hat es für ihn einen Sinn, bringt es ihm einen Fortschritt in seiner Persönlichkeitsentwicklung?
Im Folgenden wollen wir versuchen, Erziehungsziele zu entwickeln, die wir als Trainer anstreben können in der Überzeugung, dass sie dem jungen Menschen weiterhelfen.

Kompetenzen der Persönlichkeit:

- sich selbst steuern können
- mit den Mitmenschen zurechtkommen
- die sachliche Umwelt beherrschen

9.3.6 Erziehungsziele im Sport

Aus der Definition des Begriffes Erziehung geht hervor, dass als oberstes Ziel pädagogischer Arbeit die Persönlichkeitsentwicklung des jungen Menschen zu sehen ist. Eine Persönlichkeit zeichnet sich aus durch:

- Selbstkompetenz als die Fähigkeit, verantwortlich handeln zu können
- Sozialkompetenz als die Fähigkeit, für sozial, gesellschaftlich und politisch relevante Sach- oder Sozialbereiche urteils-/handlungsfähig und zuständig sein zu können
- Sachkompetenz als die Fähigkeit, für Sachbereiche urteils-/handlungsfähig und damit zuständig sein zu können.

Es gilt nun, diese sogenannten Richtziele mit sportlichem Inhalt zu füllen. Die nebenstehende Abbildung stellt für den sportlichen Bereich realisierbare Erziehungsziele auf. Dieser Katalog soll für den Übungsleiter jedoch keine Zwangsjacke darstellen. Vielmehr empfiehlt es sich, passende Situationen (z. B. unpassende Gefühlsausbrüche, unfaires Verhalten oder schwierige Wettkampf- und Trainingssituationen) aufzugreifen, um mit Gesprächen, durch eigenes Vorbild, durch Ratschläge und Regelungen eine Einsicht oder eine Verhaltensänderung herbeizuführen. Wir dürfen diese fruchtbaren Momente nicht verstreichen lassen, denn sie können oft für den jungen Menschen eine echte Hilfe darstellen.

9.3.7 Erziehung geschieht in Institutionen

Das große Feld, in dem Erziehung stattfindet, ist die Gesellschaft, die gekennzeichnet ist

- durch die Zeit, in der sie existiert
- durch einen permanenten Wandel

Realisierbare Erziehungsziele für den Sport

Sozialkompetenz	Selbstkompetenz	Sachkompetenz
1. Zusammen tätig sein – Gemeinsam planen – Gemeinsam handeln – Ergebnisse gemeinsam tragen und diskutieren – Mitverantwortlich sein – kompromissbereit sein **2. Zusammen leben** – Gemeinsame Regeln aufstellen – Andere Meinungen achten – Rücksichtnahme und Hilfsbereitschaft pflegen – Konflikte lösen **3. Miteinander wettstreiten** – Rücksichtnahme zeigen – Regeln achten – Zur Niederlage stehen – Unterlegene und Sieger achten – Unter gleichen Bedingungen wettstreiten – Ehrlichkeit zeigen	**1. Selbstentfaltung** – Sich selbst erkennen – Sich selbst einschätzen – Selbstvertrauen zeigen – Etwas leisten können – Gütemaßstäbe für verbindlich halten – Schwierigkeiten meistern – Eigene Rechte und Wünsche verteidigen – Kreativ sein – Ziele anstreben **2. Selbstdisziplin** – Selbstkontrolle, Selbstbeherrschung – Schuld eingestehen, annehmen – Kritik annehmen, verarbeiten – Werte schätzen – Erkennen der Grenzen – Tugenden: Zielstrebigkeit, Anstrengungsbereitschaft, Geduld, Kampfgeist usw. – Auf eigene Wünsche und Ansprüche verzichten – Leisten wollen	1. Kenntnis von Regeln und Wettspielbestimmungen 2. Kenntnis von bestimmten Trainingsregularien: Aufwärmen, Abwärmen usw. 3. Kenntnis von Sicherheitsmaßnahmen in Training und Wettspiel 4. Sich an fremden Orten zurecht finden 5. Kenntnis von einfachen Trainings- und Technikbegriffen 6. Grundregeln sportgerechter Ernährung kennen 7. Sportliche Techniken beherrschen 8. Sportgerechter Umgang mit Geräten 9. Korrekturen umsetzen 10. Übungsanweisungen ausführen

- durch Normen, Ordnungen, Wertvorstellungen
- durch den Fortschritt.

Das Erziehungsgeschehen verteilt sich auf verschiedene Institutionen, die ihrerseits von den Vorgaben der Gesellschaft geleitet werden.

Vorrang in der Erziehung hat nach dem Grundgesetz die Familie. Sie ist die wichtigste Vorbedingung dafür, dass der junge Mensch lebenstüchtig wird. Da sie jedoch nicht alle Aufgaben erfüllen kann, treten außerschulische Erziehungseinrichtungen wie Kindergarten, Schule, Jugendgruppen und Sportvereine „familienergänzend" hinzu. Die Eltern übertragen diesen Institutionen die Verantwortung für die Erziehung ihrer Kinder. In unserem Fall übernimmt der Sportverein in der Person des Trainers mit seinen individuellen Fähigkeiten und Motiven diesen nicht speziell ausgesprochenen Erziehungsauftrag der Eltern. Dessen sollten wir uns bewusst sein, wenn wir unsere Tätigkeit ausführen.

9.3.8 Erziehung geschieht zwischen zwei Menschen

Das Wesen des Trainer-Athlet-Verhältnisses

Als Erziehungsgemeinschaft sei bezeichnet jede Begegnung und Beziehung von Personen, bei der eine erzieherische Situation entsteht und als verpflichtend durchlebt wird (= pädagogischer Bezug).

Im Sport kann diese entstehen:

- durch Aktivitäten des Trainers bei der Talentsuche
- durch die Eigenaktivität eines jungen Menschen, der in einen Sportverein eintritt
- durch die Aktivität von Dritten, die den jungen Menschen dazu bewegen, einem Sportverein beizutreten.

Zu den wichtigsten Grundpfeilern dieser Gemeinschaft gehört einmal die emotionale Verbundenheit, ausgedrückt durch die Begriffe Vertrauen, Wohlwollen, Verständnis, Entgegenkommen. Eine weitere zwingende Voraussetzung besteht in der Freiheit. Erziehung ist kein gewaltsamer Akt, in dem nach einem vorgefassten Plan Material geformt wird. Dass alle Intentionen positiv, d.h. als Hilfe für den jungen Menschen gedacht sind, soll die dritte Bedingung sein. Dem jungen Athleten soll dabei seine Eigenart gelassen werden. Er darf nie zum Werkzeug des Trainers werden. Abrichtung zwecks Befriedigung der Wünsche und des Prestiges des Trainers wäre ein Missbrauch der jugendlichen Schwäche des heranwachsenden Athleten.

Der Mensch soll wieder mehr in den Mittelpunkt rücken und weniger sein Produkt, die sportliche Leistung.

Sportliche Basis

Wir können nicht erwarten, dass Kinder, die in der Leichtathletik beginnen, lebenslang dort verbleiben. Darum sollten wir ihnen eine gute Basis für alle sportlichen Bereiche vermitteln. Sportartegoismus ist der falsche Ansatz, die Entwicklung junger Sportler zu fördern!

Die Autorität des Übungsleiters und Trainers

Autorität meint immer ein bestimmtes Verhältnis von Menschen zueinander. Es zeigt sich in ihm eine gewisse Abhängigkeit, ein Oben und ein Unten, denn es ist zu unterscheiden zwischen solchen, die Autorität besitzen und solchen, die ihr unterstehen. Ein Übungsleiter oder Trainer kann drei Formen der Autorität in sich vereinen:

- Amtsautorität, die er vom Verein übertragen bekommt
- Fachautorität, die er sich durch sein Wissen und Können erwirbt
- persönliche Autorität, die er aufgrund seiner Ausstrahlung und seiner menschlichen Qualitäten besitzt.

Für unsere Betrachtungen ist in erster Linie die „persönliche Autorität" von Wichtigkeit. Sie entsteht, wenn der Erzieher Echtheit ausstrahlt, sich in den anderen hineinfühlt, ihm Achtung, Geborgenheit und Wärme gibt. Autorität beinhaltet auch, dass sie dort zurücktreten muss, wo sich der heranwachsende Mensch einen neuen Bereich der Selbständigkeit erschlossen hat. Die Entscheidungen des anderen erfolgen zunehmend aus Einsicht und fordern die Fachautorität des Übungsleiters heraus.
Worin besteht nun der Gehorsam eines Sportlers? Er achtet die Ratschläge seines Trainers hinsichtlich Lebensführung und sportlicher Leistungsausprägung und versucht, sein Vorbild nachzuahmen und sich in diesem Bereich seines Lebens nach den Zielsetzungen des Trainers oder nach gemeinsamen Normen auszurichten. Die Intentionen des Übungsleiters sollten dem Kind immer transparent sein, und es sollte ihm auch die Möglichkeit gegeben werden, sich kritisch mit diesen Intentionen auseinanderzusetzen und gegebenenfalls auch andere Entscheidungen zu treffen.

Persönliche Autorität

Sie wird bestimmt durch den ungezwungenen Gehorsam des jungen Menschen, der nicht aufgrund von Einsicht in sachliche Zusammenhänge entsteht, sondern auf Vertrauen basiert.

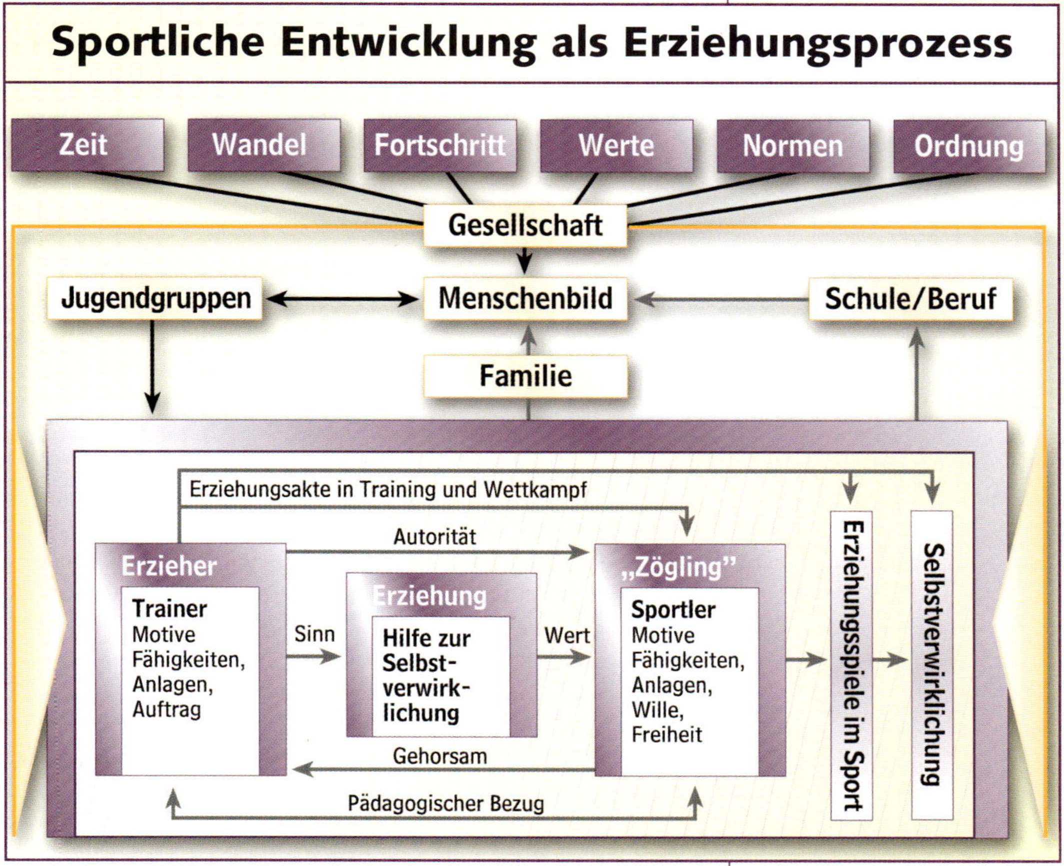

9.3.9 Erziehung geschieht durch Erziehungsakte

Alle Maßnahmen, die vom Trainer ausgehen und die Bildung des Menschen beeinflussen und unterstützen sollen, nennen wir Erziehungsakte. Wir unterscheiden:

Unterstützende Erziehungsakte

- Lernen am Erfolg: z. B. Trainings- und Wettkampfprozesse sind so zu steuern, dass sie für den Athleten Aussicht auf Erfolg haben und als positive Verstärkung wirken.
- Soziale Verstärkung: Lob, Anerkennung, Zustimmung, Lächeln, Interesse, Ermutigung usw.
- Materielle Verstärkung: Urkunden, Medaillen, Reisen usw.
- Verstärkende Situationen: attraktive Wettkämpfe, Reisen, gesellige Veranstaltungen, Ehrungen usw.
- Förderung der Einsicht: Erklärung, Unterweisung, Demonstration, Einsatz von Medien usw.
- Vorbild des Trainers: Der Trainer löst durch sein positives Verhalten positives Lernverhalten aus.

Gegenwirkende Erziehungsakte

- Lernen am Misserfolg: Der Sportler lernt aus Trainings- und Wettkampfsituationen, die mit einem Misserfolg enden. Der Trainer führt Situationen herbei oder ergreift bei derartigen Situationen keine Initiative, obwohl er weiß, dass sie mit einem Misserfolg enden.
- Soziales Entgegenwirken: Unterlassen von positiver Verstärkung (z. B. kein Lob, keine Anerkennung usw.), Tadel, Ermahnung, Drohung, Bestrafung usw.
- Versagen materieller Verstärkungen und verstärkender Situationen.

9.3.10 Resümee: Pädagogische Leitlinien

Beachte
Der Übungsleiter ist „Anwalt" des Kindes und seiner Entwicklung.

Der Übungsleiter in der Kinderleichtathletik sollte sich als „Anwalt" für die Belange des jungen Menschen und seiner Entwicklung verstehen. Folgende Ratschläge sollten deshalb bei Ihnen Beachtung finden:

1. Beachten Sie die körperliche, geistige und psychische Entwicklung eines jungen Menschen und versuchen Sie nicht, diese mit Gewalt beschleunigen zu wollen!
2. Geben Sie durch Ihr Auftreten und Ihre Haltung jungen Menschen ein positives Vorbild.
3. Die sportliche Leistung ist ein Helfer bei der Persönlichkeitsbildung und darf nicht zum Selbstzweck werden!
4. Der Sport ist nur ein Teilbereich des Lebens und darf andere Bereiche nicht ausschließen oder ihre Entfaltung hemmen!
5. Auswüchsen des heutigen Leistungssports können wir nur entgegenwirken, wenn wir uns von einer sinnvollen Sportethik leiten lassen!
6. Die menschlichen Qualitäten eines Individuums sollen nicht nur nach seiner sportlichen Leistung bewertet werden!
7. Die Freiheit des Menschen darf auch im Sport nicht beschränkt werden.

LITERATUR

Empfehlungen für die Praxis

Zeitschrift *leichtathletiktraining*, Philippka-Sportverlag Münster (die zahlreichen Artikel, auf die in diesem Buch Bezug genommen wird, werden im Folgenden nicht einzeln aufgeführt)

DEUTSCHER LEICHTATHLETIK-VERBAND: Kinder in der Leichtathletik. Darmstadt 1997
KATZENBOGNER, H.: Leichtathletik macht Spaß. Materialsammlung. Freising 2000
KATZENBOGNER, H./MEDLER, M.: Spielleichtathletik Band 1 und 2. Neumünster 1993
MEDLER, M.: Ausdauerlauf in der Schule. Neumünster 1987
MEDLER, M.: Leichtathletik Spiel- und Wettspielformen. Neumünster 1988

Darüber hinaus verwendete Literatur

AUGUSTIN, D./JOCH, W.: Jugend-Leichtathletik. Niedernhausen 1988
BADER, R./CHOUNARD, D./EBERLE, F./KROMER, R./MAYER, G.: Leichtathletik in der Schule Band 1 und 2. Stuttgart 1998 und 2001
BAUERSFELD, K.-H./SCHRÖTER, G.: Grundlagen der Leichtathletik. Berlin 1998
BETZ, M./KLIMT, F.: Beweglichkeitsprüfung für Hüftgelenk und Wirbelsäule bei Kindern und Jugendlichen. In: Zs. Haltung und Bewegung 13 (1993) 4: 5 - 8
BÖTTCHER, H.: Ropeskipping. Aachen 1997
BREZINKA, W.: Erziehung in einer wertunsicheren Gesellschaft. München 1986
BUCHER, W.: 1000 Spiel- und Übungsformen zum Aufwärmen. Schorndorf 1989
BUNDESMINISTERIUM FÜR FAMILIE, SENIOREN, FRAUEN UND JUGEND (Hrsg.): Handbuch Bundesjugendspiele. Berlin 2001
BUSCHMANN, J.: Untersuchungen zum Langstreckenlauf mit Kindern und Jugendlichen. Hilden 1982
CONZELMANN, A.: Entwicklung der Ausdauer. In: BAUR, J./BÖS, K./ SINGER, R.: Motorische Entwicklung. Schorndorf 1994: 151 - 180
COTTA, H.: Orthopädie. Stuttgart 1978
CURT, B. u.a.: Erlebnisturnen. Neumünster 1998
DEUTSCHER LEICHTATHLETIK-VERBAND: Rahmentrainingsplan Grundlagentraining. Aachen 1988
DÖBLER, E. und H.: Kleine Spiele. Berlin 1988
DOMBROWSKI, O.: Leichtathletik mit Grundschulkindern. Wuppertal 1994
FEUCHT, B.: Ausdauertraining im Schulkindalter. In: Zs. Leibeserziehung 37 (1983) 6/7: 136 - 138
FREY, G.: Kindgemäßes Leistungstraining. In: Zs. Sportwissenschaft 12 (1982) 3: 275 - 300
FREY, G./HILDENBRANDT, G.: Einführung in die Trainingslehre Band 1 und 2. Schorndorf 1994
FREY, G./HILDENBRANDT, E./KURZ, D.: Laufen, Springen, Werfen. Reinbek 1984
FUHRER, U.: Pädagogische und psychologische Aspekte des Trainingsprozesses. In: Zs. Lehre der Leichtathletik 1977, Hefte 47/48
GERSTER, P.: Der Erziehungsnotstand. Berlin 2001
GROSSER, M.: Schnelligkeitstraining. München 1991
HABERKORN, C./PLAß, R.: Leichtathletik Band 1 und 2. Frankfurt/M. 1992
HAGEDORN, G.: Vielseitigkeit in Training und Wettkampf. In: Zs. Leistungssport 22 (1992) 6: 50 - 54
HILDEBRANDT, R./LANDAU, G./SCHMIDT, W.: Kindliche Lebens- und Bewegungswelt im Umbruch. Hamburg 1994

LITERATUR

HIRTZ, P.: Koordinative Fähigkeiten im Schulsport. Berlin 1992
HOTZ, A.: Qualitatives Bewegungslernen. Bern 1997
JOCH, W.: Schülerleichtathletik. Niedernhausen 1982
KILLING, W.: Gekonnt nach oben. Münster 1995
KLEE, A.: Muskuläre Dysbalance. In: Zs. Sportunterricht 44 (1995) 1: 12 - 23
KLEE, A.: Dynamisches Dehnen versus Anspannungs-Entspannungs-Stretching – ein experimenteller Vergleich in einem Kurs. In: Zs. Lehrhilfen für den Sportunterricht 45 (1996) 10: 14 - 154 (Beilage zu Zs. Sportunterricht)
KLIMT, F.: Zur Physiologie der Ausdauerleistungsfähigkeit im Kindes- und Jugendalter. In: JOCH, W.: Ausdauerleistungsfähigkeit im Kindes- und Jugendalter. Berlin 1983: 28 - 45
KOCH, K.: Laufen, Springen, Werfen in der Grundschule. Stuttgart 1968
KURZ, D.: Pädagogische Grundlagen des Trainings, Studienbrief 4 der Trainerakademie Köln des Deutschen Sportbundes. Schorndorf 1988
LASER, T.: Muskelverspannung und Rückenschmerz. Stuttgart 1996
LOHMANN, W. u.a.: Leichtathletik Trainingsprogramme Band 1 bis 3. Berlin 1985
MARTIN, D./CARL, K./LEHNERTZ, K.: Handbuch Trainingslehre. Schorndorf 1991
MARTIN, K./ELLERMANN, U.: Rhythmische Vielseitigkeitsschulung. Schorndorf 1998
MASSIN, D./VONSTEIN, W./GOZZOLI, C.: Kids' athletics. Erscheint 2003
MEDLER, M. u.a.: Kinderturnen. Neumünster 1999
MEDLER, M. u.a.: Kleine Spiele. Flensburg 2001
MEDLER, M.: Fitneß (Teil 2) Materialien für ein gezieltes Körpertraining. Neumünster 1998
MEDLER, M./MIELKE, W.: Fitneß im Schulsport und im Breitensport. Neumünster 1996
MEDLER, M./RÄUPKE, R.: Rückenschule. Neumünster 1994
MEDLER, M./RÄUPKE, R.: Gerätturnen im 5./6. Schuljahr. Neumünster 1998
MEDLER, M./SCHUSTER, A.: Ballspielen. Neumünster 1996
MEDLER, M./SCHUSTER, A.: Basketball Teil 1. Neumünster 1996
MEINEL, K./SCHNABEL, G.: Bewegungslehre – Sportmotorik. Berlin 1998
MURER, K.: 1003 Spiel- und Übungsformen in der Leichtathletik. Schorndorf 1981
SCHIELE, W. u.a.: Leichtathletik in Schule und Verein auf dem Prüfstand. Aachen 1990
SCHMIDTBLEICHER, D.: Entwicklung der Kraft und Schnelligkeit. In: BAUR, J./BÖS, K./ SINGER, R.: Motorische Entwicklung. Schorndorf 1994: 129 - 150
SCHNABEL, G./THIEß, G.: Lexikon Sportwissenschaft. Berlin 1993
SCHUBERT, R./KUHLMANN, D.: Spiele-Kartothek 2. Münster 1989
STEINMANN, W.: Krafttraining im Sportunterricht. In: Zs. Sportunterricht 39 (1990) 8: 326 - 339
VONSTEIN, W./MASSIN, D.: Fun in athletics. Aachen 2001
WEBER, E.: Pädagogik. Donauwörth 1999
WEINECK, J.: Optimales Training. Balingen 1994
WIEMANN, K.: Stretching – Grundlagen, Möglichkeiten, Grenzen. In: Zs. Sportunterricht 42 (1993) 3: 91 - 106
WYRDA, G.: Stretching – ein Überblick über den aktuellen Stand der Forschung. In: Zs. Sportwissenschaft 27 (1997) 4: 409 - 427
ZÖPFL/HEIGL: Erziehung zwischen Gesellschaftsanspruch und Kindbedürfnis. München 1982

Kontaktadresse:
Deutscher Leichtathletik-Verband, Alsfelder Straße 27, 64289 Darmstadt,
Telefon 06151/7708-0, Fax: 06151/7708-11, E-Mail: zentrale@leichtathletik.de,
Internet: www.leichtathletik.de